普通高等教育国家级规划教材
当代广告学专业系列教程

# 广告创意

## 从抽象到具象的形象思维

程宇宁 丁邦清 著

第三版

中南大学出版社
www.csupress.com.cn

## 内 容 简 介

本书是国内出版的第一本研究广告创意的高校教材《广告创意》的第三版，作者根据自己多年广告创意的实践经验和理论研究的体会，首次建立了广告创意课程的教学体系，并首次对广告创意提出了自己的界定。

作者以两条线索来结构本书的内容：一条是执行广告创意流程的先后顺序，另一条是广告创意所要涉及的相关学科知识。通过两条线索的交织将广告创意理论和实践的内容予以有机的结合并融会贯通。

本书不仅对广告创意的理论发展及其所赖以支撑的相关知识、广告创意的基本策略和思维方式进行了较为全面的梳理和论述，同时也对广告创意的表现要素——语言符号和非语言符号的创作理论和构成要素予以详细而深入的探讨。

本书结构完备、层次清晰、语言流畅、案例丰富，适合各类高校广告学、新闻传播、视觉传达、市场营销、品牌策划等专业的学生使用，同时也适合广告从业人员学习与参考。

图书在版编目（CIP）数据
广告创意 / 程宇宁，丁邦清著．—长沙：中南大学出版社，2003.9
ISBN 978-7-81061-650-8
Ⅰ．广… Ⅱ．①丁…②程… Ⅲ．广告学 Ⅳ．F713.81
中国版本图书馆 CIP 数据核字（2003）第 056077 号

# 广告创意（第三版）

GUANGGAO CHUANGYI ( DISAN BAN )

程宇宁　丁邦清　著

责任编辑：周兴武
责任印制：易建国
出版发行：中南大学出版社
社　　址：湖南·长沙·岳麓山南路　　邮　　编：410083
电　　话：0731-88876770（发行科）
传　　真：0731-88710482
印　　装：湖南鑫成印刷有限公司
开　　本：787×1092　1/16　　印张：14.75　　字数：368 千字
版　　次：2017 年 9 月第 3 版　　印次：2019 年 8 月第 3 次印刷
书　　号：ISBN 978-7-81061-650-8
定　　价：66.00 元

# 前言

Preface

创意是人类的智慧之花。广告创意是当今文化创意产业里的一束鲜花，诞生在创意人的心尖，盛开在营销传播的大花园中。

这个资讯爆炸而井喷的时代，完全不缺乏信息，只会是信息过度，缺乏的是优秀的内容、思想、观点。内容营销是当下营销传播的主流，内容营销比的就是新颖性和创造力，本质也就是比创意。虽然新的营销传播也涉及数据、技术等，但仍然是内容为王，没有好的内容，时间碎片化而注意力短缺的消费者只会无感而无视，只会视而不见听而不闻，不会有多少关注，营销传播活动就会引流无效；没有好的创意，即使高成本引来了消费者，也不会被打动与感动，因而也不会有行动，不能带来购买。好创意才能让沟通有效、营销有效。卓有成效的创意，才能使广告传播与营销活动卓有成效。

绝大多数广告人、传播人、营销人都是以创意为天职，苦思冥想、熬更守夜、呕心沥血，只为了追寻那令人眼前一亮、心头一动的创意火花。对优秀的创意人，广告公司、营销公司、新媒体公司等都是求才若渴，一旦拥有，无不视为“司宝”。没有一家广告和营销公司不缺优秀的创意人才。无论是策略型创意人才、文案型创意人才、视觉型创意人才还是活动创意人才，都是稀缺性人才，远远供不应求。虽然越来越多的高等学府创立了广告学专业、传播学专业、营销学专业等，还有许多非专业的同学对创意也发生了兴趣，这使广告创意人才的后备队伍越来越壮大，但是无论广告公司、营销公司还是新媒体公司，对创意人才“喊渴”的程度依然是有增无减。

为什么创意人才一直处于短缺状态？首先是因为大部分的从业人员缺乏创造性思维的训练，缺乏足够的创造力的开发与雕琢。一些人习惯于惯性思维、常规思维和定式思维，提出来的创意思路常常是司空见惯的老套和“八股”，一提到“绿色”就只想到“树叶”，一提到“爱情”就只想到“心形”，一提到“精准”就只想到“靶心”，等等。其次是因为缺乏创意素材的积累与消化。“熟读唐诗三百首，不会作诗也会吟”，一些文案人员说不出几十条广告金句、几十支优秀视频创意、几十个优秀创意案例，所以在创意的时候就会一筹莫展、搔首踟蹰。再次是因为缺乏对创意的正确理解。对什么是创意、什么是好的创意都缺乏真正的认识，提出的创意或者是自娱自乐，或者是隔靴搔痒，或者是纸上谈兵而不接地气，或者是文不对题甚至离题万里。最后是因为缺乏对当今创意发展的要求与态势的认识，严重落后于时代的要求，也落后于社会与企业的需要。这一切都是因为创意的专业程度低，创意锻炼与修炼不够，创意累积与认识不够，从而影响了自己的职业生涯与事业空间。

广告公司、新媒体营销公司、数字营销公司等这类企业，赖以生存的关键所系是创意。历史上，广告公司的出现是从媒体购买开始，但是广告业的灵魂却是创意。广告公司的核心竞争力是广告创意能力而非其他。再好的调研，再好的数据，这些都是幕后的东西，创意才是在舞台展现的，才是露出海平面的冰山。最终与消费者发生真正沟通的是广告创意，消费者是通过广告创意去认识和评价一个品牌与产品。创意是广告的灵魂，没有创意的广告就如同行尸走肉在媒体与社会上游荡，没有生命力与感染力。同样的市场调研、同样的数据、同样的广告策略，广告创意水平不同，广告效果就会大相径庭。广告创意是最能够体现一个广告营销传播公司的实力与水准。追求卓越的创意，广告与营销公司必须建立科学的创意流程，从创意策略的制订、创意的简报、创意的演绎、创意的执行到创意的测试与评估；广告与营销公司必须确保创意团队良好的创意氛围与条件，将灵活性与纪律性高度统一，将创造性与规范性有机结合，将科学性与艺术性完美协调，从而为创意人提供一个良好的创意平台、天空与土壤。

广告主所需要广告与营销公司的重要原因也是因为创意。因为卓越的创意可以使广告主投放的营销传播的回报率（ROI）大大提高。优秀创意在提高消费者对品牌与产品的接触、关注、记忆、认知、认同与购买方面的作用是巨大的。如一个缺乏创意的广告，在当今信息海量化的环境下，被目标消费者看见的概率可能是万分之一，而一个优秀创意的广告被目标消费者看见的概率可能是 50%，同样的广告费，后者的广告实际到达率是前者的 5000 倍。再如一个创意糟糕的广告，不仅没有使原来对品牌持消极态度的消费者发生改变，反而会使对品牌有认同倾向的消费者放弃认同，从而放弃对该品牌的购买，广告主花了钱但收获是负数；而优秀的广告创意可以大大提高消费者对品牌与产品的关注度、偏好度和忠诚度，从而提高品牌购买率与推荐率，既提升了品牌形象又提升了产品的销售；这一正一反，效果就是天壤之别。差之“创意”，失之千里。训练有素的、高水平的专业创意人员能使广告主的广告费所发挥的效果最大化，所以广告主愿意出营销传播费的 5% 或者 10% 作为代理佣金去聘请专业的广告与营销公司，为的是使营销传播费的 95% 或者 90% 发挥真正有效的作用。当然优秀的广告创意的问世，同样需要广告主对广告创意有正确的鉴赏与评判能力，千里马驰骋的背后一定有一位伯乐存在。所以广告主特别是广告主方面的营销传播的把关人对创意的理解与判断水准的提高，是广告创意人之幸，是广告主之福。

本书就广告创意论述，着眼点于理论联系实践，结合丰富的广告案例，特别是当今广告创意的成果，结合广告运作的实际流程，从创意的绪论——什么是广告创意；创意的基本理论——主要的经典流派思想；创意的五个基本策略——好创意应该说什么；广告创意表现的六大原则——好创意应该怎么说；广告创意的流程——好创意是怎样发展出来的：创意的简报、创意演绎的点线面、创意产生过程、创意的测试与评估；创意的思维方式——好创意是怎样想出来的；广告创意的八种表现形态——好创意是怎样表现出来的；创意表现的执行四大环节——好创意是怎样执行出来的；创意主体和客体的分析这几个方面展开。广告创意是创造性思维的结果，但决非天马行空的产物，认识必然才可以获得真正的自由。希望通过学习本书，广告传播、营销专业的同学能够学以致用、学而好用，同时广告公司、营销公司的管理者和广告主能够开卷有益。有位思想家曾说：“所有的节约归根结底都是对时间的节约。”在撰写本书的时候，我们一直在想着，怎样才能不会浪费而是节约同学们的时间，节约广告人与广告主在百忙之中挤出来的时间，为中国广告业与营销业的发展略尽绵薄之力。

在哈佛校门上刻着一句铭文：“为增长知识与智慧走进来，为服务社会与民众走出去。”借用这句话，我们希望大家开卷能够增长知识与智慧，合卷能够更好地服务社会与民众。

丁邦清

2003 年 6 月 15 日第一版撰文

2009 年 5 月 16 日第二版修改

2017 年 7 月 10 日第三版修改

于广州

# 作者介绍

Author Introduction

## 丁邦清

中国广告协会学术委员会副主任、暨南大学客座教授，曾为中国广告节评委会副主席、华文广告奖评委、中国广告 30 年 30 位杰出人物、中国十大营销专家、中国十大创意总监、中国本土最大的广告公司——广东省广告集团股份有限公司总裁。现为广东省广告集团股份有限公司首席策略官（CSO）。从业 20 多年，为一汽大众、一汽奥迪、东风日产、广汽本田、美的、格力、中粮、海天味业、温氏食品、真功夫、蓝月亮、舒克牙膏、汤臣倍健、三金药业、广州药业、劲酒、红星二锅头、衡水老白干、水井坊、金六福、万科、星河湾地产、日本观光厅等百个著名品牌提供整合营销传播服务，创造出众多具有巨大影响的成功案例，获得国家级金银铜奖 60 余项，担任多所大学客座教授。著作有《品牌成功链》《广告策划与创意》《实战互联网 +》《中国品牌白皮书》等。

## 程宇宁

原湖南商学院艺术设计系教授、湖南省广告协会副秘书长、湖南省杰出广告人；2006 年调入重庆工商大学商务策划学院任教授，现为中国广告协会学术委员会委员、中国高校广告教育研究会理事、中国当代杰出广告人、重庆创意产业发展研究所所长、重庆社会科学专家库专家。

1993 年开始从事广告专业的实践、教学与研究活动，在业界参与和主持过多项知名品牌的广告策划与创意执行项目，在广告策划与创意的具体操作执行的过程中积累了较为丰富的经验；独立策划与创意设计的广告作品多次获得过“湖南之星”包装、广告设计大赛的铜奖；指导学生创意的广告设计作品多次获得国内外广告大赛的金银铜奖；长期对广告专业及相关领域潜心研究，出版有《广告策划教程》（1997）《广告文案创意——引起受众对品牌认知的表现艺术》（1999）《广告创意——从抽象到具象的形象思维》（2002）《品牌策划与管理》（2011）《整合营销传播——品牌传播的策划、创意与管理》（2014）《重庆创意产业发展报告（2014）》《品牌策划与推广——策略规划与整合传播的流程、工具与方法》（2016）和《互联网生态——重构商业规则》（2016）等多部专业著述；在广告专业领域的学与术两个方面均有所建树。主要研究方向是品牌策划、视觉传播与表现、创意产业理论与实践等。

contents

# 目录

## 第五章　广告创意的思维方式



## 第六章　广告创意的表现原则



## 第七章　广告创意的文案创作



## 第八章　广告创意的表现形态



## 第九章　广告创意的流程



## 第十章　广告创意的执行

# 第一章
# 绪论

广告活动的灵魂是创意，没有灵魂的广告当然也就是没有生命力的。但是，广告创意又绝对不是孤立的活动，它仅仅是广告活动中的一个环节。为使我们对广告创意有更全面和深入的理解，本章将从广告活动的基本概念开始，对广告活动、广告策划及广告创意之间的关系予以阐述，并对广告创意提出作者原创的界定。

**本章的学习目标**

- 认识广告活动的构成要素及基本界定
- 掌握广告策划与广告创意的关系
- 掌握广告创意理论的基本定义及其特征
- 理解广告创意的基本作用

## 第一节　广告创意的定义

广告创意，对于广告人来说是最具挑战、最兴奋也是最刺激的事情。虽然许多人都认为广告创意是广告活动中最引人注目的环节，是"将广告赋予精神和生命"[①]的活动，但却很少有人能对广告创意下一个明确的定义。本节所要讨论的重点就是广告创意的基本概念。

### 一、广告活动的概念

20世纪初，广告活动在西方工业发达国家尤其是美国才开始逐渐演变并发展成为一个相对独立的行业。当时，人们对广告活动的理解是不甚了了的。美国早期著名的劳德暨托马斯广告公司的创意总监约翰·E·肯尼迪于1905年对广告活动的本质作了一个基本的解释："广告是印在纸上的推销术。"[②]应该说，这个解释或者说是定义对当时广告行业的发展产生了巨大的影响。一个世纪以后，我们这个星球所发生的科技进步使工商业的本质和需求发生相应的变化，而广告活动的概念（内涵与外延）自然也就同样会发生变化。

今天，有关广告活动的内涵已经大大延伸和扩展，不同的专家、学者由于各自的学术背景不同，并站在不同的观察角度对广告活动进行研究，往往得出不同的结论。例如，新闻传播界可能会认为广告活动是一种传播、公关或劝服过程；工商界人士认为广告活动仅仅是营销的手段之一；经济学家和社会学家把广告活动当作一种经济、社会或伦理的表象；有些消费者则干脆把广告当作是污染视听的垃圾。如果将上述看法综合起来，则可以给广告活动下一个基本定义：

广告活动是由可识别的出资人通过各种媒介向目标受众进行的有关产品（商品、服务和观点）的、有偿的、有组织的、劝服性的、非人员的并以求达成商业目的的信息传播活动。[③]

这个定义可能有些复杂，下面笔者将这个定义分解开来对各部分内容逐一分析，以利于初学者理解。

第一，广告活动是一项信息传播活动，是一种非常有组织的商业应用传播形式，是由广告专业人员事先对有关产品和竞争产品及其目标消费者的信息进行采集、加工，然后再由语言和非语言符号元素所构成的广告创意作品，用以填充由出资人所控制的预定时间（电波媒体时段）和空间（平面媒体版面）。

第二，由于广告活动的终极目的是为了达成销售目的，因此，其有关产品的信息接受者就必须是事先预定的那些对某种产品有需求并

①威廉·伯恩巴克语，摘自：《广告创意》，广东旅游出版社 1997 年 9 月第 1 版，第 1 页。
②阿尔伯特·拉斯克尔著：《拉斯克尔的广告历程》，新华出版社 1998 年第 1 版，第 20 页。
③威廉·阿伦斯著：《当代广告学》，华夏出版社 2000 年第 7 版，第 7 页。

图 1-1　邦迪创可贴广告作品

图 1-1 所示的邦迪创可贴广告作品，其诉求的目标对象为少年儿童。因为少年儿童精力充沛、活泼好动，自然就比较容易受伤，所以，该系列广告创意作品就以“成长难免有创伤”为主题，向少年儿童这个目标消费者展开有针对性的诉求。

且有购买能力的目标消费群体。这类消费群体既非个体，也不是新闻传播的大众群体。因此，在很大程度上说，广告活动实际上是一种分众化的传播形式。（图 1-1）

第三，广告活动的对象既然是经过事先策划并预定的潜在目标消费者，那有关产品的广告诉求内容自然就必须针对目标消费者的消费心理、消费行为、需求利益点、价值取向和审美偏好精心加工诉求信息。否则，就谈不上广告传播的效果。

第四，从总体来说，广告都是有偿的。像格力空调、联想电脑、中国移动等企业都是先付费用给广告代理公司或广告媒介，然后才能通过各种视听媒介将广告信息传达给目标受众。当然，也有一些关于安全、健康、环保、公德等内容的广告是无须付费的，至少在媒介发布这个环节上是免费发布的。这种广告被称为非商业广告，也可以称为公益广告。

第五，广告既可以帮助广告主销售有形的商品，如服装、牛奶、牙膏等，还有助于宣传银行、通信、旅游、教育等无形的服务，现在已经有更多的广告主利用广告来倡导和推行各种各样的观点。因此，在本书里，我们用产品一词来涵盖商品、服务和观点三层意思。

大多数广告都试图通过各种各样的艺术表达方式来劝服目标消费对象继续使用或引导潜在消费者改用某种产品，这就说明广告绝不仅仅是将某种产品的信息告知给目标受众就算完事那么简单。

第六，广告是通过媒介向目标受众传递有关产品信息。在广告活动中，媒介是现代广告赖以生存和发展的首要因素，更是广告信息得以发布的载体。因此，有关媒介空间和时间的策划、组合、排期以及购买对广告效果有着极为重要的意义。

第七，广告是一项综合的、有组织的专业行为。这种综合既包括广告活动在内容上的综合，如广告调查、广告策划、广告创意、广告文案创作及广告设计、广告媒介的组合与发布、广告效果评估等；也包括各种学科知识的相互综合，如经济学、市场学、传播学、社会学、文化学、消费者行为学、心理学、文学、美学、艺术等多学科的相互交叉与渗透。

第八，广告是一种动态的过程，这一过程涉及多个相互之间具有前后因果关系的环节，而统领这些环节的无疑就是所谓的广告策划。因此，从策划的角度而言，我们又可以说广告活动是广告专业人员在对市场、产品和目标消费者进行了充分的调查分析的基础上，根据广告客户的营销目标，对广告讯息所要达成的目标进行全面的、科学的、富有创见性的规划与执行过程。

以上是笔者对广告活动的定义做的一个详细的解说，这种解说只是笔者对广告活动发展到今天的一种归纳。随着市场行为的迅速发展和媒介形态的突飞猛进，广告活动的内涵与外延必将发生一些变化。从这个意义上说，与时俱进确实是广告学科的一大特点。因此，学习和研究广告学科的有识之士切不可把广告知识当做教条和模式来学习，而应该时刻牢记在学习和研究中务必要活学活用、随机应变、与时俱进。

## 二、广告创意的界定

对于广告创意的界定，学界还没有基本一致的看法。虽然詹姆斯·韦伯·扬曾经对产生广告创意的原则作过十分精辟的归纳，即所谓“旧的元素、新的组合”[①]，在广告界无人不认同。但这仅仅是对创意元素的归纳总结，并没有对广告创意的过程作更全面和深入的阐述。

### 1. 国内学者对广告创意界定的表述

近年来，美国广告学者出版了许多颇有影响的理论研究成果，包括威廉·阿伦斯著的《当代广告学》（华夏出版社 2000 年第 7 版），托马斯·C·奥吉恩、克里斯·T·艾伦、理查德·J·塞梅尼克合著的《广告学——从 IMC 的视点重新审视现代广告活动》（机械工业出版社 2002 年版），J·托马斯·拉塞尔、W·罗纳德·莱恩合著的《克莱普纳广告教程》（中国人民大学出版社 2005 年第 15 版），A·杰罗姆·朱勒、邦尼·L·朱奈尼合著的《广告创意策略》（机械工业出版社 2003 年第 7 版），Rajeev H Batra、John G Mgers、David A Aaker 合著的《广告管理》（清华大学出版社 1999 年版）等，这些专著或教材虽然从不同的视角对广告理论和广告运作进行了非常全面和深入的分析，但是却无一例外地缺乏对广告创意的界定。

国内最早对广告学理论进行研究的学者是台湾的樊志育先生，其在 20 世纪 90 年代出版的《广告学原理》（上海人民出版社 1993 年版）和《最新实用广告》（中国友谊出版社 1995 年版）两本专著中，也没有对广告创意的概念做出具体的分析与阐述。

国内较早对广告创意的概念进行分析的是中国人民大学教授倪宁先生，其对广告创意的概念表述是：“广告创意是对如何表现广告主

①詹姆斯·韦伯·扬著：《广告传奇与创意妙招》，内蒙古人民出版社 1998 年版，第 123 页。

题的构思。主要是通过构思创造出新的意念。它根据市场、商品、消费者等方面的情况和广告传播的要求，以塑造产品和企业的印象或形象为主要特征，确定广告的表现方针。”① 笔者认为，此种表述并没有从本质上说清楚广告创意的内涵与特征。其第一句“广告创意是对如何表现广告主题的构思”几乎等于什么也没说，创意当然是构思。其第二句“主要是通过构思创造出新的意念”涉及了创意的核心，但没有进一步分析这是什么新的意念。

武汉大学教授张金海先生和姚曦先生在其主编的《广告学教程》（上海人民出版社 2003 年版）中对广告创意下的定义是：“从广义上说，广告创意是对广告战略、策略和广告运作每个环节的创造性构思；严格地说，广告创意是表现广告主题的、能有效与受众沟通的艺术构思。”笔者以为，该定义的第一句对广告创意作了十分宽泛的说明，却并没有涉及广告创意的内涵。第二句则对广告创意作了比较具体的说明，但笔者以为，能否有效地与受众沟通是判断一则广告创意优劣的尺度之一，并非是广告创意的全部本质。

上海交通大学教授余明阳先生和华中科技大学教授陈先红女士在其主编的《广告策划创意学》（复旦大学出版社 2003 年第 2 版）中对广告创意的解释是：“从动态的角度看，就是广告人员对广告活动进行创造性的思维活动。从静态的角度看，就是为了达到广告目的，对未来广告的主题、内容和表现形式所提出的创造性的‘主意’。”② 在这里，余明阳先生和陈先红女士将广告创意分成两个层面，一是宏观的、动态的层面，实际上也就是广告策划的主要内容；二是微观的、静态的层面，实际上说的就是广告文案、广告设计的创作。如果单纯从这两个层面来理解广告创意，这样的表述似乎并没有什么不妥之处。但如果我们从宏观的、动态的角度来如此分析，那么，广告策划与广告创意的区别又在何处呢？同样，如果我们从微观的、静态的角度来如此理解，那广告文案创作、广告设计与广告创意的区别又何在呢？

笔者以为，对广告创意的本质与特征进行研究，首先应该对广告策划与广告创意进行比较性分析。唯其如此，才能帮助我们理清思路。

**2. 广告策划与广告创意的比较**

广告创意到底是什么呢？为了能够清楚地解答这个问题，我们先将广告策划与广告创意作一个比较：

第一，广告活动是动态的运作过程，在这个运作过程中，包含了调查、策划、创意、设计表现、发布及效果测定等诸多环节。广告策划和广告创意均属广告活动的要素之一，而广告创意只是广告表现的核心要素之一。

第二，广告活动从整体上说是科学的，因为广告活动是帮助广告主实现其销售目标的商业信息传播活动，所以在广告活动的策划环节中其所要解决的是广告活动的方向对与错的问题；而广告活动在其创意环节中所要解决的是如何通过对产品讯息的加工处理，使目标受众喜欢或不喜欢某个产品的问题，这就使广告创

①倪宁编著：《广告学教程》，中国人民大学出版社 2001 年版。
②余明阳、陈先红主编：《广告策划创意学》，复旦大学出版社 2003 年第 2 版。

意带有明显的艺术属性。

第三，广告活动的基础是策划，广告表现的核心是创意；策划是明确方向，创意是动力加速。我们如果把广告策划比作是一辆汽车的方向盘，而把广告创意比作是一辆汽车的发动机的话，则可以非常清楚地明白两者之间的关系：如果方向正确再加上动力强劲，我们的汽车自然可以到达甚至提前到达预定目标；如果方向正确而动力不足，我们的汽车自然也能到达预定目的，只是得花更多的时间；如果方向不正确而动力却十分强劲的话，那么我们的汽车或者是离预定目标越来越远，或者是加速坠入深渊，后果不堪设想。

广告创意固然也是创造性的思维活动，但广告创意又与一般意义上的创造性思维有所不同。这其中最大的不同（也就是广告创意的本质特征）就在于广告创意在思维方式上并不是寻找解决某个问题的方法或路径，而是寻求如何用形象生动的表现方式来说明某个事物（品牌）的概念。这里的关键之处就在于思维的转换性：将抽象的诉求概念转换为具体的形象；将科学的策略转换为艺术的表现。

**3. 广告创意的定义**

根据笔者上述对广告策划与广告创意在本质属性上的比较分析，我们可以为广告创意作出一个基本界定：

广告创意是广告人员在已经确定的广告传播策略的指导下，对商品（品牌）的诉求概念提炼为抽象的物质层面的功能特征或精神层面的价值观念，并将之转换为具象的视觉符号，以求达成理想的传播效果的创造性的形象思维活动。

对广告创意的这个定义，我们可以从以下几个方面加以理解：

第一，广告创意是创造性的形象思维活动。

广告创意，关键就在一个“创”字。创造意味着产生、构想过去不曾有过的事物或观念，或者，将过去毫不相干的两件或更多的事物或观念组合成新的事物或观念。

广告活动是否能完成其告知和劝服的职责，在很大程度上依赖于广告作品是否具有创造性。精彩的广告创意作品使广告诉求讯息更形象、更生动、更有劝服力。（图 1-2）

图 1-2　百事瘦身饮料平面广告创意作品

该创意为一只肥胖的猫舔了几滴残存的百事瘦身饮料，便可以轻松自如地钻入鼠洞，非常形象地向受众展示了百事瘦身饮料出众的瘦身效果。

第二，广告创意的前提是科学的调查分析。

广告创意策略的实施必须符合广告产品的整体营销目标，为此，广告创意人员必须充分掌握产品、市场竞争对手以及目标消费者的消费心理等各类信息，以期从中发现能够有效地达成营销目标的创意主题。当年 P&G 公司向市场推出“尿不湿”儿童用品时，广告人员想当然地以“方便”作为创意诉求主题，以为凭此必能大受年轻母亲们的青睐。然而事实却大大出乎 P&G公司的意料，10 余年的销售竟然使“尿不湿”占的市场份额不到 10%。后来广告人员经过深入细致的调查之后才发现：频繁地使用纸尿裤使年轻的母亲们在潜意识里产生一种由于太方便而没有恪尽母爱的负疚心理，从而直接影响了年轻母亲们的购买行为。即使有的母亲偶尔使用，一旦发现婆婆来看望孙儿时，也会手忙脚乱地把“尿不湿”藏起来。找到了问题的症结，广告创意的诉求点当然就由原先的“方便”转为“关爱”——保护婴儿皮肤干爽、防止尿布湿疹。果然“尿不湿”立刻大受年轻妈妈们的欢迎，销售状况一举得到了彻底的改变。

第三，广告创意就是要善于将抽象的诉求概念转换为具象而艺术的表现形式。

广告创意固然也是创造性的思维运动，但又与一般意义的创造性思维不同。这其中最大的不同就是广告创意在思维方式上并不是寻找解决某个问题的方法，而是寻求一种具有独创性并且容易让目标受众产生品牌联想的诉求概念，并且用直观、形象、生动的诉求方式来说明和表现该诉求概念。这里的关键之处在于转换，将抽象的概念转换为具体的形象，将传播的策略转换为视觉的符号。比如，大众 Polo 轿车的广告诉求概念是“小，但是结实”，其广告创意的构思与表现就只能围绕其诉求概念，将此抽象的概念转化为具象的视觉符号。（图 1-3）

图 1-3 大众 Polo 轿车平面广告创意作品《小，但是结实》

广告创意免不了都会自卖自夸，但是，一则优秀的广告创意作品却能够做到通过形象而直观的视觉形象和生活情节使受众自己得出关于广告商品的结论。该广告创意作品就是如此，它通过一个生活情节，即当警察接到报警后赶到歹徒打劫的场所之后，纷纷躲在 Polo 轿车的后面向歹徒喊话，这种将 Polo 轿车当做掩体的画面，虽过分夸张，但却十分形象、直观和生动地表现了 Polo 轿车的诉求主题：小，但是结实。

## 第二节　广告创意的作用

广告创意属于广告活动诸多环节当中的一个核心要素，这就自然要求广告创意必须通过整体的广告活动而体现其作用，这些作用可以从以下几个方面加以体现：

### 一、广告创意有助于广告活动达成预定目标

广告活动作为一种经济领域的商业活动，最终自然是以营利为目的。因此，广告创意必须有助于广告活动达成其营销与传播的预定目标，这也是衡量广告创意优秀与否的重要标准。

比如 TBWA 广告公司为瑞典生产的绝对牌伏特加酒所做的精彩绝伦的广告创意，就为绝对牌伏特加酒在国际市场的销售起到了至关重要的作用。当初，这种酒进入美国市场时，消费者对该品牌几乎没有任何兴趣，市场销售一

图 1-4　绝对牌伏特加酒系列广告之《绝对的吸引》《绝对的自由》

绝对牌伏特加酒的平面广告创意系列作品在国际广告界被公认为经典创意作品，该系列的广告创意主题始终是以独特的包装（瓶型）、一语双关的“绝对”（品牌）和某一概念这三个内容作为诉求对象，构思精巧，蕴含丰富，表现简洁大气，富于智慧，令人阅后产生深刻的印象。

图 1-5　瑞士美度手表平面广告创意作品

手表的广告诉求主题还能是什么？当然只能是时间。显然，美度手表的系列广告创意作品就是以时间为诉求主题的，只不过，该系列广告的创意以非常大胆和夸张的极富想象力的构思，以运动员的训练为视觉画面，十分形象而生动地表现了时间是多么的重要。

直不景气。后来，该品牌找到 TBWA 广告公司并与其长期合作，由 TBWA 广告公司的创意人员对产品进行了重新定位与主题确认，以“绝对”作为主题元素，以生活百态及各地区的地域或文化特征作为辅助元素，以绝对牌伏特加的包装瓶型为主要视觉元素，将上述三个元素加以巧妙组合，从而诞生了一个取之不尽、用之不竭的大创意。可以说，正是凭着这样一个堪称广告经典之作的创意，绝对牌伏特加才会拥有如此多的消费对象，才会在俄罗斯正宗伏特加酒的挤压下异军突起，并在全球伏特加酒市场上跻身三甲之列。（图 1-4）

## 二、广告创意有助于广告进行告知活动

广告在其传播过程中是否能够完成其有关产品信息的告知与诉求的职责，在很大程度上取决于广告作品是否具有创意。优秀的创意使广告作品更形象、更生动、更有可能使目标消费者对广告所诉求的品牌产生深刻的记忆。大量的研究数据表明，生动的信息传播能更好地吸引受众的注意力、维持受众的兴趣持久性及启发受众的活跃思维。（图 1-5）

图 1-6 爱普生打印机平面广告创意作品

此系列广告创意令人捧腹，原因很简单，那就是爱普生打印机的打印效果太逼真，使得猫和鹌鹑都将打印的图片误以为是真实的老鼠和真实的鹌鹑蛋，以致那只猫在鼠洞口等到自己变成标本，那只小老鼠也没有出来；而那只鹌鹑也是极富爱心地孵化着鹌鹑蛋，但直到自己羽化归天，画面上的鹌鹑蛋还是依然故我。广告创意构思巧妙，与广告所诉求的产品特征有着密切的关联性，使受众对广告所诉求的商品——爱普生打印机的打印效果留下了极为深刻的印象。

## 三、广告创意有益于广告进行劝服活动

广告的传播活动实际上就是一种与消费者的沟通活动，在沟通的过程中，广告的传播者绝不仅仅只是满足于使消费者知晓广告中的产品信息，而是在此基础上努力劝服目标消费者对本产品的相关信息产生信任，并形成有利于本产品的态度甚至行为。为了使广告的传播活动尽可能地达到上述的劝服效果，广告人员在创作广告作品时尤其应该重视并追求精彩的创意表现。

调查表明，广告要想有更强的劝服力，就必须创造性地使用非文字讯息元素，强化文字讯息元素。如在印刷媒介的广告作品中使用信息性图表（彩色示意图、表格等）可以提高某些受众的认知质量。而色彩及空间的运用则往往可以促使受众根据其自身的文化背景和个人经历采取消费行为。（图 1-6）

比如，意大利著名服装品牌贝纳通的诸多广告作品就是以有关反对战争、彰显人性、种族平等、重视环保等人们普遍关心的题材作为其产品的创意主题，向人们表明贝纳通品牌的文化魅力。这些广告作品以其深邃的文化理念和简洁的表现方式给人们留下了极为深刻的印象，当这种印象在市场得以口口相传时，贝纳通品牌在消费者心目中的心理价值也不知不觉得到了提升。（图 1-7）

## 四、广告创意有助于提升产品在消费者心目中的品牌形象

广告创意所体现出来的视觉表象当然是诉求有关产品的信息，但一则真正优秀的广告创意还应该表达其深刻的文化内涵和意识形态的思考与见解，从而使广告作品更隽永、更富有品位，也更耐人寻味。

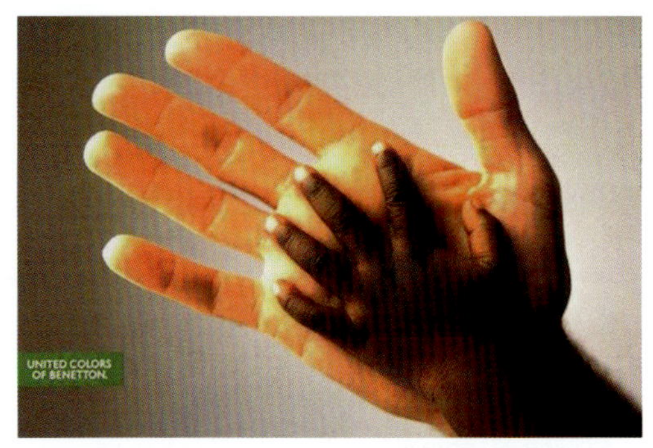


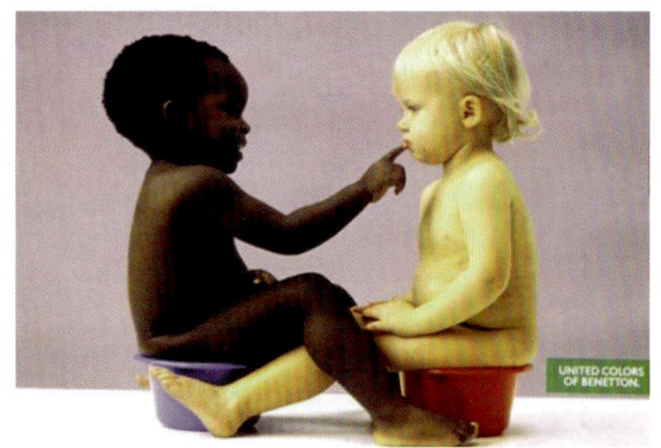


图 1-7 意大利著名服装品牌贝纳通平面广告创意作品

贝纳通的广告诉求主题往往都是较为宏大的带有浓厚意识形态色彩的普世价值观，这两幅广告所要表达的就是同样的诉求主题：反对种族歧视。广告的画面使用对比鲜明的色彩和两小无猜的纯真儿童形象，十分生动地向受众展示了不同肤色的人们生活在同一片蓝天下是那么的自然和美好。如果受众认同贝纳通所传递的价值观，自然就会认同贝纳通这个品牌，并有可能在心目中提升贝纳通的品牌形象。

## 五、广告创意有助于广告进行提示活动

设想一下，年复一年，一遍一遍，一则广告如果是一成不变地用毫无变化、毫无创新的广告口号或方式邀请受众尝试广告产品，那么其诉求效果只能使人们对广告产品产生厌烦的拒绝心理。因此，在广告的传播过程中，只有不断地运用极富智慧和饶有趣味的创意，才会使乏味的广告诉求变成新颖有趣并耐人寻味的广告作品。耐克广告的创作案例便是最好的明证。纵观耐克的广告作品，没有几条提到过公司名称，甚至根本没有在广告作品上打出公司的名称，只讲述一个个的故事，在画面上唯一可找到的广告主线索便是那个单纯的、拉长的“钩”。耐克的发言人说：“耐克的广告不必去冒‘长篇大论’的风险，因为‘耐克的标志已经够出名的了’。我们每天所要思考的问题就是如何通过广告创意来反复不断地提示顾客一次又一次地购买我们的产品。”（图 1-8）

图 1-8 耐克品牌平面广告创意作品《活出你的伟大》

# 第三节　广告创意的特征

广告创意是整个广告活动的灵魂。缺乏创意的广告活动就好比是人缺乏了灵魂，了无生气，自然也就不可能达成预先设想的广告传播效果。那么，广告创意到底又具有哪些特征呢？对此，广告学者迄今仍然没有统一的说法。笔者认为，广告创意的特征至少应该包括四个方面的内容，即思维的转换性、策略的指导性、诉求的艺术性和创意的限制性。

## 一、思维的转换性

广告创意从本质上说就是一种创造性的形象思维活动。不过，这种创造性的形象思维活动与一般意义的创造性思维活动有所不同，这种不同就在于广告创意的思维活动除了具有一般意义的创造性思维的基本特点之外（诸如思维的自主性、求异性、联动性、多向性、跨越性、顿悟性和辩证综合性等），还具有思维的转换性这一本质特征。

所谓思维的转换性，就是指从逻辑思维转换到形象思维的能力，或者是将概念的抽象思维转换到具象事物的形象思维的能力。这就需要创意人员以丰富的想象力及时转换思维跨度，善于及时捕捉、发现、连接生活中各种事物间的看似风马牛不相及的内在关系，从而使广告创意具有情理之中、意料之外的传播效果。

比如，奔驰 SLK 的这幅平面广告作品，在创意思维上就经过了数次的转换。首先，广告创意的核心是奔驰 SLK 型轿车的精美绝伦、万

图 1–9　奔驰轿车平面广告创意作品《刹车痕》

此广告创意作品荣获 1998 年戛纳广告节的全场大奖。广告画面构图精巧，蕴含丰富，受众乍一看，不知所云；忍不住再看一遍，便会恍然大悟：原来，处于画面中心对应关系的轿车与刹车痕有着内在的因果逻辑关系——刹车痕是结果，而“肇事者”则是奔驰轿车，这当然也就是原因，即众多司机经过此一路段时都会忍不住降低车速，以便多看几眼自己心向往之的奔驰轿车。广告没有多余的语言文字，画面的情节却足以说明奔驰轿车在人们心目中的地位。

Q&A:

人瞩目这一抽象概念；其次，就要思考如何用具象的元素来加以表现、转换上述抽象概念；最后，将“刹车痕”这个看似与奔驰 SLK 型轿车毫不相干的事物巧妙地连接、组合，从而产生令人拍案叫绝的广告创意。（图 1-9）

## 二、策略的指导性

策略的指导性，就是指在广告创意的过程中，始终围绕一个明确的传播概念进行形象思维的能力。广告创意不是纯主观的艺术创作，不能随心所欲地信马由缰，它必须在广告策略的指导下，在事先确定好的主题概念的规范下进行创造性的思维活动，并通过创意的物化形式——广告作品，将广告信息准确地传达给目标受众。这一特征也是广告创意与艺术创作之间最大的区别。

艺术家在进行艺术创作之前，往往只是根据自身对生活、对事物的观察，通过艺术作品表达出创作者个人的主观愿望、情绪或感受，具有较大的随意性和主观性。而广告创意则必须在广告策略的指导和规范下去进行思维和表现，通过广告作品所表达的主要是客观事物（广告产品）的本质特征或者是目标消费者的主观感受、情绪和愿望，而非创意者个人的主观情绪。

比如，百事可乐的广告创意就是在其整体广告策略的规范下进行的。由于其始终有一个明确的创作主题，所以，虽然百事可乐的广告创意作品在表现形式上有所不同，但众多的广告创意作品却都围绕一个核心的主题概念，即百事可乐的品牌核心概念：精彩无限、活力无限。俗话说，万变不离其宗，对广告创意来说，这个“宗”就是广告策略。（图 1-10）

图 1-10　百事可乐最新平面广告创意作品《自然纯粹的生活》

## 三、诉求的艺术性

广告创意的目的之一就是如何将一个产品的有关讯息以艺术的方式予以表现。因此，向目标受众进行艺术诉求从而将产品的讯息准确而有效地传播出去，是广告创意相当重要的一个特征。

广告作品的创意不同于文学艺术作品的创作之处，就在于广告作品的诉求性，虽然两者都具备艺术性。广告创意所追求的目标就是要千方百计地主动地让目标受众接受某种观点、概念或产品的讯息并对之产生兴趣和记忆；文学艺术作品所追求的目标只是被动地让读者或受众对作品中所表现的内容引起感情上的共鸣。至于有多少读者（受众）能够接受文学艺术作品创作者的观点，并不是作者所追求的目标。

广告作品的创意也不同于新闻报道的创作，虽然两者的真实性和其所附载的媒体是大同小异的，但两者的最大区别恰恰表现在艺术性这一点上。新闻报道的创作绝不允许有所谓的艺术性表现，而广告作品则要借助于各种各样的艺术表现形式使广告讯息达到理想的效果。（图1-11）

图 1-11　沃尔沃汽车平面广告创意作品

该广告创意以比喻的手法形象而生动地向受众诉求了沃尔沃汽车具有与众不同的安全性这一突出优点，当然，安全性也是沃尔沃汽车长期以来一以贯之的诉求概念。

## 四、创意的限制性

从总体上说，任何创新思维活动都忌讳条条框框的限制，但广告创意却偏偏就有许多的限制。有人曾说广告创意就像是“戴着镣铐跳舞”，即在种种限制的条件下构思出精彩的创意，这对于广告人而言实在不是件容易的事。

**1. 广告主的限制**

一般而言，所有的广告主都会对广告创意活动有着这样或那样的限制要求，只是程度不同而已。有的广告主对广告创意的表现方式可能会宽容一些，给广告创意人员以更多的创意

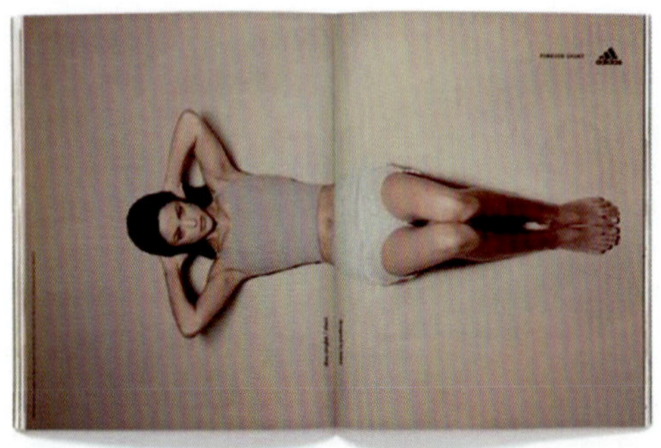

图 1-12　阿迪达斯平面广告作品《没有不可能》

该广告创意十分巧妙地利用杂志媒介的特点，当读者将杂志的页面翻过去时，杂志上的广告模特也就必然会做一次相应的运动，于是，一幅静态的平面广告在读者的互动下竟然成为动态的广告，其结果，当然是给读者留下难以忘却的印象。

空间；而有的广告主则可能会对广告创意的表现方式有着更为具体、明确的要求，这就迫使广告创意人员不得不在广告主的限制要求下来进行广告创意活动。

**2. 广告媒介的限制**

不同广告媒介有着各自不同的特性，这种特性决定了广告创意必须根据广告媒介的本质特征进行有针对性的创新思维。最起码，电波媒体的广告创作就要求广告创意在以时间为结构，以情节为线索的前提下将广告信息用连续移动的视觉语言（画面）或听觉语言进行构思及表现；而平面媒体则要求广告创意在以空间为结构的前提下将广告信息用静态的视觉语言进行构思及表现。（图 1-12 ）

**3. 广告信息本身的限制**

不同的广告信息内容本身往往就限定了广告创意的构思方向。如感性商品的广告创意就应考虑从诗情画意、浪漫煽情的方向去进行构思表现；而理性商品的广告创意则多从沉稳实在、以理服人的方向去构思。

Q&A:

# 第四节　广告创意的分类

广告创意的本质是一种创造性的思维活动，其目的当然是通过有创意的构思取得理想的传播效果，进而帮助广告产品达成其预定的营销目标。因此，从广告创意的本质和目的来看，此广告创意与彼广告创意并无多大的差异可言。但在实际的创意过程中，由于广告作品所负载的媒介的性质和特征不同，就要求广告创意根据广告媒介的性质和特征在构思上有所不同，这就自然产生了广告创意上的分类。

## 一、平面（印刷）广告创意

广告在平面印刷媒体上主要运用的信息负载形式就是报纸和杂志。虽然就媒介本身的特质而言，报纸和杂志有着诸多的区别，但是两者在总的方面来说大体一致。因此，我们把两者统称为平面印刷媒体。平面印刷媒体与电波媒体相比具有如下特点：

（1）平面媒体是以空间的结构形式，以静态的视觉和语言符号的表现方式进行讯息的传播与诉求，这是平面印刷媒体与电波媒体的本质区别所在。作为广告创意人员，在利用平面印刷媒体进行广告创作时，就只能在平面印刷媒体的有限的版面空间上构思广告创意。当然，平面印刷媒体版面的空间大小是有区别的，一般而言，版面空间越大，其广告创意的空间也就越大，反之就越小。但无论平面印刷媒体的

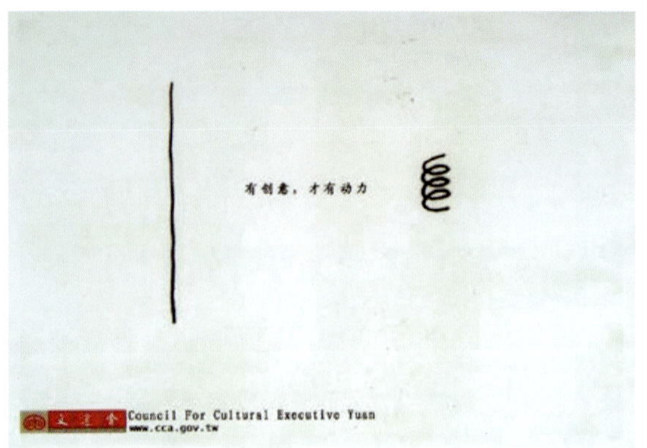


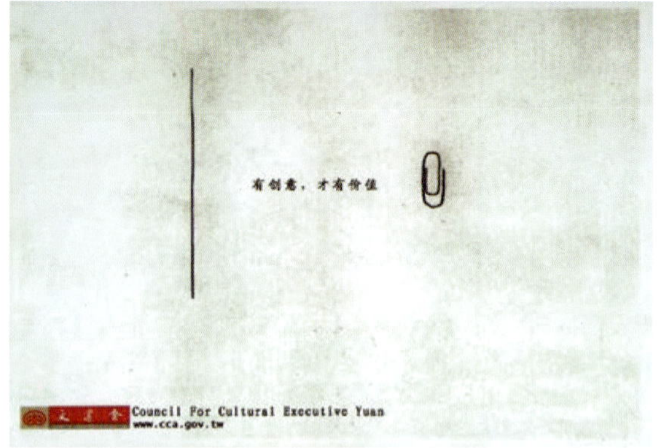


图 1-13　台湾文建会平面公益广告创意作品

此广告创意作品曾经获得第 12 届中国时报金犊奖银奖。该作品是当年台湾在校大学生的创意，作品构思巧妙，诉求主题明确，将非常抽象而复杂的概念用简单的视觉画面予以表现，形象而生动地向受众诠释了“创意”的真谛。

版面空间有多大，广告创意人员在进行广告创意的过程中，只能而且必须在有限的版面空间内通过静态的视觉和语言符号的创意组合，使各种具象的元素与广告产品产生关联性，以期达到较为理想的信息传播与诉求效果。这种内在的关联性越巧妙，其创意就越精彩。（图1-13）

（2）平面印刷媒体多是以近距离一对一的传播方式进行广告讯息的诉求，且更适合为理性产品做理性诉求。

一般而言，读者阅读报纸或杂志媒体时大多是在一个相对安静的场合，受外界干扰的程度相对较小，读者在接受平面媒体的讯息时也会更投入一些。因此，该类广告创意大都是以文案（语言符号）为核心，以图形画面（视觉符号）为配合，以便向目标受众传递尽可能清晰明确的产品讯息，以利于受众对产品形成正确的理解并产生购买欲望。

（3）阅读平面印刷媒体的受众具有大致相同的兴趣和偏好，且他们在阅读时拥有绝对的主动权和选择权。

基于上述特征，平面印刷媒体的广告创意就必须准确地把握有关广告发布平面媒体的读者共性，以便有针对性地对该平面媒体的受众进行诉求；同时，由于平面印刷媒体的读者在阅读信息时拥有绝对的主动权和选择权，就要求该类媒体的广告创意具有更强的可读性、趣味性和新颖性。

## 二、影视广告创意

虽然许多学者都喜欢把影视媒体和广播媒体这两者统称为“电波媒体”，但笔者认为影视媒体与广播媒体在本质上仍然有着相当大的区别。比如广播媒体仅仅通过人的听觉器官感受广告讯息；而影视媒体则通过人的听觉和视觉的综合作用来感受讯息，这就必然使得两者的广告创意有着不尽相同的思维方式。不过，由于影视媒体和广播媒体都是以时间性这一共同要素作为创意的特质，因此，将影视媒体和广播媒体合为一类也是可以理解的。本书此处专指影视媒体。

（1）影视媒体是以时间为结构形式承载并传播讯息的。

这是影视媒体区别于平面媒体的最大特征。影视媒体的空间形态是相对固定的形态，广告主和广告创意人员都不可能对其空间形态予以改变，而只能在以时间为结构的形态中去构思广告创意。一般而言，利用影视媒体发布讯息的广告只能在以秒为单位的时间结构内（60秒、30秒、15秒或5秒）完成一次诉求。因此，广告创意人员就只能而且必须善于运用以时间为结构的形态进行创意的思维活动。由于影视媒体的时间逻辑结构特征，影视媒体的广告作品在创意的构思中更强调产品诉求信息的故事性、情节性和前后情节的逻辑性。

（2）影视媒体是以直观、形象、逼真的动态画面综合作用于人体的视听觉器官，其传播的信息比较容易使受众产生兴趣，但由于广告讯息的时间短暂，则又很难使受众对讯息产生理解。

诉诸受众视听觉的综合作用，接受影像讯息是影视媒体相对于其他媒体的最大优势。影视广告画面切换快速，时间短暂，相关元素众多，信息量大，受众难以完整接受并理解一条广告的所有讯息。但是，由于影视媒体引人入胜的逼真画面和动感十足的丰富音响又很容易引起受众的兴趣，并进而使受众对某条产品的广告

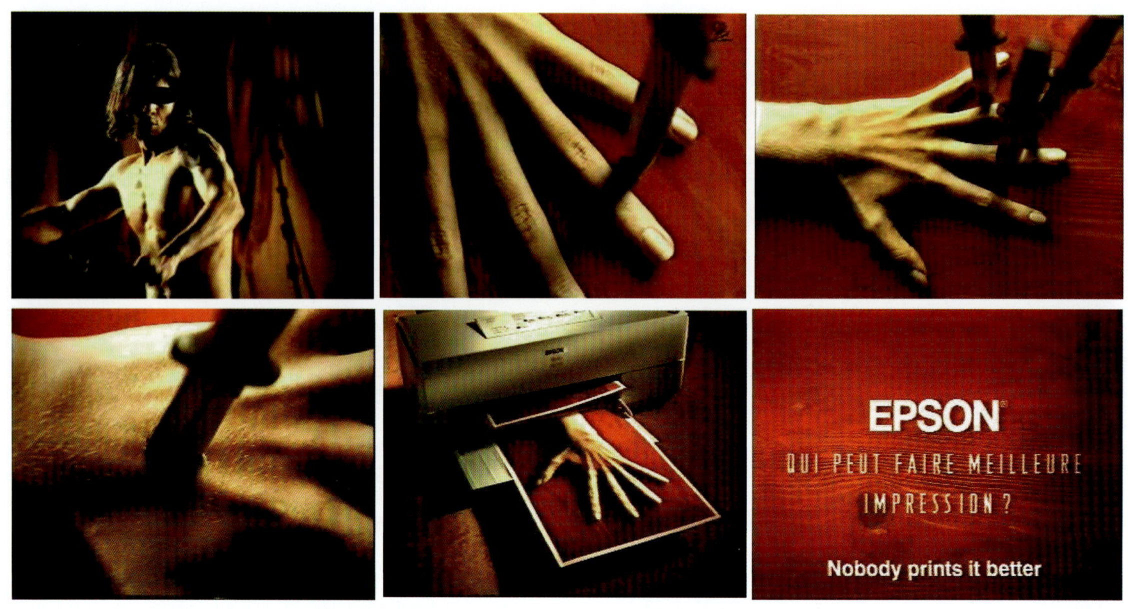


图 1-14　爱普生打印机影视广告作品截图《遮眼飞镖手》

此影视广告创意作品曾经获得 1996 年戛纳广告节的金奖。该影视广告短小精悍，在 15 秒之内讲述了一个颇为吸引受众的故事，表现了一位遮眼飞镖手训练飞镖的过程，情节紧凑，扣人心弦。当飞镖手第二次连续飞出三个飞镖的时候，最后一个飞镖不幸扎在一个人的手掌之中，当受众无不为飞镖手的失误感到惋惜并为陪练者感到心疼时，才发现原来没有所谓的陪练，只不过是一张非常逼真的打印纸。这样，爱普生打印机的打印效果还有谁会怀疑呢？

产生感性的印象判断。因此，影视广告的创意在目的上并不是要刻意让受众对某产品广告信息有多深入的理解，而是应想方设法引起受众对某产品（品牌）产生正面的感性判断。总体而言，平面印刷媒体的广告创意所要解决的问题是如何让受众理解并相信广告所传播的信息，而影视媒体的广告创意所要解决的问题则是如何让受众感知并喜欢广告所演绎的信息。

（3）由于影视媒体的受众群体具有分散和杂乱的特征，这就使得影视媒体的广告诉求难以针对某一目标群体进行构思和创意。

影视媒体受众的分散性和杂乱性，使广告创意难以根据该类媒体受众群体的共性特征进行构思，其传播效率往往并不理想。另外，对于受众而言，影视媒体的信息传播方式具有强制性和不可复制性的特点，此特征一方面可以使广告信息强行向受众传播，另一方面却可能导致受众的逆反心理而对广告信息一概持怀疑态度。这就要求广告创意人员充分利用这一特点创作出能够在瞬间吸引受众兴趣并富有艺术品位的广告作品，从而达成较为理想的传播效果。（图 1-14）

## 三、广播广告创意

广播媒体与影视媒体一样，也是通过以时间为结构的形态来传播信息。但广播媒体缺少视觉的画面，只能以口头语言和音效来传播广告讯息。

广播媒体的这一特征一方面直接增加了人们接受广播广告的概率，使其成为广播媒体的优势所在，另一方面却又导致了其渗透率不高，使其成为广播媒体的劣势所在。这就使得广播广告要想做得精彩就需要广告创意人员付出更多的心血。

虽然广播广告的唯一手段是声音，但是广播广告的创意又绝不应该仅仅以声音作为唯一的创意要素，而是应该用情境这个元素去进行创意思维。用音源塑造情意，以吸引听众的大脑对音源产生兴趣，让音源顺利通过听众的神经，从而刺激听众脑细胞的想象能力。于是，受众便可以“看”到你所设计出的景象，并进而产生深刻的印象。

创意人员可以从中国传统说书人身上学到许多口头语言传播的技巧。功夫高的说书人，听众虽然只是闭着眼在听，但其脑海却一样可以随着故事的情节展开自己的想象：时而风花雪月，时而阴风怒号；时而紧张，时而舒缓。而说书人的表情、服装、道具等都可有可无。个中诀窍便是“情境”二字。

## 四、户外广告创意

户外媒体是典型的远距离视觉媒体，受众一般不可能站在马路上对着某一户外广告驻足观望，反复揣摩。因此，户外广告的讯息诉求在文字上力求精简，在画面上力求单纯，使处于移动状态中的受众群在瞬间便可以捕捉到广告的关键讯息。

户外广告创意的表现特色有以下两类：

**1.诉求讯息简洁明了，一望即知**

由于受众在接受户外广告讯息时处于移动状态，且受到干扰的因素较多，如车流、建筑物、光线、树叶等对受众视线的阻碍，拥挤的交通和嘈杂的声响对受众注意力的分散等。因此，户外广告的创意一定要做到简洁明了，一望即知。一般只需传达品牌名称或广告语即可，无须传达过多的广告讯息。（图 1-15）

**2.充分考虑各户外媒体的特性差异**

户外广告创意所要考虑的因素比一般媒体要多。诸如人潮流动线、大楼天际线、日照状

图 1-15　Jeep 汽车户外广告作品

此广告创意作品构思非常精彩，十分巧妙地利用了户外广告的特点，将 Jeep 汽车垂直地挂在户外广告墙上，形象而直观地强化和突出了 Jeep 汽车翻山越岭的越野功能。

况、路边树木的高度、政府法规等，都或多或少地会对创意产生影响，有的甚至是致命的影响。比如，你打算在某一人潮汇聚的十字路口大楼立面租一块电子看板，鉴于十字路口宽广，你在计算看板至对面距离及左右斜向距离与看板大小比例后，很有信心地决定在看板中放入多少字符与画面，甚至连画面变换速度都做了精心的研究。但事后的效果评估却远远低于当初的预期值，究其原因，发现原来忽略了当地日照问题：该大楼立面朝西，中午以前日照不直射看板，中午过后，强烈的日光直射看板，偏偏该路口午后才涌现大量的人流，自然使电子看板的广告效果大打折扣。

## ? 思考练习

1.对某一具体产品而言，广告创意的作用在整个广告活动中所占据的比重是一样的吗？（请分别以百事可乐和联想电脑为例）

2.广告具有什么样的特征？你能根据互联网广告的特征总结出互联网广告创意的表现特色吗？

# 第二章

# 广告创意理论的流变

随着现代广告活动的逐步发展，广告创意在大量的实践过程中也在逐步形成自己的理论体系。在这个过程中，许多杰出的广告专家和学者根据自己多年的创意经验和体会，总结了诸多有益于后来者学习和借鉴的广告创意观点和理论。本章拟对这些理论的形成脉络做一个全面的归纳和分析。

**本章的学习目标**

- 了解诸多不同观点的广告创意理论
- 认识广告创意理论应该如何指导广告创作实践
- 理解广告创意理论随着时代变迁其本身也在不断发展的特征
- 掌握从各种不同的角度对广告创意进行分析的思维方式

## 第一节 早期的广告创意理论

早期的广告创作观源自 20 世纪 20 年代在英美等国市场上广为流行的“产品观念”。产品观念认为：消费者喜欢高质量、多功能和具有某些特色的产品。因此，广告创意的工作重心就应该集中在产品的质量上，只要产品的质量上乘，消费者自然就会掏钱购买。[①] 在这一观念的影响下，产生了以霍普金斯为代表的硬性推销派和以西奥多 · 麦克马纳斯为代表的软性推销派。这两派的理论观点为后来的两种广告理论流派（科学派和艺术派）的形成产生了相当深刻的影响。

### 一、硬性推销的广告创作观

**1. 约翰 · 肯尼迪的原因追究法**

20 世纪初期全美著名的劳德暨托马斯广告公司三位代表人物约翰·肯尼迪、阿尔伯特·拉斯克尔和克劳德 · 霍普金斯一致主张“广告是印在纸上的推销术”，认为广告必须提供一个切实的销售说辞，讲清为什么消费者愿意花钱购买广告所推销的产品。他们这种在广告创意中强调说明销售理由和购买原因的广告理论，在当时形成了一个极有影响的广告流派。

约翰 · 肯尼迪没有撰写过有关广告创作的著述，其关于广告创作的观点散见于霍普金斯的《我的广告生涯 · 科学的广告》和拉斯克尔的《拉斯克尔的广告历程》这两部广告经典著作中。约翰 · 肯尼迪最早提出了关于“广告是印在纸上的推销术”的基本定义，这一定义揭示了广告活动的本质特征，否定了当时广告创作颇为流行的为艺术而艺术的错误倾向，被广告界广为推崇。

在具体的广告创意方面，约翰 · 肯尼迪发明了一种叫做“原因追究法”的创意模式，即把广告诉求的焦点转移到努力征服受众对广告的抵制情绪的销售理由及其创意方面。肯尼迪在 1903 年为专卖药品——舒普博士的康复剂所创意的经典广告里，充分体现了其“刻意征服来自消费者的抵制情绪”的创意理念。这条广告诉求了一个十分简单的信息：

**试试我们的产品，您什么也不会损失**

我的书免费，

我的治疗也免费——如果无效的话，

要是它有效——要是它成功了，

要是您又恢复了健康，

我请您付费——5.50 美元……

我下一步会寄给您附近的药品商的名字，他会让您取去六瓶我处方的药品，药用一个月。如果有效，才花费您 5.50 美元；如果无效，药品商就把账算在我身上。[②]

①菲利普 · 科特勒著：《营销管理》，上海人民出版社 1990 年版，第 23 页。

②朱丽安 · 西沃卡著：《肥皂剧、性和香烟——美国广告 200 年经典范例》，光明日报出版社 1999 年版，第 51 页。

### 2.克劳德·霍普金斯的预先占有权理论

在约翰·肯尼迪之后，克劳德·霍普金斯全盘继承了肯尼迪的“广告推销术”理论并将之发扬光大。他认为：“广告的唯一目的是实现销售。广告是否赢利，取决于广告所引起的实际销售”，“广告是建立在固定的原则基础上，是根据基本规律进行运作的”。作为“推销术”的忠实实践者，他还首创了产品试销策略，发展了赠送样品的促销方式。

霍普金斯在他所撰写的《我的广告生涯·科学的广告》一书中，除了重点讲述其津津乐道的直邮广告的实验效果之外，还提出了许多至今仍然适用的广告创意原则，其中最有价值的是其提炼的“预先占有权”理论。该理论认为，如果有谁提出一个可能是该行业非常普遍的产品生产工艺并声称首先拥有它，那么谁就占有了它。简单地说，所谓“预先占有权”，就是一条广告只应该围绕唯一的销售要点来创作。该创意理论在其为喜立滋啤酒所作的经典广告中予以充分地体现：喜立滋啤酒的每一个瓶子都是经过蒸汽高温消毒的。当时美国的啤酒市场竞争十分激烈，关于啤酒的原料、工艺、品质等相关信息的诉求已经比比皆是，霍普金斯在参观喜立滋啤酒厂时，对该厂使用蒸汽高温消毒这一行业内普遍的做法颇有兴趣，虽然喜立滋啤酒厂的老板对霍普金斯的兴趣不以为然，但霍普金斯坚持将“蒸汽高温消毒”这一普遍做法“预先占有”，成功地使消费者将清洁卫生与喜立滋产生了对应关联，从而使喜立滋的啤酒销售取得了极大的成功。[①]（图 2-1）

图 2-1　早期新奇士广告创意作品

该广告由霍普金斯所在的劳德暨托马斯广告公司创作，于 1908 年 3 月 2 日在美国《得梅因名簿》上发布。广告首次采用了三种颜色进行印刷，这在当年是一个闻所未闻的创举；而该广告所诉求的是经由铁路把新奇士水果运到爱荷华州来庆祝“橘子周”活动在当时来说又是一项闻所未闻的创举。

①克劳德·霍普金斯著：《我的广告生涯·科学的广告》，新华出版社 1998 年版，第 180、148、149 页。

## 二、软性销售的广告创作观

与硬性推销的广告创作观不同，软性销售的广告创作观是朱丽安·西沃卡在其所著的《肥皂剧、性和香烟——美国 200 年经典范例》一书中对采用软性销售的广告创作方法的归纳，其代表人物是西奥多·麦克马纳斯和雷蒙德·罗比凯。不过，此二人并没有将他们的创意观念诉诸文字，但他们所创作的众多优秀的广告作品及其形成的风格，同样在当时的广告界产生了重要的影响。

软性销售派的广告创意大多围绕着对消费者的暗示和联想展开，努力营造和传播一种诱使受众产生美妙的身临其境的感觉，从而形成对广告产品完美、品质和声誉的印象。当时的心理学家司各特在其《广告心理学》（1908）中就论证了这种促使消费者产生虚幻印象的暗示心理的广告创作方法是正确的，同时，司各特还对肯尼迪等人所提倡的硬性推销法的广告创作观念提出了怀疑：它描写的是产品本身，而不是赞美它将提供给消费者的那种喜悦。司各特对当时许多广告商只见物而不见人——只对商品的属性和品质进行诉求而忽略商品使用者的主观感受表示了极大的质疑：

有多少广告客商能把钢琴描绘得生动无比，引得读者去听？有多少食品产品被描写得竟然令读者能够品尝到它的滋味？有多少广告把香水描绘得竟然能使读者闻到它？有多少人能把一件睡衣描绘得能令读者感受到它与身体接触时的那种快感？①

软性销售派的代表人物是麦克马纳斯，他在 1915 年为通用汽车公司 V-8 型卡迪拉克轿车所创意的广告《对领导者的惩罚》，是广告史上最为经典的作品之一。以下是该广告作品的文案：

**对领导者的惩罚**

在人类进行努力的每个领域中，处于领先地位的人，必定永远生活在众目睽睽之下。不论是归属于一个人的领导权，还是一种已经生产出来的商品的领先地位，模仿赶超和羡慕嫉妒总是在起作用……当一个人的工作成为全世界的标准时，他也就成为那少数几个嫉贤妒能者的箭靶……值得留在人们的回忆中的事物，就留存下来。

该广告就是以暗示和联想的创意方法，间接向消费者诉求了卡迪拉克轿车在汽车行业的翘楚地位，并由此而引来众多同行的羡慕、模仿和妒忌，但卡迪拉克仍然能够以其更优异的品质、更完美的形象回应那些嫉贤妒能者的诋毁，长存在人们的美好回忆之中。该则广告只刊印了一次，但却引起强烈的反响，因为这种散文风格的批判性观点与广大受众产生了情绪上的沟通和共鸣。自那以后的许多年里，卡迪拉克和它的广告代理公司应许多消费者的要求多次重印过这则广告作品。

软性销售派的另一位代表人物是雷蒙德·罗比凯，罗比凯早年曾供职于当时美国最好的广告公司之一的艾耶父子广告公司。20 世纪 20 年代初，他用暗示销售的广告创意方法并辅以华美的艺术设计，为斯坦威钢琴创作了洋溢着优雅感觉的《不朽的钢琴》作品，为他赢得了

①朱丽安·西沃卡著：《肥皂剧、性和香烟——美国广告 200 年经典范例》，光明日报出版社 1999 年版，第 158 页。

巨大的声誉。1923 年，他和挚友约翰·奥尔·扬合作创办扬—罗比凯广告公司。20 年代末，美国出现了严重的经济危机，市场一片萧条，广告创作水平普遍下降。但雷蒙德·罗比凯却坚持其软性销售的创意理念，极力倡导高雅的诉求风格，用间接暗示和委婉的创意手法发挥广告传播的说服力。

上述两大流派的广告创意理念和广告创作实践，持续到 20 世纪 30 年代，随着克劳德·霍普金斯的谢世，约翰·肯尼迪、麦克马纳斯和雷蒙德·罗比凯的隐退，阿尔伯特·拉斯克尔的事业重心转移，他们在广告业的影响力逐渐消退。不过，无论是硬性推销理论还是软性销售实践，两种主张虽水火不容，各自采用不同的创作模式，却都能够帮助企业的产品扩大销售，从这一点看，两者又是高度一致的。事实上，20 世纪早期的硬性推销理论和软性销售理论，为今后的广告创意理论的研究和实践奠定了基础，并形成目前广告创意理论和实践的两种基本模式，即理性（科学）诉求和感性（艺术）诉求。理性诉求着重强调的是“产品的物理层面的属性”，而感性诉求则强调“消费者精神层面的属性”。

## 第二节　转型期的广告创意理论

二战结束后，全球经济得到迅速恢复和调整，尤其是西方资本主义国家的经济飞速增长使真正意义上的买方市场得以形成。供大于求的需求关系使产品的竞争日趋激烈，而科技的发展又使产品的同质化现象日益严重。此时，企业大都奉行市场的推销观念。该观念认为，消费者通常具有一种购买惰性或者抗拒心理，企业如果试图让消费者购买自己的产品，就必须对消费者进行劝说，或者采取一系列促销行为诱使其购买。反映这一观念的广告创意理论分别是瑞夫斯的 USP 理论、大卫·奥格威的品牌形象理论、李奥·贝纳的“与生俱来的戏剧性”理论和伯恩巴克的 ROI 理论。

### 一、瑞夫斯的 USP 理论

USP（unique selling proposition，即独特销售主张）是罗瑟·瑞夫斯（Rosser Reeves）在 20 世纪 50 年代提出的影响深远的广告创意理论，该理论至今仍然被许多广告公司奉为经典并用其指导具体的创意实践。

罗瑟·瑞夫斯是极具传奇色彩的广告大师，也是 20 世纪 50 年代著名的达彼思广告公司的董事长，美国杰出文案撰文家称号的第一位得主、USP 广告创意理论的提出者和实践者，在国际广告界享有崇高的地位。他于 1961 年出版了《实效的广告》一书，在书中对 USP 理论进行了详细的阐述。同时，他在书中号称自己是硬性推销派先驱克劳德·霍普金斯等人的忠实信徒，对硬性推销派的几位先驱给予了极高的评价和推崇。

USP 的理论核心可以概括为：明确的概念、独特的主张和实效的销售。

**1.明确的概念**

所谓明确的概念，是指在广告创意过程中，创意人员必须努力寻找出产品本身可以给消费者带来的特定的益处，并提炼出一种容易让消费者理解和记忆的概念。

罗瑟·瑞夫斯认为，广告的主要目的是为了取得大众的信任，而并非仅限于取悦潜在的消费者。并且，他也不过高地估价消费者的注意力和判断力。他只是反复地重复一个简单的主题："消费者只从一则广告中记取一件东西——一个强有力的许诺，或是一个强有力的概念。"① 这些概念必须是科学证明的事实，并且用清晰准确的语言予以表述。以下便是达彼思广告公司运用 USP 创意理论创作的成功例子：

**吉列刀片**

每次剃须时都如此锋利，锋利而又快捷，要锋利，用吉列蓝色刀片，它让胡须丝毫不留。

**2.独特的主张**

所谓独特的主张，就是该主张是竞争者所不能或不会提出的一种全新的诉求。独特，意味着与众不同；独特，才有可能使受众产生印象；独特，是从产品的功能和内在品质出发，在产品同质化现象尚不突出的情况下来寻求其差异性。

例如，高露洁当初的广告创意为："缎带式牙膏——它挤出来像条丝带，平躺在牙刷上。"虽然，这种创意也算是一种主张，但是却没有特点，难以激起消费者的购买欲望。

当达彼斯广告公司开始代理高露洁产品后，瑞夫斯立刻对其广告诉求进行了重新创意："高露洁清洁您的牙齿，也清新您的口气。"虽然，许多牙膏都可以使人口气清新并清洁牙齿，但是之前却从没有人提出过这个概念（主张），而高露洁则最先提出来了，当然就有其独特性。至于高露洁牙膏的销售实效，该 USP 直到现在仍在使用这一事实便足以说明一切。

图 2-2 M&M巧克力广告

上图为瑞夫斯为 M & M 巧克力创作的广告作品，下图为当代 M & M 巧克力的广告创意作品，时间过了半个多世纪，M & M 巧克力的广告诉求点仍然不变。

①罗瑟·瑞夫斯著：《实效的广告》，内蒙古人民出版社 1999 年版，第 81 页。

### 3. 实效的销售

实效的销售是指通过广告诉求在短时间内所促进的产品销售业绩，这也是瑞夫斯判断一则广告创意是否成功的最重要的依据。“实效”不等于“有效”。只要广告信息被受众看到或听到并引起受众的注意，就可以判定其为“有效”。但是，只有最终能够吸引受众掏钱来购买广告商品，才算是“实效”。广告创意的成功与否，“实效”是判断的基础。因此，怎样创作“实效”的广告以及如何评估“实效”的有无和大小，就成了瑞夫斯 USP 理论的问题域，与它相对应的问题群落和逻辑空间，是事实、数据、原则、法则；它的方法是测试、审核、调查；它的工具是统计、图表、数字；它的标准是量化的指标，诸如“广告渗透率”、“吸引使用率”等。

USP 在应用上其实并不复杂，它是基于分析产品以及能为其使用提供何种功能而产生的。分析的结果只是一个事实，并且必须一再重复性使用，如总督牌香烟有 2 万个滤嘴、棕榄香皂使肌肤更美好、M&M 巧克力只溶在口不溶在手等均是经过实证的事实。（图 2-2）

达彼斯广告公司一旦为客户找到了 UPS 诉求点，他们就会紧紧抓住而不轻易改变。瑞夫斯曾经说过这么一件事情：“在加勒比海那边我有一位客户与我一起泛舟。他开玩笑地对我说：‘你的办公室有 700 人，而你在过去的 17 年里一直为我刊登同样的一则广告，我想要知道，那 700 人在做些什么’？我告诉他：‘他们正在全力防止你的广告部更换广告。’”

达彼忠广告公司曾经在 25 年的时间里只丢失了一个客户，足以说明其 USP 理论所产生的实效性。要知道，这些客户都是世界上最大也是最精明的公司。更为重要的是，USP 理论直到当代还产生着巨大的作用，仍然被广告界的有识之士视为广告策略中的瑰宝。我们只要看一下中国的广告市场，就可以发现，日本家电进军中国市场时，它们的多数广告所使用的都是 USP 策略；而美国宝洁公司的众多品牌——海飞丝、潘婷、碧浪等也无一例外地沿用着 USP 理论，而由瑞夫斯本人创作的 M&M 巧克力糖果广告几十年之后进入中国市场，除了广告模特改成了中国女孩之外，其广告诉求和标题文案根本就一字未改，原封不动。

## 二、大卫·奥格威的品牌形象理论

大卫·奥格威 1911 年出生于英国，毕业于牛津大学。毕业后曾在法国当过见习厨师、推销员、农夫，后来加入他哥哥在英国开办的马瑟—克劳瑟广告公司，任业务经理。其间他曾到美国学习过广告经营管理。二战期间，奥格威在美国情报机关任职。二战后，他与安德森·休伊特创办休伊特—奥格威—本森—马瑟广告公司。1947 年，在美国创办了奥美广告公司（O&M），并创作出了大量成功的广告作品，使奥美公司在不长的时间里成为全球著名的跨国广告公司，为其在国际广告界赢得了极高的声誉。

品牌形象理论是对瑞夫斯 USP 理论的发展。奥格威认为，随着产品竞争的加剧，仅仅从产品本身的物理层面去寻求独特因素并不足以为品牌建立起个性形象。广告创意最大的威胁是大量的同质化产品充斥市场，直接导致广告所诉求的产品很难从自身找到差异性了。因此，必须建立一种产品自身的个性形象。

以下，我们从四个方面来阐述品牌形象理论的基本要点。

**1.品牌形象的个性特征**

奥格威认为，产品就像人一样，也有自己的个性。比如严谨、开朗、贵族气质等。个性是品牌形象的核心，没有了个性，鲜明的品牌形象就很难建立。不同的产品其个性当然也不一样，许多同类别的产品有的能在市场上长盛不衰，有的则如过眼烟云，其原因并不完全是产品品质本身的差别，而是产品个性的不同使然。

产品的个性是由许多因素混合而成的，包括产品的名称、包装、价格和广告的风格。因此，每一次广告活动都应该认真考虑你的广告创意是否对产品的形象有利。也就是说，广告活动所表现的广告作品必须保持一以贯之的形象风格。但是在实际的广告操作中是很难做到这一点的。因为在广告的具体运作中时常会有不可控制的因素干扰广告活动的创作方向。诸如，新换的广告主负责人或新任的广告公司创作总监想要“新官上任三把火”等。

奥格威有一次在美国广告代理公司协会（即4A′S）午餐会演时说：“往往是一个品牌的整体性格，而不是琐碎的产品差异决定了它在市场中的终极地位。”（图2-3）

**2.任何一个广告创意作品都是对品牌的长期投资**

从长远的观点看，广告必须去维护一个好的品牌形象，甚至应该以牺牲短期利益来获取品牌的长远利益。

奥格威认为，努力塑造产品的品质形象是

图2-3　奥格威创作的海衫威衬衫平面广告经典作品

此作品据说是奥格威创办自己的广告公司之后接到的第一笔单，该客户所承诺的广告费用似乎只有5000美元。但是，奥格威深知此时即使没有钱赚也要把这个项目做好。这也是奥格威实践自己的品牌形象理论的绝佳机会。果然，奥格威最后选定的这个有着俄罗斯贵族后裔血统的戴着眼罩的模特，成了广告史上最著名的人物形象。销售了几十年却默默无闻的海衫威衬衫，迅速成为全美家喻户晓的知名品牌。

极其有效的方法，这种方法一旦得以贯彻执行，就等于领到了一张通往高档品牌的通行证。尤其是那些感性色彩较浓厚的产品更是如此。例如，啤酒、饮料和汽车等。如果你的广告看起来低俗而恶劣，便会大大地影响产品的销售，因为没有消费者会愿意使用低格调的产品。

对于客户而言，其高瞻远瞩的目光是实现其品牌形象塑造并传播的首要条件。当然，广告公司的有关人员就更加应该具有这种长远眼光，不应该只是一味地满足许多客户只重视眼前利益而不惜以损害品牌形象做代价的杀鸡取卵式的小农经济意识。如果广告公司能够说服客户，让他们明白品牌形象的塑造与维护其实也是一种长期投资，而且这种投资在不远的将来必定有所回报的话，相信更多的客户会采纳品牌形象理论的。

图 2-4　奥格威为劳斯莱斯轿车创作的平面广告经典作品

劳斯莱斯轿车的广告诉求点当然是高品质，但是，高品质又该如何表现呢？奥格威在这则广告中用一句较长的广告标题加以提炼：当这辆劳斯莱斯轿车的速度达到每小时 60 英里时，最大的噪声来自于车内的电钟声。接着，奥格威用较长的文字篇幅对劳斯莱斯轿车的性能、工艺等做了详细的描述，全方位地表现了劳斯莱斯轿车的高品质。相信任何一位读者看完了这则广告后都会对劳斯莱斯轿车留下深刻的印象。

### 3. 塑造并传播品牌形象比单纯强调产品的具体功能特征重要得多

随着同类产品的差异性减小，品牌之间的产品品质的同质性越来越大，消费者选择品牌时所运用的理性就愈来愈少。因此，在广告活动的过程中，塑造并传播品牌形象就远比只是单纯强调产品的具体功能特征重要得多。

拿啤酒来说，为什么有些人愿意买百威，而有的人则愿意买嘉士伯或蓝带？其实，这三种啤酒在品质及口味上并没有天壤之别，只不过是由于这三种品牌各自塑造并长期维护了一种一以贯之的品牌形象，并将之诉求于不同种类的消费者群体。所以，消费者所选择的并不是啤酒本身，而是在他们心目中与之相对应的品牌形象。啤酒厂所要出售的，有 90% 是经过广告创作人所精心塑造并加以维护的产品形象。（图 2-4）

### 4. 广告创意应该重视运用形象来满足消费者的心理需求

根据马斯洛的人的需求理论，消费者的生活需求应该是随着生活水平的提高而不断变化的，这种变化的趋势大致为：实质利益的需求→以实质利益为主、心理利益为辅的需求→以心理利益为主、实质利益为辅的需求→心理利益的需求。奥格威敏锐地发觉并把握了消费者的这种需求上的变化，认为消费者购买产品所追求的是“实质利益 + 心理利益”。因此，对某些产品和某些消费者而言，运用广告创意的形象来满足消费者的心理需求，是广告活动走向成功的关键因素。

比如，在 20 世纪 60 年代，中国的消费者购买服装时所要考虑的就是产品的结实程度，也就是说，消费者所唯一追求的利益就是产品的实质利益，这种利益对于消费者而言是最实际的。因此才会有“新三年，旧三年，缝缝补补又三年”之说。可见，对于尚处于生活水平比较落后的年代的消费者来说，其生活需求当然就只能是马斯洛所说的生理需求（物质性）。但是，仅仅过了30年，随着生活水平的迅速提高，今天的消费者在选择购买服装时就与以往大不相同，他们所追求的已经不完全是产品的品质，而是产品品牌的形象是否能够满足自己的内在心理需求。于是，浪琴、范思哲、香奈儿、Jeep等品牌商品成为许多消费者心向往之的首选品牌。

今天，越多越多的广告公司正是以满足目标消费者的心理需求为前提进行构思与创意的，并创作出大量的、优秀而极具销售效果的广告作品。

应该说，从瑞夫斯到奥格威，他们所确定的广告创意传播理论，代表了一种早期的传播思想，两者之间有着重大的区别。前者着眼于产品的功能诉求和事实的陈述，后者则着眼于品牌形象的塑造和情绪意向的营造；前者致力于树立独特的产品功能，后者则致力于树立鲜明的品牌个性；前者重视消费者实际利益的获得，后者则重视消费者心理感受的满足。虽然，两种理论本身有着种种差异，但在本质上，仍然有许多的共同之处，即都是要为产品寻找一种独特因素。只不过瑞夫斯认为这种独特因素是建立在产品的物理层面之上的，只要努力对产品自身的属性进行挖掘就可以找到；而奥格威则将这种独特性的外延加以扩大，认为这种独特性可以通过创意主体或消费主体附加给产品，在某种意义上说这种独特性是可以超越产品的具象而抽象存在的。所以，从创意的思考出发点而言，无论是瑞夫斯还是奥格威，他们的思考原点都是产品，把产品作为第一要素。显然，这种认识深深地带有产品时代的烙印。①

## 三、李奥·贝纳的“与生俱来的戏剧性”理论

李奥·贝纳从事广告工作长达半个多世纪，被誉为美国20世纪60年代广告创意革命的代表人物之一，芝加哥广告学派的创始人及领袖，著有《写广告的艺术》一书。李奥·贝纳所代表的芝加哥学派在广告创意上的特征是强调产品“与生俱来的戏剧性”，即“商品能够使人们发生兴趣的魔力”，广告创意“最重要的任务是把它发掘出来并加以利用，而不是投机取巧，或依靠雕凿的技巧及牵强的联想”，突出商品的这种内在的戏剧性，并使它引人注目。他说：“每件商品都有其内在的戏剧化的一面。我们的当务之急，就是要替商品发掘出特征，然后令商品戏剧化地成为广告里的英雄。”②

尽管李奥·贝纳有“万宝路”香烟、“绿巨人”罐装豌豆等广告创意的惊世骇俗之作，但其本人却将其所创意的红色背景上的“肉”的广告，视为其“与生俱来的戏剧性”广告创意理论的典型之作。

这是一幅报纸全版广告：红色的背景上两块鲜嫩的猪排占据了画面的主要部分。画面上方是由一个单词——肉（MEAT）构成广告主标题，副标题为“使你吸收所需的蛋白质成为一种乐趣”。正文是：“你能不能听到它们在锅里滋滋地响？……是那么好吃，那么丰富的B1，

①卫军英著：《整合营销传播理论与实务》，首都经济贸易大学出版社2006年版，第6页。
②汤姆·狄龙著：《怎样创作广告》，刘毅志译，中国友谊出版公司1991年版，第80页。

图 2-5　李奥·贝纳为万宝路香烟创作的平面广告经典作品

万宝路的故事已经是众所周知了。当年，李奥·贝纳接手万宝路的广告项目时，万宝路在摩尔斯·莫里斯旗下还只是一个名不见经传的小品牌，而且还只是针对女性市场的边缘品牌。令人惊叹的是，当李奥·贝纳建议万宝路重新定位于男性市场，且创意了自由奔放、豪迈不羁的牛仔形象的广告之后，万宝路从此便迅速走向辉煌。直至今天，万宝路仍然是世界排名前五位的著名烟草品牌。

那么合适的蛋白质。这类蛋白质对正在成长的孩子会帮助其发育，对成年人则能再造你的健康。像一切肉的蛋白质一样，它们都合乎每一种蛋白质所需的标准。”广告语也很响亮——美国最高级猪排!

从一般的情况而言，红色的肉给人一种没有烧熟的感觉，会令人厌恶。但是奇迹却发生了，红色渲染了气氛，也制造了欲望。红色背景把鲜肉衬托得更加鲜嫩，并突出了红色的概念、活力以及创意者想要表达的有关肉的一切其他内容。广告的效果是：“每个人都喝彩并说‘给我们那个’。”李奥·贝纳骄傲地认为这就是与生俱来的戏剧性。

真诚、自然、温情，是李奥·贝纳挖掘“商品内在的与生俱来的戏剧性”的主要表现手法，也是以他为代表的芝加哥广告学派的信条——“我们力求更为坦诚而不武断；我们力求热情而不感情用事。”（图 2-5）

当李奥·贝纳被问及在具体的广告创意时是否有特殊的方法时说：“如果说我真有一个的话，就是把我自己浸透在商品的知识中。我深信，我应该去面对实际和我要与商品的购买者——消费者做极有深度的访问。我设法在我的心目中把他们是哪一类的人构成一幅图画——他们怎样使用这种商品，以及这种商品是什么——他们虽然不常常告诉你这么多的话，但要查出实际上启发购买某种商品或者对哪一类事情发生兴趣的动机与底蕴。”①

总体而言，李奥·贝纳的创意理论是对早期以西奥多·麦克马纳斯和雷蒙德·罗比凯为代表的“软性销售派”在新时期的继承与发展，其关注的焦点仍然是产品，只不过是将产品的特征（与生俱来的戏剧性）加以提炼，通过视觉符号的刺激、环境氛围的营造来影响消费者

①丹·海金司著：《广告写作艺术》，刘毅志译，中国友谊出版公司 1991 年版，第 36 页。

对商品的主观感受，从而达到销售的目的。

## 四、伯恩巴克的 ROI 理论

ROI 理论是 20 世纪 60 年代由广告大师威廉·伯恩巴克根据自身的创作积累总结出来的一套创意指南。该理论主张在了解广告商品的基础上充分发挥创意人员的想象力和创造力，突出强调广告创意的新奇性和独创性。值得指出的是，李奥·贝纳的创意理论虽然在实质上属于艺术派的范畴，但其本人却始终没有明确宣称自己的观点是属于科学派还是艺术派；而伯恩巴克却公开宣称自己是广告艺术派的拥护者：“怎样找出关于商品能够使人们发生兴趣的魔力，以引起他们的注意，并能继续迅速地引导他们得出应该买哪种商品的结论，实在是一门艺术。”①

ROI 理论的核心内容是：优秀的广告必须具备三个基本特征——关联性（relevance）、原创性（originality）、震撼性（impact）。

**1.关联性**

所谓关联性，即广告创意的主题必须与商品、消费者、竞争者具有本质的或具有内在逻辑的直接关系，能够使受众在第一时间即充分理解广告创意所要表达的主旨。伯恩巴克曾经说过：“如果我要给谁忠告的话，那就是在他开始工作之前就要彻底地了解广告代理的商品。”“无论你怎样有技巧，也不能够发明一个根本不存在的优点。假如你做了，那他最多也只是一个噱头，早晚都会崩溃的。”“你一定要把了解关联到消费者的需要上面，千万别以为有想象力的作品就是聪明的创作了。”

比如说，同是用“名人推荐”式的润喉片广告，“草珊瑚含片”使用歌星做代言人；而“健民咽喉片”则启用影星做代言人。显然，歌星是靠着嗓音作为立身之本的，当然就与喉片有着直接的关联性；而影星则更多的是以脸蛋和演技为立身之本的，其与喉片的关联性几乎就等于零。所以，同为咽喉片产品，两者的广告代言人由于关联度的差异直接导致广告效果的高下之分。北京地区市场调查的统计数字表明，“草珊瑚”位居同类产品北京市场销售额的第一，而“健民”则位居第三。由此可见，分析、发现、判断广告创意与广告产品之间的关联性的确是关乎广告传播效果的首要因素。

**2.原创性**

所谓原创性，即是指广告创意具有突破常规的构思和出人意料的表现并且是他人所不曾使用过的、具有真正意义上的新颖独创的特征。广告创意思维的特征就是要刻意“求异”，想人之所未想，发人之所未发。然而，要做到与众不同，就得先了解别人说过什么，做过什么，也就是说，求异思维是有“参照系”的思维，绝非信口开河、“异”得没谱。

且看伯恩巴克当年曾经为大众甲壳虫车所创作的广告作品：

**柠 檬**

这辆甲壳虫没赶上装船启运，因为仪器板上放置杂物处的镀铬有些损伤，这是一定要更换的。你或许难以注意到，但是检查员克朗诺注意到了。在我们设在沃尔夫斯堡的工厂中有

①丹·海金司著：《广告写作艺术》，刘毅志译，中国友谊出版公司 1991 年版，第 27 页。

3389名工作人员，其唯一的任务就是：在生产过程中的每一阶段都去检查甲壳虫（每天生产3000辆甲壳虫，而检查员比生产的车还要多）。每辆车的避震器都要测验（绝不做抽查），每辆车的挡风玻璃也经过详细的检查，大众汽车经常会因肉眼看不出的表面擦痕而无法通过检查。最后的检查实在了不起！大众的检查员们把每辆车像流水一样送上车辆检查台，通过总计189个查验点，再飞快地直开自动刹车台，在这一过程中，50辆车总有一辆被卡下“不予通过。”对一切细节如此全神贯注的结果是，大体讲大众车比其他车子耐用而不大需要维护（其结果也使大众车的折旧率较其他车子要少）。我们剔除了柠檬，而你们得到了李子。

在这条广告作品中，伯恩巴克并没有正面说这是一部多么优秀的车子，而是出人意料地说这是一辆“不合格的车”，因为其标题是柠檬，而柠檬在美国的俚语中有不合格、次品、冒牌货之意，这就反而诱使读者不由自主地要看个究竟。广告的原创就在这里，当受众怀着好奇心把文案看过之后，“诚实”的文案就在不经意间钻进了我们的大脑。原来，这辆车之所以不合格，是因为六亲不认的安全质检员发现了该车某处肉眼不易察觉的微小损伤。（图2-6）

即使在今天看来，这则广告创意仍然具有其难以抵挡的魅力。事实上，大众早壳虫车能在崇尚宽敞大车的美国市场上占据相当大的份额，与伯恩巴克为其创作的系列广告的精彩出众是息息相关的。

**3.震撼性**

所谓震撼性，就是指广告作品在瞬间引起受众注意并在心灵深处产生震动的能力。一条

图2-6　伯恩巴克为大众金龟车创作的平面广告经典作品

广告作品就是要做到在视觉和听觉以至心理上对受众产生强大的震撼性，其广告信息的传播效果才能达到预期的目标。

从ROI的理论来看，关联性、原创性和震撼性在逻辑上确实有着先后的关系，在作用上则各有各的作用，不能相互取代。（图2-7，图2-8）

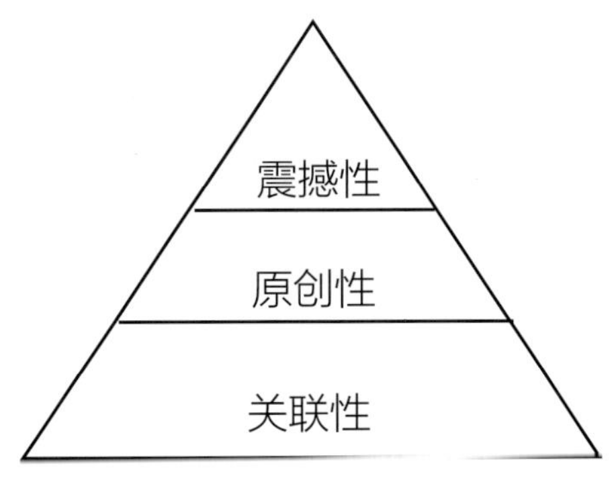


图2-7　ROI三要素之间的关系

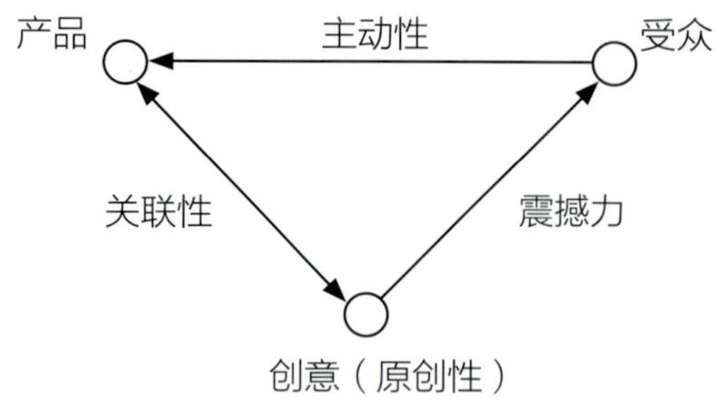


图 2-8 ROI 三要素之间的关系及各自作用

如 Wallis 服装品牌的平面广告创意之所以会让眼界甚高的评委和普普通通的消费者对其作品的赞誉之声罕见地高度一致，就是因为该条广告创意完全符合 ROI 的创意理论三要素，即创意与产品之间高度的关联性、创意本身精彩的原创性和极富戏剧意味的震撼性。(图 2-9)

因此，ROI 创意理论认为，广告创意如果与商品之间缺乏关联性，就失去了创意的意义；而广告创意本身如果没有原创性可言的话，就缺乏广告作品的吸引力和生命力；广告创意如果没有震撼性的话，则又谈不上有什么传播效

图 2-9 Wallis 品牌服装系列平面广告创意作品《服装杀手》

此系列广告的创意非常精彩，每幅广告的视觉画面都很好地诠释了 Wallis 品牌的诉求概念——“服装杀手”。且每幅作品的画面都极具动感，观众虽然看到的只是一幅幅静止的画面，但却能够感觉到画面的动感，能够想象到上一幅和下一幅的画面。这种带动观者想象力的传播效果自然使受众对品牌产生深刻的印象。

果。当然，一个广告创意要同时具备关联性、原创性和震撼性三个要素也的确不是一件轻而易举的事情，必须具体而明确地解决以下五个基本问题：

· 广告的目的是什么？

· 广告做给谁看？

· 有什么竞争利益点可以做广告承诺？它的支持点是什么？

· 品牌有什么特别的个性？

· 什么媒体适合登载我们的信息，受众的突破口在哪里？

ROI 理论虽是伯恩巴克所原创，但其实质和内涵已被各大跨国广告公司所认可，并成为许多广告公司检测其创意作品的基本标尺。有些公司在此之上还加上了延续性、单一性等创意要素。

## 第三节　整合期的广告创意理论

从 20 世纪 70 年代开始，广告传播及其理论研究进入了一个新的历史阶段。这一时期的广告传播理论具有以下鲜明的特征：从广告传播及其理论研究的视点来看——由以产品和生产者为中心向以消费者为中心转移；由着眼于产品功能，以满足消费者的实际利益向着眼于品牌形象以满足消费者的多层次的需求转移；由以传者为中心的单向传播向以受众为中心的双向传播与沟通转移；由偏重广告的推销功能向广告的营销与传播的整合功能转移。从具体的理论形态来看——广告的理论由过去的以经验为主的单一性创意理论逐渐向目前的以学理为主的营销与传播的系统性和整合性理论发展。[①]

其代表性的理论分别是：20 世纪 70 年代的定位理论、80 年代的共鸣理论和 CIS 理论、90 年代的不断发展完善的品牌理论及整合营销传播理论。

### 一、定位理论

定位理论是 20 世纪 70 年代继罗瑟 · 瑞夫斯提出的 USP 理论和大卫 · 奥格威提倡的品牌形象理论之后最具划时代意义的广告创意传播理论。

1969 年，美国两位年轻人 J. 楚劳特和 A. 里斯首次在《工业营销》杂志上提出了定位理论，在当时即引起了轰动。国际著名的营销大师菲利普 · 科特勒教授在总结当代营销的基本概念的发展时，将“定位理论”列为 20 世纪 70 年代兴起的最为重要的营销概念。定位

①张金海著：《20 世纪广告传播理论研究》，武汉大学出版社 2002 年版，第 62 页。

理论不仅适用于营销活动，而且也适用于政治的、宗教的、组织的或个人的等各方面的活动。因此，“定位”的观念在某种程度上也改变了广告传播的本质。

“定位理论”的核心就是主张在广告策略中运用一种新的沟通方法，从而创造更有效的传播效果。其基本要点有以下三点：

**1. 广告活动的目标是让产品在目标受众的心目中占据一席之地**

所谓定位，并不是要去创作某种新奇或与众不同的事情，而是去明晰那些已经存在于人们心目中的对某种品牌早已有之的对应关系。

定位虽然是针对产品，也可以针对某项服务、某家公司、某个组织甚或某个个人，但定位并不是要求对产品本身做什么改变。实际上，定位是对那些有可能成为某个品牌的消费者或潜在消费者的心目中对该品牌的看法予以改善或予以强化。因此，定位的目的是在潜在消费者心目中为品牌建立一个有利的位置。

A. 里斯和 J. 楚劳特认为，在当今资讯日益膨胀的社会，仅仅凭借所谓的广告冲击力就想达到传播效果实在是一厢情愿的事情。广告并不是一个长柄大铁锤，广告更像一层薄薄的雾，经过日积月累从而潜移默化地笼罩并影响着潜在消费者。

事实上，面对日益过剩的大量的传播资讯，人们只能从中选择接受与其知识、经验、兴趣、爱好等相吻合的资讯，而过滤、排斥大部分的与其知识、经验、兴趣、爱好不相吻合的资讯。所以，成百上千万的广告费绝大部分都浪费在广告人一厢情愿地通过广告而改变人们的判断的企图上。也因此，在传播资讯过度的社会里唯一能够取得效果的方法，就是集中火力于准确的目标市场，也就是“定位”。

广告创意所要解决的问题并不全在产品之内，也不在创作者自身主观认识，而是我们如何以尽可能简洁明确的信息向潜在消费者传播他们所希望接受的资讯。唯其如此，我们才能使广告品牌的有关资讯占据潜在消费者大脑中的一个位置，从而达到理想的传播目标。（图 2-10）

图 2-10　七喜饮料平面广告创意作品《七喜，非可乐》

七喜的广告主张是所谓的“非可乐”，一下子就把所有的可乐都划归到一类，而自己却似乎想独占另一类市场：非可乐市场。从理论上说，有人喜欢可乐型饮料，必然就有人不喜欢可乐型饮料。七喜就是希望抓住那部分不喜欢可乐饮料的消费者，并力图向他们诉求七喜的清纯、透明来刺激他们的消费欲望。

**2. 通过广告创造出有关品牌资讯的“第一说法、第一事件、第一位置”**

广告创意要尽力表达“第一”的概念，是因为人们大都只对第一的事物产生兴趣，容易记忆。

比如，全球第一高峰是喜马拉雅山的珠穆朗玛峰，第一位在月球漫步的地球人是阿姆斯特朗，第一位华人获诺贝尔文学奖的是高行健，多次打破世界纪录并将 100 米短跑纪录保持至今的是牙买加运动员博尔特，这些相信绝大多数的人都能够记忆深刻且脱口而出。但是，全球第二高峰叫什么名字？第二位在月球漫步的是谁？第二位华人获诺贝尔文学奖的是谁？这些内容恐怕就没有多少人能够记得清楚了，为什么会出现这样大的记忆差距呢？这是因为“第一事件、第一说法、第一位置”，已不仅仅只是一条普通的资讯，它更是一个概念、一条知识，人们在接受这些资讯的时候，往往不自觉地把它当作知识、概念而深深地镌刻在大脑里，从而产生较深的记忆效果。

在广告创意的规划过程中，如果能够为产品建立第一的位置无疑就具有巨大的市场优势，因为人们往往喜欢先入为主。如说起白酒，人们马上就会联想到茅台；说起烤鸭，立刻就会联想到北京烤鸭；说到啤酒，则会联想起青岛啤酒。如果我们想将某一产品能够以“第一位置”的印象进入消费者的大脑，消费者往往会将某类产品等同于第一品牌。如说起电脑，人们就会想起 IBM；说到智能手机，人们就会联想到苹果。所以，达成广告产品在潜在消费者心目中占据第一的位置是广告创意的最为理想的传播目标。

**3.广告创意未必总是要刻意地去表现出产品的功能差异，而是必须要表现出品牌之间的类的区别**

定位理论认为，对传播者一方而言，由于大机器生产及电子化生产导致现代产品同质化趋势日益严重，这就使广告在创作思路上如果仅仅悉心去挖掘、分析出产品与产品之间在功能上的差异的话，就显得极为困难；而对被传播者一方而言，由于消费者每天都要接触大量的广告资讯，尤其是同类产品的广告资讯由于彼此干扰等原因，使广告效果大打了折扣。因此，广告创意策略必须另辟路径方有出路，这条出路就是避免在同类产品中做资讯内容重复的广告，而是努力在广告创意上表现出广告品牌与其同类品牌在类别上的差别。例如，七喜通过其所提出的“非可乐”概念从而一举切入市场获得极大的成功；而“想想小的好处”则在类别上区别了与其同类的其他汽车品牌，使大众 Polo 一举成名。（图 2-11）

图 2-11　大众 Polo 汽车平面广告作品《小，但是更结实》

该广告的诉求主题非常明确，就是大众 Polo 虽然小，但是结实。广告创意围绕这一诉求点进行表现。当然，表现的场景相信许多中国人似曾见过，只不过坦克面前的人换成了大众 Polo 而已。画面虽然比较夸张，但并不让人反感，而且还会会心地一笑：连坦克都不能推动，还有谁能比 Polo 更结实呢？

## 二、共鸣理论

共鸣理论是 20 世纪 80 年代在美国广告界出现并广为运用的广告创意理论，但该理论的始作俑者具体是谁难以考证。共鸣理论主张在广告创意中针对目标群体，通过珍贵的、难以忘怀的生活经历及人生的美好、温馨的体验和感受等诉求内容唤起并激发目标受众内心深处的情感共鸣，并以此赋予品牌特定的内涵和象征意义，建立起目标对象的移情联想，从而产生互动沟通的品牌传播效果。

**1.经典的怀旧**

怀旧是人们体验情感的方式，是引发人们产生共鸣的工具和过程，还可以成为一种沟通和促销的手段。

1998 年 2 月，福特汽车公司把亨利 · 福特搬上了广告片，告诉人们福特是如何使美国“驾上车轮”的。这部广告片是好莱坞 1997 年拍摄的，可它却使用了 20 年代的手摇式摄像机、旧感光片和特殊编辑手法，使它看上去就像一张发黄的老照片。通过这种拍摄手法，营造出一种具有历史感的经典氛围，从而使受众对福特汽车产生隽永的回忆和对福特品牌恒久的认可。

1998 年 3 月，德国大众汽车推出新甲壳虫轿车，与它 30 年前的产品在外形上几乎相差无几，但在配置上却增加了车载电话、安全气囊、ABS 等先进设施。由于其广告创意在风格上尽可能地与 60 年代的甲壳虫广告作品相一致，十分巧妙地利用了人们怀旧的情感，从而使甲壳虫轿车以经典的形象一上市即受到人们的追捧。

怀旧题材的广告创意可以让人产生经典的感觉。对于一个品牌而言，隽永，说明了时间的沉淀与认可；经典，则暗示了品牌的底蕴的厚重。经典的品牌，不仅使顾客免冒尝试新产品的风险，更可以勾起顾客那些曾经的回忆……总之，经典的怀旧，使顾客在情感上容易产生共鸣，并进而收到沟通的功效。（图 2-12）

图 2-12　Jeep 汽车平面广告创意作品之《仰望天空篇》和《感情真实篇》

此系列广告针对 Jeep 越野车的目标对象，即年龄在 40 岁左右的男性白领阶层，通过展现 20 世纪 70 年代人们的生活场景，勾起该目标群体年青时的许多美好回忆以拉近与 Jeep 汽车在情感上的距离。同时，在每则广告中都根据广告画面的情节恰到好处地诉求了 Jeep 汽车在天窗、刹车系统和内饰等方面的改进和更新，给目标受众留下了深刻的印象。

图 2-13　奥利奥饼干影视广告创意作品截图《手足情深》

该条广告的成功之处便是表现了一对兄弟之间的手足之情。弟弟有些弱智，哥哥便担负起照顾弟弟生活的责任。全片没有对白、没有文案、没有解说，完全是用视觉画面和抒情的音乐来感动受者。受到感动的受众对奥利奥品牌自然会产生良好的印象，因为能够拍出这样动人的广告，这样的企业应该是有人情味的，也应该是值得人们信赖的。广告的目的便在不知不觉间达到了。

### 2.温馨的情感

共鸣理论认为：一种积极的、温和的、短暂的感情，包括生理上的反应，可以使人们直接体验与爱、家庭、友情有关的情愫，并进而促进其在情感上的共鸣。没有人们的同时参与或在生理上唤起的爱或友情的表现，是不会产生温馨感的。

建立在共鸣理论基础上的优秀广告作品并不鲜见，获得 1998 年戛纳国际广告节银奖的奥里奥饼干的电视广告创意就是一个经典的案例。（图 2-13 ）

总之，共鸣理论认为，除了传递信息之外，广告创作还可以引起如温馨、快乐之类的情感共鸣。这种情感共鸣如果处理得当，就可以和广告所要诉求的品牌发生联系，并且通过以下四条途径影响广告受众对品牌的偏好和购买行为。

第一，将受众引入积极情绪的广告创作可以增加受众对广告诉求的品牌产生积极的看法，并减少消极的看法。被引入积极情绪的广告受众还会因此而减少对品牌内在品质的考虑，并且在更高的品牌喜好度的基础上形成品牌偏好。

第二，转变性广告通过把情感与受众的使用体验联系在一起，从而转变了受众的某种品牌的使用体验，使得受众的使用体验更加丰富、温馨，更加令人激动，也更加容易让受众产生情感共鸣。对于转变性广告而言，其创意的素材必须是积极的、围绕事实的，而且必须努力在品牌与使用者之间、在受众的情感与使用体验之间产生必然的联系，并通过不断的重复维持这种联系。

第三，受众对于广告创意作品本身的偏好情绪可以对广告诉求品牌产生比任何其他宣传方式更深刻的影响。广告受众对广告作品的喜爱或偏好一般是出于两种基本原因中的一个（或全部）：它们令人愉快，以及它们具有信息性及实用性。因此，当以情感为基础的广告创意作品直接导致了受众对广告本身的更积极的偏好时，它也可以导致受众产生对品牌更积极的喜爱或偏好，以及对于品牌属性的更积极的看法。

第四，通过对影响消费者消费行为的典型环境的典型渲染，为广告受众将情感与品牌联系起来提供了另一条途径。也就是说，受众可以将情感上的反应（非条件反射）与广告（非条件刺激）联系起来，并进而将广告与品牌联系起来。

从实质上说，共鸣理论其研究思考的路子仍然是广告艺术派的路子，认为广告创意“怎么说”远比“说什么”更加重要。

## 三、CIS 理论

20 世纪 50 年代提出构想、80 年代发展完善的 CIS 理论，是在品牌形象理论和定位理论的基础上，糅和艺术设计的相关理论和方法，通过对企业由内而外的所有要素进行全面而系统的规范，从而使企业树立起高度统一而极富个性的企业形象的理论。

所谓 CIS（corporate identity system），即企业识别系统，由企业理念识别系统 MI（mind identity）、企业行为识别系统 BI（behavior identity）和企业视觉识别系统 VI（visual identity）三部分内容所构成。该理论强调从企业的经营理念到企业的精神文化、从企业员工的个体行为到企业组织的对外传播活动、从企业传播的视觉识别的基本要素到所有应用要素予以整合、规划，建构具有高度统一性、独特性和可识别性的企业识别系统，以利于树立起完整统一而又极富个性的企业形象，并通过对企业内部和外部的一致传播，促进企业内部的员工和外部的消费者对企业的经营理念的全面认同，进而达到提升企业的市场地位、增进企业的经营业绩的目的。

概括地说，CIS 理论是一个关于企业形象的系统战略理论和具体运作方法，其突出强调的是企业形象的个性、差异性和可识别性。如果按照 CIS 理论的方法进行实际运用的话，企业的营销传播活动的重心，就从产品、品牌战略延伸至企业战略；从产品、品牌形象延伸至企业形象；从产品、品牌形象系统延伸至企业形象系统；从品牌定位延伸至企业形象定位。（图 2-14）

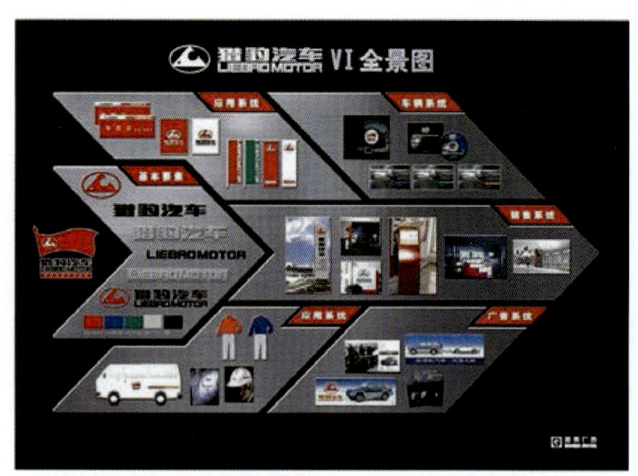


图 2-14　长丰集团猎豹汽车 VI 系统

这是笔者于 2000 年在湖南长沙的一家广告公司任职期间为长丰集团猎豹汽车所创作的一套 VI 系统，受到客户的认可。

## 四、品牌理论的发展

当奥格威提出品牌形象理论的时候，尽管其对该理论的阐述并不充分，但可以肯定的是，奥格威的品牌形象理论与一般意义上的商品标识的概念有着本质的区别。一般意义上的商品标识所要强调的是商品的外在可识别符号的设计，而奥格威的品牌形象理论所要强调的是商品内在的“性格”的塑造，而这正是奥格威最卓越的理论贡献之所在。之后，有关品牌形象的理论研究成果均是以此为基础不断地深入、发展、完善和丰富的。

**1. 品牌个性理论**

兴起于 20 世纪 80 年代的品牌个性理论，为美国精信广告公司所首倡。其理论的核心就是将品牌人格化，主张通过塑造品牌的独特个性以形成品牌与品牌之间的差异性。该理论是对奥格威的品牌形象理论和 70 年代风靡市场的品牌定位理论的承接与发展。

如前所述，在奥格威的品牌形象理论中对品牌个性已有提及，但奥格威较多使用的是“品牌性格”的概念，而不是“品牌个性”的概念。从心理学上说，“性格”的概念要宽泛一些，多指人群中具有先天性的大致相同心理倾向的一类人，如性格内向和性格外向。而“个性”的概念则要狭窄一些，主要指个体在面临相似情况时做出有特性反应的倾向，该倾向的形成较多地受到外部环境和教育的影响。因此，人与人之间的差异从本质上说是个性的差异，个性是性格中最富魅力的成分，人的性格魅力其实是源自于个性魅力。也正因为此，品牌个性论者非常强调“品牌形象（性格）只造成品牌认同，而品牌个性则可以造成品牌崇拜”。

20世纪70年代出现的品牌定位理论认为，只要有了一个健全、扎实的策略，并且能够为产品塑造一个明确有利的市场定位，就可以确保广告传播活动的成功。可是到了 80 年代，市场差异越来越小，同类产品的定位越来越相似，广告创意的路径越来越狭窄。美国精信广告公司（国际 4A）在深入分析了上百对品牌的广告创意作品之后，发现几乎在每一对品牌当中都有相同的定位，但其中总有一个品牌相对比较成功，而另一个品牌却相对比较失败。如万宝路和云丝顿这一对香烟品牌便是这种情况的典型代表。经过进一步研究，精信广告公司还发现成功品牌的广告诉求与不成功品牌的广告诉求的最大差异是：成功品牌广告向受众诉求的不仅仅是产品是什么，而且还向受众诉求产品是谁。也就是说，成功的广告使产品有了生命，有了灵魂。产品不再只是具有物理属性的自然物品，而是一个像你我所认识的朋友一样，是一个可以与我们进行沟通和交流的具有独特个性和精神属性的品牌。于是，精信广告公司便据此提出品牌个性的创意理论，并以独具一格、令人心动和历久不衰作为衡量广告创意的标准。该理论在具体操作的层面上是把品牌人格化，努力为品牌塑造独特的个性，这种个性应该与目标消费者的个性特征相符合，并且以此与目标消费者进行情感上的沟通和交流，从而建立起目标受众与品牌之间的巩固而持久的良好关系。

品牌个性理论极力张扬品牌形象论中最具价值、最有活力的成分，从性格走向个性，从个性走向人格化。毫无疑问，品牌个性理论是对品牌形象理论的卓越阐述和发挥。

**2. 品牌经营理论**

品牌经营理论是美国著名品牌专家大卫·爱

格在丰富和发展品牌个性理论的基础上提出来的系统而全面的品牌理论。该理论通过其所著的《品牌价值管理》、《建立强势品牌》和《品牌领导》（品牌创建和管理三部曲）予以深入而细致地阐述，并先后提出品牌关系理论、品牌价值理论、品牌认同理论和品牌领导理论。

品牌关系理论　该理论要点是认为品牌形象不仅仅是产品或服务自身的形象，还包括产品或服务提供者的形象和使用者的形象，并由此建立起“品牌—顾客”的关系模型，将品牌建设中顾客主体的分量看得与产品客体同样重要。这种观点显然是对奥格威品牌形象理论的重大修正和补充。

品牌价值理论　该理论是大卫·爱格对品牌理论的重大发展和重大贡献。品牌价值理论之所以在 20 世纪 90 年代初提出，主要有以下四个方面的背景原因：一是在当时社会经济的环境中，企业的生产和经营利润普遍降低，一些企业开始意识到企业的无形资产发挥着越来越重要的作用，并努力使原为无形资产的品牌价值转化为有形资产；二是由于流通业的日益强大，其在市场销售领域所扮演的角色越来越重要，生产商对消费者的影响力已经部分地转移到流通业手中，这就迫使生产商通过加强品牌的塑造与传播来影响消费者，以扭转不利的局势；三是随着科技的进步，产品更新换代的速度加快，产品的平均生命周期普遍缩短，新产品不断出现但成活率却大大降低，这使企业开始重视如何利用现有的品牌优势来促进新产品的市场导入和快速成长；四是随着大众媒介环境的迅速发展所造成的信息量的大量冗余，广告传播的效益大大降低，发展新品牌的难度和成本大大提高，企业普遍认为只有维护和发展现有的品牌或并购品牌的策略才是上策。

在上述的背景下，大卫·爱格将品牌理论的内涵加以丰富和完善，也由此把品牌理论的研究推向了一个新的阶段。品牌价值理论的核心是：品牌是一项重要的资产，该项资产对于产品的成功与否起着至关重要的作用，必须引起高度的重视并妥善管理。品牌价值包含正反两个方面的价值，正的是资产，负的是负债。一个品牌价值的形成包括四个方面：知名度、品质、忠诚度和关联性。

品牌价值理论是资本经济的产物，是受企业资本运作的操作体系的启发而衍生出来的。它将品牌理论由以单纯的制造产品差异化为目的并在微观层面产生其功能和作用，向以创造综合的品牌资产为目的并在企业的宏观层面发挥其功能和作用进行转化和提升。品牌价值理论比品牌形象理论更进一步地说明了品牌竞争制胜的武器是建立起强势的品牌价值，促使企业在竞争导向的市场环境中将经营的重心放在无可取代的品牌价值上来。（图 2-15）

品牌认同理论　该理论是大卫·爱格在 20 世纪 90 年代后期提出来的。如果说其在之前提出的品牌价值理论是对品牌理论在概念的内涵和外延上的一个创新的话，那么，品牌认同理论则是在此基础上对如何建立强势品牌以及在建立强势品牌时所必须解决的问题提出的具体看法。大卫·爱格认为，要建立一个强势品牌，至少要面临 8 种内在和外在的压力和阻碍：

· 价格竞争的压力；

· 新竞争者的大量增加使得品牌的塑造和建立与维持更趋困难；

· 市场和传媒的多元化使得维持一贯的品牌风格非常困难；

图 2-15 苹果电脑系列平面广告创意作品《与众不同的想法》之希区柯克篇、甘地篇、毕加索篇、爱因斯坦篇

苹果电脑的此系列平面广告的主题是"不一样的想法"，非常清楚地表明了该品牌与众不同的个性特征。在表现手法上，巧妙地借用了在各自领域取得辉煌成就的伟大人物作为广告的视觉元素，暗示了苹果电脑在业界也与这些伟人具有同等的地位，自然而又很自信地塑造和恰到好处地传播了企业的品牌形象。

・多样化的品牌策略和市场关系使品牌的建立和管理更加困难；

・经常变动的品牌策略使共同的品牌特色无法建立起来；

・创新的阻力；

・多元化的投资使品牌的地位下降；

・对短期获利的过度重视和促销的泛滥伤害了品牌的发展。

品牌认同理论就是要解决在上述这样一个竞争环境里如何创建强势品牌的问题，其核心是以品牌的核心价值和意义建立品牌的永久生命力，其结构可分为基本认同和延伸认同两个部分。品牌的基本认同是指一个品牌的本质属性，该属性不会因为时间的流逝而改变或消失；品牌的延伸认同则是为品牌带来更丰富的内涵以使品牌认同表达得更完整。

**品牌领导理论** 大卫・爱格于 2000 年出版了其第三本品牌理论专著《品牌领导》，在书中，爱格在其之前所提出的品牌资产理论的基础之上，结合当时数百家世界知名企业的品牌运作案例，提出品牌领导理论。该理论的核心内容主要由以下三个内容构成：即品牌组织建设、品牌组织系统和品牌组织文化构建。其基本构建的路径又主要依赖于以下四点：①即创造和阐述品牌特性（这些特性将成为品牌的象征）；②运用品牌关系光谱这一有利的工具，将品牌与延伸品牌建构为一个品牌大厦，并创造出清晰、协调、平衡的品牌资产；③识别目标消费者，将品牌构建活动置于广告之上；④运用国际互联网和赞助机会，努力使品牌资源得以更高效地发挥作用。

## 五、整合营销传播理论

整合营销传播理论（Integrated Marketing Communication，IMC）是美国学者舒尔茨教授于 1993 年在其《整合营销传播》一书中首次提出的全新概念，此理论一经提出即迅速引发了市场营销观念和广告传播观念的深刻变革。从此，广告创意的理论及运作在营销与传播的统合下，从过去的单一性走向更广阔领域的系统整合。

整合营销传播理论的主要贡献在于，从另一层面即营销与传播的层面明确提出营销传播整合的概念，着重强调广告、销售促进、公共关系与宣传、人员推销、直接营销等各种营销传播推广要素的组合与协调，确定一致的传播目标，对准一致的目标受众，设计一致的传播信息，组合不同的传播渠道，进行集中的、连续一致的传播，以产生最大的一致性传播影响。这实际上是对企业营销中上述营销组合观念在营销传播层面上的重大补充。

**1. 整合营销传播理论的界定**

整合营销传播理论的始作俑者是唐·舒尔茨教授，不过，舒尔茨教授在其出版的第一本专著中并没有专门用“整合营销传播”进行表述，在其后出版的文献中，他对该理论的界定有多次修改，并没有一个十分稳定和精确的界定。之后，美国广告公司协会和美国科罗拉多大学的汤姆·邓肯博士也分别对整合营销传播理论做了自己的界定，这些定义基本上对整合营销传播的本质有着比较清晰的界定。笔者根据上述若干著名专家、学者对整合营销传播所下的定义，对整合营销传播概念的研究和思考，提出如下的定义：

整合营销传播是企业组织以市场需求为导向、品牌为载体、商品的精神属性或物质属性为诉求内容，通过数据库运用及整合各种营销和传播方法，努力与目标消费者和相关利益人建立由外而内的并且彼此相互认同、相互信任的关系管理过程。

对这个定义，我们可以从以下几个方面加以理解：

第一，整合营销传播的本质是企业组织力图建立与目标消费者和利益相关人之间良好关系的管理过程。

在这一管理过程中，企业必须对目标消费者及其利益相关人的需求（包括物质的需求和精神的需求）、愿望、价值取向、文化理念等内容进行深入的分析和研究，以便有针对性地对有形的产品和无形的资讯分别予以加工（设计、定价、通路）和编码（筛选、创意、表现），并有效地与之进行沟通。同时，企业还应根据与目标消费者的沟通反馈，及时调整产品的设计和传播的内容与方法。

第二，整合营销传播的目的是建立与目标消费者或潜在目标消费者及相关利益人之间相互认同、相互信任的关系。

企业开展营销传播活动的目的当然是希望进一步扩大产品的销售业绩，这一点对于任何

Q&A:

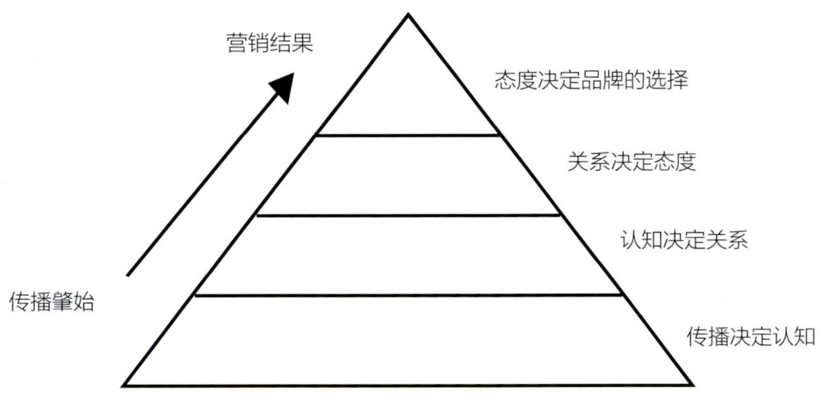


图 2-16 传播与营销的内在逻辑关系模型

一个营销者和传播者来说都是不言而喻的。但是从消费者的行为结果而言，传播与营销的内在逻辑关系是：传播决定认知，认知又决定关系，关系则决定态度，态度决定品牌的选择。（图 2-16）

此模式非常清晰地表明了传播与营销之间的因果关系。在这一关系的递进过程中，传播活动决定了目标消费者对商品品牌的认知，而消费者对商品品牌的认知又决定了消费者对商品品牌是否愿意建立一种相互沟通的关系，而消费者与商品品牌之间所建立的关系（积极的或消极的）又决定了其对商品品牌的态度（肯定的或否定的），最终，消费者对商品品牌的态度自然就决定了其购买行为。

传统营销理论从企业自身的角度出发，对营销的结果不加掩饰地追求，常常通过大规模的广告和促销活动试图一步到位（从传播肇始直接达成营销结果），这种肤浅的认识和简单的操作手法从根本上忽略了消费者的感受，自然导致消费者的反感，其效果只能是适得其反。因此，在整合营销传播过程中，其核心的要素就是如何建立和维护与目标消费者及其相关利益人之间的关系。如果企业与目标消费者及其相关利益人之间已经形成彼此相互认同和相互信任的关系，那企业的品牌价值及其营销业绩就是水到渠成的事了。

第三，整合营销传播活动的管理过程必须是以市场需求为导向的。

所谓以市场需求为管理导向，是与传统营销理论最本质的区别之一。虽然传统营销理论

表2-1 广告创意的社会效果评估项目

| 由内而外的4P理论 | 由外而内的4C理论 |
| --- | --- |
| 产品（product） | 把产品搁到一边，赶紧研究消费者的需要和欲求（consumer wants and needs），不是卖你能生产的产品，而要卖消费者确定想购买的产品 |
| 价格（price） | 暂时忘却定价策略，快去了解消费者为满足需要所愿意支付的成本（cost） |
| 渠道（place） | 忘掉通路策略，应当思考如何使消费者在购买商品时感觉到方便（convenience） |
| 促销（promotion） | 忘掉促销，以消费者为中心实施营销沟通（communications） |

也很强调其管理导向要以目标消费者为中心，但由于其思考的出发点始终是企业，因此，其所提出的相关理论就只能是由内而外的管理过程；而整合营销传播概念的提出者唐·舒尔茨教授则从一开始就反其道而行之，其所提出的4C理论就是从外而内的管理过程。

第四，整合营销传播的载体是品牌，内容则是商品的精神属性或物质属性。

整合营销传播活动的对象不是产品，而是品牌；但另一方面，大多数企业所开展的营销传播活动是以品牌的名义展开的，这样，品牌同时又成为传播活动的主体。这种角色的变化可能会使有些人产生认识上的混乱。其实，营销传播活动的主体只能是企业和目标消费者，而品牌只不过是连接企业与目标消费者主体之间相互沟通的载体。没有品牌，企业与目标消费者之间的沟通就无从谈起。品牌之所以能够成为沟通的载体，是因为品牌不仅以其物质属性为基础而存在，更以其精神属性为灵魂而增值。所以，企业既可以通过品牌与目标消费者针对产品的具体功能、品质和使用利益等形而下的内容进行讨论与沟通，也可以通过品牌与目标消费者针对品牌的抽象理念、文化和精神等形而上的内容进行沟通与交流。在人与人的交往中，其彼此关系的确立与发展，更多的要依赖于双方所共同具有的价值理念和文化认同，而不是双方在柴米油盐等问题上的看法一致。因此，在整合营销传播活动中，其与目标消费者沟通的内容就应该是以品牌的精神属性等内容为主，因为这种精神与文化上的交流才有可能真正与目标消费者之间形成相互认同和相互信任的关系。（图2-17）

第五，整合营销传播必须建立功能强大的数据资料库，有效地整合品牌信息、视听觉符号和各种传播媒介，以求达到最理想的传播效果。

建立数据完备的消费者资料库是开展整合

图 2-17　贝纳通服装品牌广告创意作品

此作品通过富有争议的视觉图片表达了企业（品牌）的价值理念：对人性的尊重，道德只有在不压抑人性的前提下才有意义。贝纳通品牌希望通过这种具有文化价值判断的信息内容与目标消费者进行深层次的精神沟通与交流。当然，对于这样的价值判断，仁者见仁，智者见智。任何一个品牌都不可能与所有的消费者建立关系，一个有个性的品牌只能与自己的目标消费者沟通与交流。只要目标消费者认同这样的观点，品牌与其之间的关系才能真正建立。

营销传播活动的基础，企业组织只有先行掌握消费者的种种资料（包括人口统计资料、心理统计资料和以往购买记录等，这是企业的无形资产，也是整合营销传播的基本条件和核心），才能进而针对现有和潜在消费者及其相关利益人发展沟通策略。

整合营销传播必须强调对品牌视听觉符号信息的统一并进而有效地予以整合，同时也必须整合各种传播媒介和传播工具，包括大众媒介、互动媒介、人员销售、广告、促销、公共关系、CIS、展示设计、包装设计等，以使目标消费者和相关利益人在任何地点、任何时间都能接触到统一而明确的品牌信息，并使企业的营销传播的营销力达到最大化。

**2. 正确理解整合营销传播**

整合营销传播概念从提出至今 20 余年来，一个不争的事实是无人能够说清楚到底什么是整合营销传播。笔者虽然研究整合营销传播多年，也难以全面而系统地对整合营销传播进行理论上的构建，只能试图从以下几个层面对整合营销传播进行自认为是正确的理解。

第一，立足于传播，服务于营销，明确整合目标。

对整合营销传播概念的认识如果只停留在“对不同媒体发出同一种声音”的媒体整合上，就是对其的简单化和单一化理解；但是另一方面，对整合营销传播的理解也不能将其无限扩大到企业管理、战略计划和生产等各个环节上，这种盲目将整合营销传播概念扩大化必将导致企业开展营销战略的导向性偏移，从而使企业的传播头去方向，失去核心。

第二，整合企业传播历史，实现品牌可接受程度的最大化。

考察国外整合营销传播的成功案例，发现它们都是对企业的传播历史进行了很好的、系统的整合，通过对过去的整合，得到正确的品牌定位，并且能够一贯坚持，而使定位得到彰显，并使品牌传播的理念更为清晰。当然，对于没有历史的新企业，或是完全没有知名度的新品牌，企业需要的是整合营销传播的观念，因为，它没有传播历史可以整合。

第三，明确整合思路和整合方法。

企业在实行整合时要有明确的整合思路，把握传播方向，整合的核心只能是一个，如果同时有多个核心，那就不是真正意义上的整合营销传播了。整合营销传播的成功还有赖于一整套规范与合理的整合方法，这些方法可以有效地保证传播的顺利实施，保证传播能源源不断地向前推进。

第四，达成综合效果，建立永续关系。

整合营销传播的重要目标是企业希望透过整合传播的一致信息，传达企业或品牌的一致形象给消费者，进而促使其发生消费行为，并希望建立永续关系。这就需要策略性的整合效果：综合运用多种传播手段，与消费者建立持久关系，尤其是顾客品牌关系。整合营销传播是企业应对逐步走向分裂的传播环境的有效方法，是一种适应市场竞争的传播理论，但是对它的实施，需要在操作层面上进行规范化的操控与把握，没有规范化与制度化佐证的整合营销传播必将是失败的和短命的，不但不能给企业带来效益，还会让企业和品牌走向绝境。

## ？思考练习

1.请用本章所介绍的广告创意理论评析一则你比较熟悉的广告创意作品。

2.广告创意理论为什么总是在不断演进和变化？

Advertising Creative

第三章

# 广告创意的目标策略

对于广告创意人员来说，广告创意追求的是大胆的想象和艺术的表现；但对广告主而言，其所追求的是广告效益的最大化，即所产生的销售效益应大于投入的广告费。不过，要想评估广告的效果如何，首先就必须设定明确的广告目标。本章内容就是围绕广告目标的确定进行阐述的。

**本章的学习目标**

- 了解广告目标的基本概念及其与营销目标的关系
- 理解广告目标的具体确定方法
- 掌握广告目标对象的分析方法和基本原则
- 认识广告目标设定的重要性及其与广告效果评估的关系

# 第一节　广告目标的概念

广告目标的确定与否直接关系到广告活动的发展方向及其相关发展策略的制订。广告活动的全部有形的基本要素，如广告策略的制订、广告媒介的选择、广告创意的表现主题及表现风格、促销活动的方法、广告预算的确定等都要基于广告目标的确定加以展开。因而在广告活动的规划过程中，广告目标的确定是重中之重的一个环节。

## 一、广告目的与广告目标

在营销传播的诸多基本概念中，与广告目标有密切关联的概念包括营销目的、营销目标、广告目的。这里，有必要将“目的”和“目标”的概念予以区分。对企业而言，其营销目的或广告目的都具有战略性质、宏观视野、定性色彩；而营销目标或广告目标则更具有战术性质、微观视角、定量色彩。

**1. 企业的营销目的**

企业在市场竞争环境所处的地位不同，在不同的时间，根据不同的竞争对手开展的营销活动的目的自然也有所不同。一般而言，如果企业在某一市场上处于支配地位时，其营销目的当然是希望保持目前的市场份额；如果企业在某一市场上处于第三四位或更靠后的地位时，其营销目的就有两种选择：要么向市场领导者和其他竞争者发起挑战，以努力扩大自身产品的市场份额，要么小心谨慎、亦步亦趋，以维持企业目前在市场竞争格局的地位。

企业营销目的的明确，可以在总体上规范和决定其营销目标的制订。

**2. 企业的营销目标**

企业的营销目标是指企业通过其营销活动所期望达成的具体的并可以量化测定的销售效果，是企业的营销目的的进一步体现。企业营销目标的制订除了要根据市场竞争态势制订营销目的之外，还必须根据企业在下一个年度所制订的财务目标予以最终的决策。例如，某企业在下一个年度的财务目标是：

· 在下一个五年内获得平均 20% 的税后利润率；

· 在 2017 年的净利润达到 1800 万元；

· 在 2017 年现金流量达到 2000 万元。

据此，该企业的营销目标就必须围绕或体现如何完成这一财务目标而展开，或者说，企业的财务目标必须转化为营销目标。如该企业期望达成 1800 万元的利润，并且其目标利润率是其销售额的 10% 的话，那么，其在销售收入上的目标就必须是 1.8 亿元。而企业产品的平均售价是 2600 元的话，那该企业就在一年之内必须销售 69230 件产品。如果该企业对下一年度整个市场的销售总量的预计是 69230 件的话，则其将占有 3.8% 的市场份额。为了达成和保持这样的市场份额，该企业的市场营销目标就可以是：

· 在 2017 年获得总销售额收入 1.8 亿元，比上一年度提高 9%；

· 年度产品销售量为 69230 件，占预期的市场份额 3.8%；

· 企业品牌知名度从目前的 15% 上升到 30%；

· 扩大 10% 的分销网点；

· 实现 2600 元的平均售价。

企业营销目标的制订将直接规范和决定企业的广告目的及广告目标的制订。

**3. 广告目的**

在制订广告目标之前，应该要明确的一个基本问题是：广告目标背后的广告目的是什么。对此，广告人员必须对广告目的和广告目标的关系有一个准确的认识：广告目的是企业开展广告活动的意图，广告目的决定了广告目标的制订，广告目标是对广告目的的具体反映。

任何一项广告活动必须首先就要明确广告目的，也就是要搞清楚为什么要做广告。没有一个明确的广告目的，自然也就不可能有一个明确的广告目标。而一项广告活动连最基本的广告目标都不明确的话，不但不会收到企业所期望的效果，而且还必将造成企业有限的资源浪费和自身品牌形象损害等不良的后果。

广告目的主要分为产品广告目的和企业广告目的两类：

（1）产品广告目的。

这类广告是针对企业所生产或经销的产品而展开其传播活动的，其目的分为两种：一是以直接销售为目的，其广告活动的思路是注重近期利益，追求广告传播的即时性和立竿见影的效果；二是以间接销售为目的，其广告活动的思路是注重长期利益，理解广告传播的滞后性，但追求广告传播的美誉度效果。

（2）企业广告目的。

这类广告是针对企业自身主体而展开其传播活动的，其目的可分为四种：一是扩大企业影响，提高企业知名度、好感度和信任度；二是改变消费者对企业的印象或态度，树立企业形象，提高企业的声誉；三是提供某种服务，以示企业对社会和大众的关注，增进与目标消费者的友谊；四是建立良好的公共关系，着眼于未来，促进企业的发展。

**4. 广告目标**

（1）广告目标的内涵。

广告目标是指企业通过广告活动所期望达成的具体的并可以量化测定的销售与传播效果，是企业广告目的的进一步体现。日本电通广告公司对广告目标与广告目的的关系的解释是：广告的目标存在于实现广告目的的延长线上。例如，某企业的广告目的是期望通过集中性的广告活动推出一种新饮品，则广告目标可以确定为知名度目标是推出新饮品 2 个月后达到 70%，饮用经验率目标是推出新饮品 3 个月后达到 30%，店铺陈设率目标是推出新饮品 2 个月后达到 80% 等。

需要说明的是，正确理解广告目标和营销目标之间的关系是广告人员正确开展广告活动的基本前提。一般而言，大多数企业都期望通过广告活动达成其营销目标，此时，这些企业常常有意无意地将营销目标和广告目标的概念相互混淆或合二为一。然而，广告活动只是企业营销传播系统的一个环节，广告的终极目的固然是帮助企业达成其营销目标，但指望企业的全部营销目标都由广告活动来实现则显然是不科学的，也是不现实的。

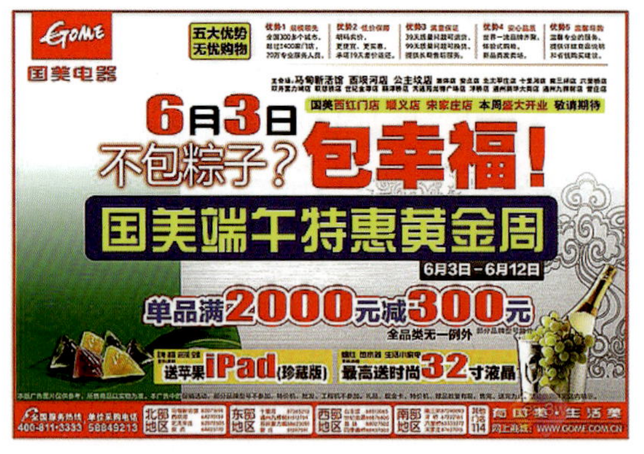


图 3-1　国美电器商场促销广告创意作品

促销广告的目的就是促使消费者产生购买行为，因此，促销广告在创意的过程中内容要大于形式。该广告创意地将国美电器在端午节期间所开展的促销活动诉求得非常清楚，至于能否让消费者真正采取行动，这就要看促销活动的具体内容是否能够引起消费者的兴趣了。

（2）广告目标的功能。

在现代营销传播活动的管理过程中，广告目标的功能主要有以下几个方面：

第一，作为广告主与广告代理商双方之间沟通与协调的工具，同时，也可以协调诸如广告策划、广告文案、广告创意、广告客户管理等相关人员之间的工作。

第二，为决策提供一个衡量标准。如果有两个不同的广告创意方案，那么就需要从中选出一个更接近正确的广告创意方案，而选择的标准就是先期确立的广告目标。与其依赖决策者（广告主）个人的审美判断，还不如通过广告目标去寻求最适合的创意方案。

第三，对广告传播的效果进行评估。这一功能需要有一个例如市场份额或品牌认知等作为相应的标准。在一项广告活动结束后，根据预先设定的判断标准对活动是否成功进行评估，可以判断和评价广告代理商的工作水准。

（3）广告目标与营销目标的区别。

广告目标要根据企业的营销目标的内容来确定（图 3-2），这种先后的次序关系是不可颠倒的，而两者在内容上的皮毛关系也是毋庸置疑的（皮之不存，毛将焉附）。但是，广告目标终究与营销目标有着诸多区别，这种区别主要体现在两者对目标消费者的作用方式上的差异。两者的差异表现在以下三个方面：

**销售产品与传播信息的差异**　一般而言，企业的营销目标更多地是从其财务目标出发，制订企业下一年度的市场销售额或利润率，其追求的是产品销售的扩大化或产品利润的增长，对营销目标的测定是以具体的销售额或利润率为主要内容；而制订广告目标的出发点虽然与营销目标的结果并无二致，但广告目标追求的则是产品（品牌）信息的传播到达率的提升和扩大，对广告目标的测定也是以产品（品牌）在目标受众人群中的知名度提升、态度及观念的转变为主要内容。

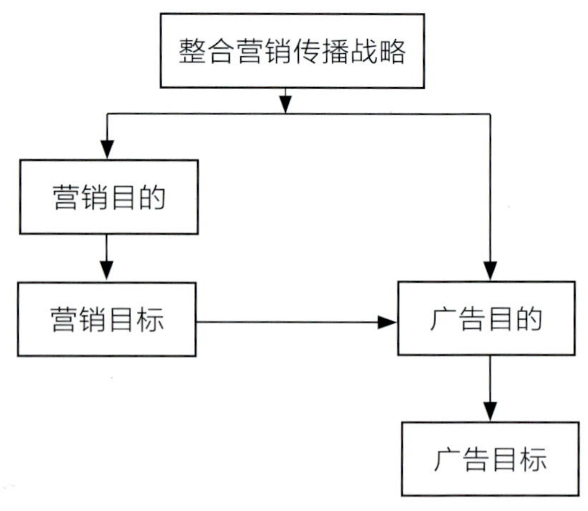


图 3-2　营销目的、营销目标、广告目的、广告目标之间的关系图

即时效果与延时效果的差异　由于企业的营销目标必须体现财务目标的相关内容，因此，营销目标只能以单一特定的年度时间段为衡量标准，其体现的是即时效果；而广告目标的体现则有一个迟延的效果，也就是说，广告活动起始于当年度，但广告传播的效果则往往要延后于次年度才有可能体现出来。

有形结果与无形结果　企业的营销目标通常都以具体的数据来说明实施之后所期望达成的结果，如销售额、税后利润、销售量和上货率等；但广告目标的具体内容则难以用具体的数据予以体现，如目标受众的态度改变、信息的增加等。因此，用具体的数据来测定此种相当模糊的内容是非常困难的。

## 二、广告目标的类型

广告目标根据不同的依据，可以划分为以下几种类型：

### 1. 按广告目标的不同层次可分为总目标和分目标

总目标是从全局和总体上反映企业所追求的广告目标，分目标则是在总目标的基础上对广告活动的各个方面所制订的具体目标，如广告分目标可以将广告总目标分解为产品目标、企业形象目标、信息传播目标、预算目标等。

### 2. 按广告目标所涉及的范围可分为外部目标和内部目标

外部目标是与广告活动的外部环境有关的目标。如市场目标（包括市场占有率、市场覆盖率、广告对象等）、计划目标（包括销售量目标、销售额目标、利润率目标等）、发展目标（包括树立产品或企业形象、扩大知名度和美誉度、企业生存和发展等）、竞争目标（包括与主要竞争对手相比较的广告投放量、媒体投资占有率、广告暴露频次、总收视率）等。

内部目标是指与广告活动本身有关的目标。如广告预算目标（包括投入与产出的目标）、质量目标（包括广告传播的创意、文案、制作等）、广告效果目标（包括广告的传播效果、销售效果）等。

### 3. 按广告目标所涉及的内容可分为产品销售目标、企业形象目标和信息传播目标等

产品销售目标是指广告活动促使消费者产生某种反应的目标；企业形象目标是指以树立企业形象、提高企业整体知名度和美誉度为主要内容的目标；信息传播目标则是要规定广告信息在传播过程中对目标受众产生影响所需要刺激的程度。

### 4. 按广告目标的重要程度可分为主要目标和次要目标

主要目标涉及全局，是广告活动的重点，要全力以赴，绝不可主次颠倒而片面追求次要目标。在一定条件下，为了整体利益的需要，在广告传播活动中即使不得不放弃次要目标，也要保证主要目标的顺利实现。

### 5. 按广告目标的期限可分为长期目标、中期目标和短期目标

目标一经确立，就必须确定实现目标的具体指标和起止时间，以使目标可以控制、执行和检测。如果某项目标无法计量时，应采用“项目进度表”的方式标明目标实现的进度。例如，某企业的广告目标是提高产品的形象。此时，企业在一个月内收到消费者对本产品不满和疑虑的信件、电话共 100 件，经过一定时期的广

告传播，消费者的不满和疑虑的信件和电话减少到 15 件，消除不满和疑虑的信件和电话为 50 件，甚至对本产品有了好感而增强了使用信心的信件和电话为 35 件。据此，企业可以通过对广告传播效果前后对比的方式，评估广告目标——产品形象的提升达到效果。

总之，广告创意的前期工作就是要充分重视广告目标的确立过程及其相关内容。没有目标的广告创意是毫无意义的创意，而缺乏衡量指标的广告目标，则又是没有任何价值的目标。

图 3-3　京东商城 Jeep 服装品牌促销广告创意作品

电子商务的发展已经对传统商业构成了巨大的冲击。此促销广告是京东商城为 Jeep 服装品牌做的促销广告，其诉求的重点当然是低廉的价格，而这也是电商企业最大的优势。

## 三、确立广告目标的原则

由于不同的广告主所处的市场竞争环境不同，导致不同的广告主在确立广告目标时所采取的原则也有所差异。从总体而言，广告主在确立广告目标时所应遵循的基本原则至少应包括以下五个方面的内容：

### 1. 目标应是清晰的

清晰的广告目标有助于广告主与广告代理商之间的沟通，为双方的成功合作打下良好的基础。清晰的广告目标也有助于广告主与广告代理商双方在广告活动的合作过程中就具体的工作方法达成共识。如果缺乏清晰的广告目标，

Q&A:

即使不会给合作双方带来灾难，也会带来种种麻烦，因为广告主与广告代理商的任何一方都可能认为对方与自己对广告运作的具体问题有着同样的理解，以致当问题出现并累积成难以解决的大问题的时候，又因为没有共同认可的判断标尺而使双方都蒙受损失。

**2. 目标应是明确的**

明确的目标应该是可以测量的变量，并可以说明变量的变化趋势和期望市场或受众发生变化的时间期限。

首先，我们用一个实际案例来说明广告目标测定问题。例如，如果一个广告目标的指标之一是“改变某品牌现状的市场颓势”，也许这种表述恰当地反映了该品牌的真实情况，但“颓势”这个词是模糊的，无法予以测定和判断，因而是不可取的。一个明确的表述是“恢复某品牌的市场盈利能力”，因为这种表述包含有变量——“盈利能力”，并可以通过具体操作的测量标准对销售利润、资产回报等予以评估。

其次，广告目标变量的变化趋势应该是可以界定的。如通过广告活动后的产品（品牌）的市场销售额和生产份额期望提高多少。无论从理论上还是从实践上看，广告活动的结果很少是完全有效或是完全无效。如果有足够的广告投入，广告总能导致市场发生一些变化。问题是这种变化是否是广告主所期望的，广告主是否愿意为之花费有限的资源。除非广告主与广告代理商达成一致意见，否则他们并不清楚自己究竟想要获得什么，也不清楚自己究竟应该通过什么方法去获得。例如，上述案例的“恢复某品牌的市场盈利能力”的广告目标仍然是不明确的，因为它没有表述清楚期望变化的程度。而且盈利能力不可避免地会受到销售额、价格和成本的影响，但该广告目标没有说明三个变量中哪个将会被改变以提高盈利能力。

最后，广告目标应该对实现其目标所需的时间期限予以界定。目标的时间期限的界定对于广告活动而言非常重要，因为广告活动所导致的变化既不是即时的也不是无限的，大多数广告专业人员对此十分清楚，但多数广告代理商却不愿意受表述明确的目标限制，往往有意识地向广告主灌输“广告可以在不确定的时间里起到长期的作用”，这个长期的概念意味着几个月或是几年。但是，经过实证的研究数据表明，受众对广告的反应如果不在早期（最初的几周或一个月）发生，就永远不会发生。

**3. 目标制订应考虑环境因素**

任何目标的设立都不是主观臆断的结果，而是建立在对广告主所处的内外环境进行周密调查研究的基础之上的。因此，设立广告目标时应审时度势，避免使目标成为空中楼阁。具体而言，对于内部环境，广告目标要考虑传播目标和战略、营销目的和营销目标、财务计划目标、企业其他经营活动目标和战略等相关因素；对于外部环境，广告目标要考虑人口、政治、经济、技术、文化和法律等宏观环境的制约作用，还要考虑竞争对手和中间商的战略和策略、目标受众的心理和行为、广告环境等微观环境的变化。

**4. 目标制订应考虑可行性和合理性**

广告目标的可行性是指在制订目标时要从实际出发，要慎重看待主客观条件的制约，不能脱离实际条件，异想天开。广告目标的合理性是指在制订目标时要适度，要留有余地。目标过高容易使人望而生畏，使广告人员失去达成目标的信心；目标过低，则又不宜发挥广告人员的主动性和积极性。因此，广告人员在确立广告目标时，要对二者进行统筹考虑，以保持适当的弹性。

**5. 目标制订应注意综合平衡以保持相对稳定**

广告目标是一个综合体系，由多种目标共同构成。同时，广告目标又是企业营销目的和营销目标体系的有机组成部分。因此，在广告的此目标与彼目标之间、广告目标与企业的营销目标之间，应保持协调与统一的关系，既不能彼此分离，又不能顾此失彼，要注意目标体系的综合平衡。同时，广告目标一经确立，就要保持与环境的协调。当企业的内部或外部环境发生重大变化时，应及时调整广告目标以适应形势的变化。

## 第二节 制订广告目标的策略

广告主在确定自己的广告目标时，应根据自身的产品品牌的特点、市场竞争态势的分析和判断，目标消费者对本品牌的认知状况及其消费模式等因时因地因人而异。以下是一些常用的广告目标及其围绕不同的广告目标所采取的若干种广告诉求方法。

### 一、制订广告目标的基本策略

**1. 从其他品牌吸引新顾客**

如图3-4所示，消费者分为三种类型：E群体包括现在购买本商品品牌的目标消费者。E群体的消费者有一部分只购买本商品品牌（本品牌的忠实顾客），但更多的消费者也购买其他商品品牌（本品牌的游移顾客）。这一方面可能是因为商品品牌间的差别不大，另一方面可能是因为这些人对不同的需求倾向于不同品牌。无论如何，E群体的消费者都购买本商品品牌。O群体包含购买其他商品品牌而不购买本商品品牌的消费者。一些消费者忠诚于某个其他商品品牌，另一些消费者则在其他不同商品品牌之间转换，但都不购买本商品品牌。N群

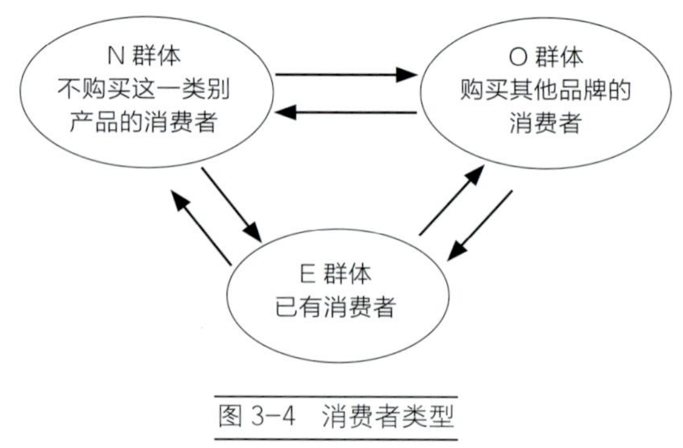


图 3-4 消费者类型

体的消费者可能购买咖啡、计算机、车床或其他任何与他们有关的产品，但不购买任何本商品类别的任何一种品牌。

如果将广告的目标集中于增加E群体的消费者数量，具体传播策略主要有三种：

一是吸引O群体的消费者尝试本品牌。比如，招商银行的信用卡将其广告活动针对O群体的成员（深圳发展银行信用卡持卡人）。前提是其他品牌的服务项目及营销策略有许多不足之处，否则，这种方法难有成效。因此，在目标确定的过程中，应努力寻找出竞争对手的使用者中对其极为不满的顾客，将他们确定为“可拉拢”的目标对象。招商银行根据深发展信用卡持卡人中的一部分人看重招商银行优惠商户手册在更多场合使用的优越性的需求，确定这部分人群为广告传播的重点目标。确定这部分人群为目标对象既可以最大限度地降低运作成本，又比将全部深发展信用卡持卡人定为目标对象更为有效。

二是吸收那些在未来几年中销售额最有可能上升的竞争对手的消费者，或者是利润最为丰厚的竞争对手的消费者。对于许多商品大类而言，约有20%的消费者（主要顾客）可以为企业创造50%的销售利润。显然，大多数企业往往愿意花较大的投入去努力争取这些消费者成为本品牌的使用者。

三是从目前不使用本商品品牌的N群体中吸引消费者。百事可乐公司认为吸引那些在早上喝咖啡的年轻人改喝百事可乐比从可口可乐的消费群众中吸引顾客更加容易。这种被称为“基本需求的方法”对像“达能”这样在同产品类别中占有主要地位的大公司尤其有价值。

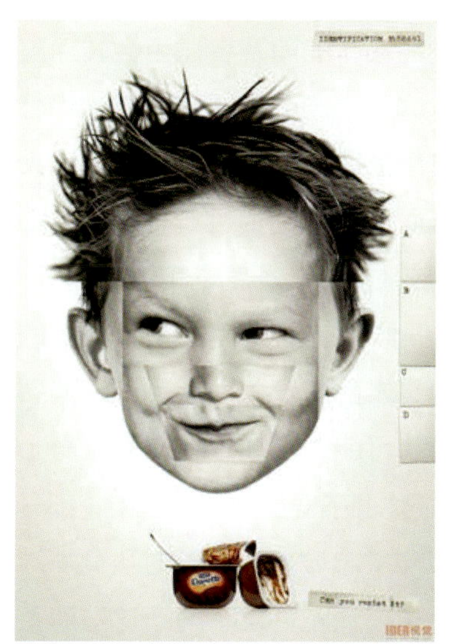
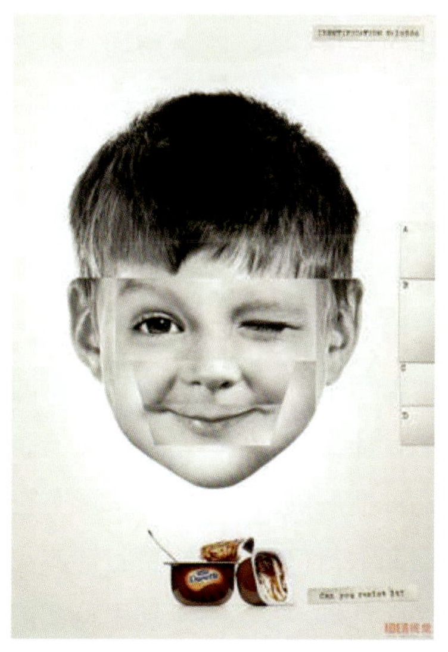
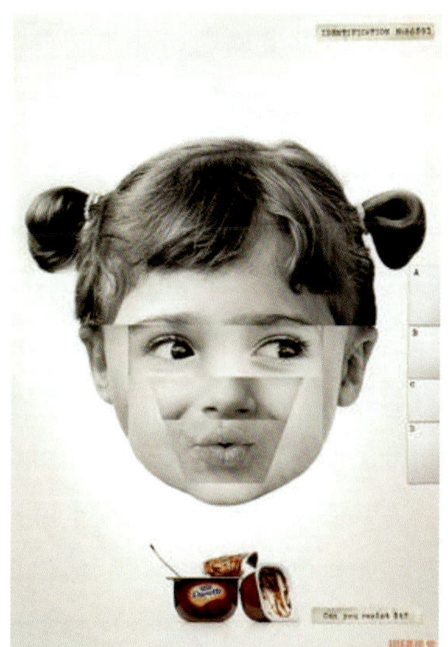

图 3-5　达能产品的平面广告创意作品《Can you resist it?》

达能作为国际著名的品牌，消费者对其产品的功能作用早已耳熟能详，其广告的创意一般都不着眼于具体的产品信息，而是着重于传播品牌的信息。该广告的诉求主题是——你还能抗拒吗？其广告画面分别使用了三个目标消费对象在喝了达能酸奶之后满足、调皮和自得的表情，活脱脱地将达能酸奶与目标消费者的关系及其作用真实而生动地表现出来，极具诱惑力。

在某一行业中的这种强势企业由于占有更大的市场份额、更广的销售渠道、更强的铺货能力和更高的市场认知度，当他们的某类产品向市场推出时，最容易被消费者接受。相反，这种方法对小公司却不太适合，因为采取这种方法要冒N群体消费者被其他更大的竞争者吸引走的风险。例如，一个生产移动电话的小公司，如果做广告向受众传播移动电话对个人事务和商业事务的用途，这只能是浪费金钱而毫无效果。

**2. 增加需求份额**

在许多产品类别中，消费者常常并不只有一个钟情的品牌，他们往往根据商品的价格折扣、品牌影响力、消费习惯等相关因素，将不同的需求分配在不同的品牌上，通过不同的品牌来满足其不同的需求。也就是说，他们确实对一些品牌比较偏爱，但偏爱的绝不止一个。因此，一些消费者可能不断在本商品品牌和其他商品品牌之间游移，形成朝三暮四的消费态势。面对这种情况，企业可以考虑采取以下一些方法使这些消费者对本品牌保持更加忠诚的态度。例如，某一消费者可能在一个月当中购买了三种不同品牌的香皂，或以三种不同的信用卡购物。这样，某一银行的信用卡尽努力通过传播使本信用卡的使用程度增加就显得很有意义。假设招商银行信用卡面对此种情况展开有针对性的促销活动："每使用招商银行信用卡一次，您就将自动参加我们的抽奖活动，多用多抽。"这个广告的目标并不是要吸引新的顾客，而是使已有的顾客的需求份额向某一特定品牌倾斜。

**3. 增加品牌忠诚度，减少摩擦率**

对许多广告主而言，在大多数情况下其市场竞争的策略仍然是以防御为主。因为在激烈的市场竞争中，并不仅仅只有本品牌在利用广告的方式开展营销传播活动。事实上，本品牌所有的竞争者都在力图争夺本品牌的消费者并以此来提高消费者对他们品牌的需求份额。因此，广告活动的目标在更多的情况下是在巩固本品牌已有的市场，即强化和巩固本品牌目前顾客的忠诚度而不使其三心二意。一些研究的结果表明，广告的较大效果并不是体现在可以获得新的尝试者，而是体现在加强和巩固现有顾客对本品牌的忠诚度。

如果发现本品牌存在特别高的摩擦率（如较低的再购买率），就应努力采取行动减少E群体向O群体的流动，目标是减少E群体的消费者尝试其他品牌并最终停止消费该品牌。拥有国际知名品牌的企业还将密切关注E群体向N群体流动的可能，并导致现有的消费者逐步退出这一市场。如喜爱喝咖啡的消费者是否会转而喜爱喝其他饮料，这种市场需求的些微变化都必将导致麦氏和雀巢公司的严重关注。由于绝大多数的消费者转而使用数码相机，导致柯达和富士完全丧失了胶片相机市场就是实例。

正如前述，E群体的消费者既是本品牌的消费者，同时也是本品牌竞争对手品牌的消费者，图3-6表明了可能发生在现有消费者身上的品牌转换的情况。即在E群体消费者中，部分消费者对本品牌非常忠诚，即使有时从竞争对手那里购买商品也是偶尔为之。对于这些消费者，广告目标就应该是使他们保持对本品牌的忠诚度，保持对本品牌的重复购买率，减少购买竞争对手的商品品牌，广告的创作方向应是努力向他们表明本品牌产品的重要特征或是强化本产品的使用经验。

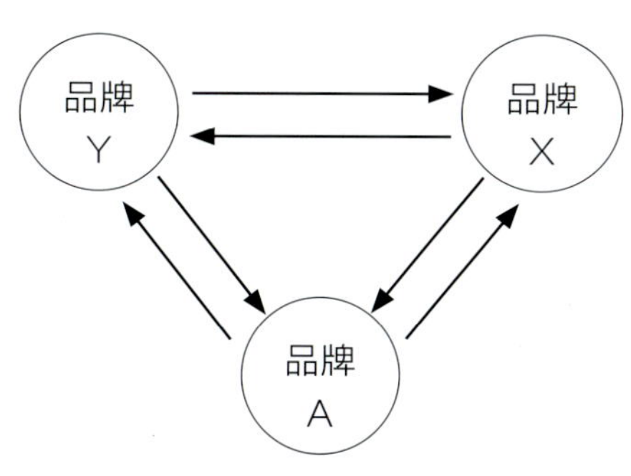


图 3-6　现有消费者的品牌转换

另外，也可以利用一些特定的促销方法。如对重复购买本商品品牌的消费者给予奖励或优惠等。企业应想方设法为目标消费者创造“转换成本”来减少摩擦率。

最后一个方法是，通过减低目标消费者的价格敏感度来增加目标消费者对本品牌的忠诚度。广告主可以一方面通过相关活动来强化目标消费者的品牌忠诚，另一方面则采取提高商品售价（或减少折扣）的方法来提高商品的收益率。不过，目前广告专业人士对于广告在实际降低现有消费者价格弹性或敏感度的能力方面究竟会产生多大效果仍然没有一致的看法。

**4. 增加产品使用量**

在确定广告目标的内容时，还可以考虑通过使消费者增加对本类别商品的使用量来扩大产品的销售，这对于那些食品、饮料和化妆品等行业的市场领导者品牌而言就更加有效。如宝洁公司的玉兰油产品占有40% 左右的市场份额时，整个市场的增长也趋于缓慢，玉兰油产品就通过广告诉求使其消费者相信增加化妆品的使用次数可以更好地护理皮肤，来增加市场的整体消费数量。虽然市场的整体销售的增长并不仅仅只有玉兰油一个产品得益，但由于玉兰油在化妆品市场的领导地位，其运用这种方法所取得的销售增长还是会占到整个市场销售增长的40%。（图3-7）

另外，广告的目标除了要吸引目标消费者购买更多的本商品品牌之外，还应该试图影响或改变目标消费者的长期行为模式。这样，至少对某些消费者而言，就可以使其增加对商品使用次数的行为得以持续，广告活动的价值也可以通过增加产品的使用量而得以体现。

图 3-7　玉兰油平面广告作品

玉兰油的这幅广告创意作品，敢于创新、敢于突破，其创意的视觉表现画从总体上起到了吸引受众注意的目的，其画面中心的文案“不，认真地说，我今年 47 岁”直接道出了使用玉兰油的消费者的真实年龄，显然，许多人误以为她只有 30 来岁。对于女人而言，还有什么能够比别人误以为自己的外貌年龄远远低于自己的实际年龄更让人感到心满意足呢？

## 二、提高品牌回忆度

提高品牌回忆度是指通过有效的广告诉求使目标消费者能够对本品牌名称保持较为深刻的记忆。毋庸置疑，广告主当然希望自己的品牌名称能够在目标消费者的心里占据相当重要的位置，至少也要在考虑组里占据一席之地。

考虑组是指目标消费者在想起某类商品或服务时（如家电、服装、饮料、牙膏、洗发水等）大脑里不假思索地迅速想到一小组品牌名称（通常不超过7个）。在商品势均力敌（即品牌之间没有什么重大差别，如牙膏）或商品、服务的技术含量相对简单的情况下，消费者能想起的第一品牌往往就是其准备购买的品牌，而回忆度最高的品牌往往又是最流行的品牌。品牌记忆的方便性可以使消费者从中感受到流行感、期望值甚至优越感。那么，应该如何提高目标消费者对品牌名称回忆的方便性呢？以下是几种常用的方法。

**1. 重复**

重复是一种十分简单的方法，这种方法经过大量的实践证明是行之有效的。

通过重复可以使目标消费者更容易对品牌名称产生并保持记忆。要做到广告诉求的重复，广告主可以购买大量的媒体广告时间和空间，以便同一条广告连续重复三次；或者在广告诉求中多次（三次）重复品牌名称。研究资料表明，重复的次数越多，品牌名称就越容易被目标消费者记住。当目标消费者站在洗涤用品货架前的时候，他们不可能对琳琅满目、五花八门的产品的不同特性逐一进行仔细的比较分析和判断，然后再作出购买决策。这时，他们大脑里能够回忆起的品牌名称（一种先入为主的判断）或习惯（这种情况更常见）在驱使其作出购买决策。因此，品牌名称如果能够进入目标消费者的考虑组，广告主就可以使自己的产品更接近他们的购买决策。这种重复的广告方法在努力保持现有消费者的同时，还能够同时争取新的尝试性消费者，而且，对后者所起的作用似乎更大一些。

**2. 广告口号与歌谣**

广告口号是一种通过简练的节奏和韵律或其他元素将品牌名称与令人难忘的意象联系到一起的语言技巧。如M&M巧克力糖 “只溶在口不溶在手” 的广告语已经使用了近40年。又如耐克的“想做就做”、李宁的“让改变发生”、苹果电脑的“与众不同的想法”、麦斯威尔咖啡的“好东西要与好朋友分享”等，不胜枚举。

歌谣的创作方法与广告口号的创作方法基本相同，只是配上了音乐。如人们耳熟能详的“徐福记”、“松下电器”、“今年过年不收礼，收礼只收脑白金”等。

## 三、逐渐培养目标消费者的品牌偏好

广告主普遍都会设定品牌偏好目标，他们希望目标消费者喜欢（最好偏爱）自己的品牌。喜欢不同于知晓或排名第一的回忆度，喜欢的衡量标准是态度，但表现的方式是通过感觉来影响目标消费者的态度。具体的方法有以下几种。

Q&A:

### 1. 情感广告

情感广告是指通过营造和渲染人与人之间美好的情感来与品牌发生或明或暗的联系，使目标受众将对广告作品本身的欣赏和喜爱转移到广告所诉求的品牌上来。这种看似简单的习惯性爱屋及乌思维实际上在理论上和实践上都比人们想象的要复杂，而且也更有争议性。但是通过这种创作方法，广告主却可以引导目标消费者将这些好感与广告诉求的品牌联系起来，进而使他们更有可能购买本品牌。

不过，这种诉求方法的效果究竟如何目前似乎还没有清晰确凿的证据可以证明。目标受众对广告本身的欣赏和喜爱也许会转移到对广告商品的认可，但也有可能会因为受众的注意力全被广告本身所吸引而干扰了受众对广告商品信息和品牌名称的关注。也就是说，受众被感动了一把，但对被谁感动的却 无所知。喜欢广告创意并不等于就一定喜欢广告中的商品，不过，如果在广告创意过程中有意识地注意避免出现此种问题，相信这种方法还是行之有效的。

消费者的好感到底是如何形成的，目前也同样没有统一的答案。不过，更多的学者相信好感是受众对事物最终理解的结果，只是这种对事物理解的方式因人而异：有的受众可能通过相当简单的联想来完成理解，而有的受众则可能通过比较复杂周密的思考来完成理解。从总体上说，人类的理解过程是非常复杂的。人类可以在瞬间理解充满了符号、暗示、玩笑等等内容的复杂的广告诉求内容。虽然人们目前还不清楚为什么有些情感诉求的广告效果极佳，而有的情感诉求的广告却一无所获。但有一点可以肯定，即对潜在目标消费者的社会背景给予更多的关注，对他们“理解”广告的方法给予更多的关注，这对提高广告的效果肯定是至关重要的。

### 2. 幽默广告

从逐渐培养目标消费者的品牌偏好的角度而言，幽默广告的目的与情感广告的目的完全一样。但从影响目标受众对广告品牌的心理过程来看，幽默本身却是另外一种广告诉求的方法，即在广告中采用幽默的目的是为了使受众对广告商品产生轻松愉快而难忘的品牌联想。如日清方便面的广告就使用了幽默的诉求方法并取得了成功。但调查显示，幽默广告的效果不如情感诉求广告效果那么具有冲击力。如某人向他的朋友谈论其非常喜欢的广告，朋友们被广告的情节逗得哈哈大笑，之后，也许会有朋友说：“我虽然不记得那是什么广告，但这条广告的创意太棒了！”显然，这不能算是一条优秀的广告，因为受众记住的是广告中的笑料情节，而不是最为关键的也是受众最应该记住的品牌，这当然是令人难堪的事情。所以，采用幽默广告的创作方法一定要将幽默成分与广告商品予以有机地整合并使两者彼此不可分割，这样，广告诉求将肯定可以使目标受众更好地将记忆与幽默和品牌名称联系在一起。（图3-8）

图 3-8　内衣平面广告作品

这是典型一则幽默广告创意作品，受众刚开始看到这个广告画面可能会莫名其妙，实在弄不明白内衣与灭火器之间有什么关系。但是仔细一想，便会恍然大悟，并忍俊不禁：是啊，如果一个女人穿上如此性感的内衣，恐怕所有的男士都要欲火焚身。怎么办？事先准备好灭火器，以防不测。

## 思考练习

1.请收集当地的房地产、汽车或银行企业近期发布的广告，从广告作品中分析这些广告传播的目标是什么，以及这些广告传播的目标与实际的市场销售是否吻合。

2.如果你是某产品目标市场的一员，你对其产品的广告诉求内容会相信吗？为什么？从策略的角度讲，有没有其他的方法可以采用？

Advertising Creative

# 第四章 广告创意的基本策略

创意策略就是“说什么”（what to say）以及“为什么要说这个”（why to say）。创意策略是创意表现的前提和条件，创意策略是创意表现的方向。好创意首先是具有创意策略，没有创意策略的创意不如无创意。

**本章的学习目标**

- 认识到创意策略在创意中的重要作用与地位
- 明白什么是广告创意策略，好创意应该说什么
- 掌握创意策略中的主要策略及其规律
- 理解创意策略，从而指导自己的创意

日清方便面的电视广告：原始洪荒年代，一家去觅食，在一棵果树下，小孩用一根木棒用力地敲打一下树干，掉下了一个果子，大家欢呼雀跃；母亲敲打后掉下了更多，大家高兴地跳起来；当爸爸大力抡圆了胳膊朝苹果树击去，一只大老虎被震了下来，于是三人在老虎的追逐下四处逃窜。“饿了吗？日清方便面。”原始人电视广告是有系列化的创意表现，就其创意表现来说是非常优秀的，曾在１９９４、１９９５、１９９６年的戛纳广告节获奖。但其创意策略是什么？说出了什么？原始人很可怜、很饿，吃饭很艰难。这与日清方便面有什么关系？是为了实现什么样的广告目标？是针对什么样的目标消费者？承诺了什么样的利益等等？所以其创意策略上是有一定的问题的，所以到了１９９７年以后就再也没有出现了。

## 第一节 创意应该说什么

创意首先必须说对。说什么才能是说对？这就必须明白创意的策略。广告创意策略是广告策略的延伸。创意策略是指“说什么”（what to say），以及“为什么要说这个”（why to say）”的问题。广告创意策略是在明确广告目标的前提下，分析目标竞争者和产品特征的基础上，针对目标消费者做出承诺利益，并进行整合传播，以实现广告创意的效果。广告创意表现是指“怎么说”（how to say）的问题。如果创意策略是错误的，那么最好的创意表现都只能起到哗众取宠的作用。创意说什么，必须先说对，也就是说正确的广告创意策略的蓝图是创意的前提。创意策略是创意的“行军图”，纪律是创意的必需品，保证创意沿着正确的方向前进。

“正文和图形传递着广告讯息，但在创意小组所选的基调、文字和创意的背后，却是广告战略在起指挥方向的作用。完成后的广告必须与广告主的战略相关联，否则，注定会失败——即使它能引起受众的共鸣。换句话说，它也许是了不起的娱乐作品，但绝不是杰出的广告。杰出的广告必然要完成某个战略任务。事实上，战略是产生杰出创意作品的关键。”①

孤立地评价广告创意是没有意义的。评估一个创意的好坏，首先必须从创意策略的层面、从创意策略的高度去审视其正误，其次才从表现的角度去审视其水平的高下。

①威廉·阿伦斯著：《当代广告学》，华夏出版社 2000 年第 7 版，第 345 页。

## 第二节　目标性策略——说出目标

一个广告活动应该设立目标。

广告目标应该明确而简单。西方战争之父克劳塞维茨《战争论》指出：战争的目的越简单，胜利的机会就越大。广告目标的设立最不应该是模糊而繁多的，那样在整个广告运动中就会无所适从，包括广告创意。

广告目标对创意发挥指导作用，使创意人员得以了解广告预期引起的反应，得以考虑怎样的广告内容与形式才能够带领最佳的预期反应。创意会不会使消费者按预定的方式去行动，创意能否在可支出的经费内实现预期效果。

广告创意是否可以接近而不是越来越远离目标？创意是怎样一步步向着目标前进和靠拢的？创意要承接市场营销的战略目标，要承接整合传播的目标，没有承接上述两个目标的创意是无效而有害的创意。

广告目标可以分为广告的营销目标与广告的传播目标。

### 一、广告的营销目标

#### 1. 吸引新的消费者进行品牌或品类的转换

通过广告吸引目标消费群中的未用者，希望他们加入到消费者的行列，进行首次购买，扩大用户数量，从而提高市场占有率。如经济型轿车的品牌告诉消费者应该选择经济型轿车而不应该选择摩托车或说服甲品牌的消费者购买乙品牌等。

#### 2. 增加一次性的使用量

通过广告让消费者一次性消费更多，比如通信公司鼓励消费者通过电话和亲友长时间地聊天谈心，去“煲电话粥”。

#### 3. 加大使用的频率

通过广告让消费者更频繁地使用。比如洗手液的品牌劝说消费者每天多洗手，增加洗手的次数，从而扩大销量。

#### 4. 巩固老的用户

增加老用户对品牌的长期的忠诚与偏好，增强消费者对品牌的倾向性，以对抗竞争者的吸引，防止消费者进行品牌转换，使偶尔购买该品牌的消费者变为稳定的持续的消费者。

#### 5. 延伸用户的使用群体

比如牛奶品牌引导成年人特别是老年人去消费牛奶，改变只有儿童才需要饮用牛奶的观念。如儿童沐浴露的品牌劝说年轻的女性使用。

#### 6. 扩大使用的范围、用途或时间

如保健品除了自己使用还可以用来送礼，如饮料不仅夏天喝，冬天加热喝也不错。如醋不仅可以用来调味，还可以日常饮用来美容和保健。

#### 7. 推广产品线延伸的产品

除了一般包装，还推出家庭装、旅行装等。冰箱企业推出卧室用的小冰箱、儿童用的儿童冰箱、时尚一族用的彩色冰箱等。

### 8. 推广品牌延伸的产品

如生产领带的企业，推出服装、皮鞋等，希望以往该品牌的消费者去购买品牌延伸的产品。

### 9. 推广新的品牌、新的功能或新的包装

新的品牌、新的功能或新的包装上市推广，提升知名度，并鼓励喜欢创新的消费者去试用，去接受，以迅速打开新市场。

### 10. 配合促销活动

企业开展促销活动，鼓励更多的消费者在促销活动期间去购买更多的产品或服务。

### 11. 提醒消费者购买

可以是日常性的提示，也可以是在特殊的日子进行提示。如在三八妇女节、母亲节、父亲节、情人节进行提醒消费。

### 12. 配合渠道建设

如扩大销售网络，增加经销商的进货或补货，提高经销商的积极性，配合销售人员多拿订单，增加对经销商的谈判能力，告诉消费者何处可以购买等。

### 13. 针对竞争对手

一是主动进攻竞争对手，以进一步扩大市场份额。二是针对竞争对手的攻击进行广告反击。

### 14. 促进集团购买

包括日常性的促进集团购买和针对特殊时机如五一劳动节、八一建军节或年终促进集团购买。

### 15. 鼓舞士气

利用特殊时机、特殊事件鼓舞全体员工的士气，或者只是鼓舞公司销售队伍的士气。

### 16. 配合公关活动

如危机公关活动、公益性公关活动，以及陈列、展览、展示活动等。

### 17. 告知价格变化

如提价、降价、可以议价或者是可以分期付款等在价格上的变化。价格战的广告是这类的典型代表。

广告的营销目标还可以进一步细分，这样可以使广告目标更加清晰。如果可以量化的尽可能进行量化。

对企业的销售目标，广告创意人员往往考虑比较少，因此造成广告诉求销售目标不明确。企业所期望通过广告活动后能取得一定的销售效果，所以广告创意就要针对企业营销目标。

## 二、广告的传播目标

### 1. 接触目标

即消费者对广告有多少接触（看到过或听说过）。也就是通常所说的接触率是多少。包括广告的覆盖率与接触频次有多少，这主要体现为媒介目标。

### 2. 认知目标

即消费者对品牌或产品的认知度。消费者对广告告知的品牌或产品的内容知晓或记住了什么，记忆增加多少，了解加深了多少。重点是提升品牌或产品、服务的认知程度，增加消费者对自己的了解与熟悉，而不仅仅是表面的、名称上的一般接触。

### 3. 态度目标

即消费者对品牌或产品服务的接受的态度上的影响，是否提高了消费者对品牌或产品的满意度，是否增加了消费者的认同，是否加强了消费者对品牌的倾向性。如：提升品牌的附加值，为品牌营造一个良好的氛围，使品牌更加个性化、人性化等；改变或提升企业或品牌形象，根据企业战略发展变化的需要改变消费者心目中的形象，或者是因为形象不佳需要进

行改变；通过广告在社会大众、经销商、供应商、金融机构、政府机关等树立企业的信誉、实力或专业性。

**4. 行为目标**

即消费者是否因为广告而去购买了产品或服务的。如：房地产广告播出后，有多少人来到购买现场；DM广告发出后，收到了多少订单。

目标特别是传播目标是广告的首要任务，是制订创意策略的第一要着。“多数广告活动鼓励潜在消费者采取一定的行动，但就此把实现销售的全部责任都推给广告并不太现实。销售的终点是营销目标，而不是广告目标。在广告主劝服顾客购买之前，先必须向目标受众进行有关企业、产品、服务或问题的宣传、劝服或提醒活动。在确立目标时，牢记这条简单的格言：“营销是卖，广告是讲”（marketing sells，advertising tells）,换句话说，就是广告目标应该与传播效果挂钩。”①广告目标还可以分为长期性目标与短期性目标。短期性目标是希望受众立即购买、接受或参与。长期性目标一般都是一个战略性的目标。

## 三、广告目标的误区

许多广告创意在策略上常常会犯目标要求过多、过高、野心过大的错误，走入误区。主要表现在：

**1. 目标对象过宽**

是指期望自己的广告创意所有的人都接受、都喜欢，男女老少皆大欢喜。这完全是不可能的，也是不必要的。

**2. 使用目标过广**

是指在广告创意上把产品说成所有的人在任何情况下都能用的最合理的产品。在现实中，这种情况很难存在，即使真的存在，消费者也难以置信和认同的。

**3. 态度目标过大**

是指企图通过广告改变人们根深蒂固的生活习惯与生活态度。事实上这是做不到的。至少是单靠几次广告创意难以做到的。

**4. 传播内容过多**

是指希望通过广告使受众知道诸多的内容。一次广告活动不可能使消费者对品牌和产品的方方面面都有认识。

**5. 广告作用过大**

是指奢望单纯通过广告创意就可以使销售出现一个奇迹。实际上，销售是否能够出现奇迹决非仅仅通过单纯的广告创意就能实现。广告创意过于好高骛远反而会减弱其本该发挥的作用。

①［美］威廉·阿伦斯著：《当代广告学》，华夏出版社2000年第7版，第227页。

## 第三节 承诺性策略——说出利益

承诺，有效的承诺是广告的灵魂。没有承诺的广告是没有灵魂的。罗瑟·瑞夫斯提出的独特消费主张（Unique Selling Proposition，USP)，实质上是给消费者一个特别的利益承诺。

“强调消费者的利益是每个宝洁广告的核心。产品的优点应该清楚且明白地呈现；此外，广告的每个部分都必须有效地传达产品优点。”①

### 一、承诺必须是明确的利益

广告创意必须是具体、明确地提出利益的承诺。禁止使用含糊不清的、空洞的、模棱两可的花言巧语式承诺，诸如“新颖”“创新”“强大”“领先”“舒畅”“带来好运气”“带来温馨快乐”……这些承诺太模糊，言之无物，说了也等于没有说，就是消费者看到了，也只会熟视无睹。

利益既可以是物质的、理性的、有形的，也可以是精神的、感性的、无形的。不论是什么样的利益承诺，消费者要能够感受到，意识到。如海飞丝可以去头屑。潘婷的含有维他命 B5，使头发健康亮泽。这是有形的利益。飘柔，就是这样的自信。这是精神的利益。

很多时候，广告常常将产品的卖点、特性、功能、性能视为消费者的利益，这是错误的。产品本身的具有竞争力的性能，只是产品潜在的利益而不是明确的利益。广告创意必须把产品的性能翻译为明确的利益。如某保健品具有提高免疫力的作用，这是功能特性，那么它给消费者明确的利益是什么？如某电脑功率更大，运算速度更快，这是其有竞争力的性能，其给消费者的利益是工作更有效率，工作更轻松、更愉快，比如以往需要 10 个小时的工作，现在只需要 6 个小时就可以解决，就可以无须加班加点。如 M&M 巧克力是当时（1954 年）美国唯一用糖衣包裹的糖果。用糖衣包裹这只是产品的特性，而不是消费者的利益。消费者的利益是什么？是在吃 M&M 巧克力时，有干净的手。广告创意要将产品的性能转化为消费者的明确的利益，罗瑟•瑞夫斯为 M&M 巧克力所作的明确的利益承诺是“只溶于口不溶于手”。在其电视广告中，出现两只手，一只是干净的，一只是脏的，哪一只手里面有 M&M 巧克力呢？不是这只脏手，而是这只干净的手。因为 M&M 巧克力只溶于口，不溶于手。

①查尔斯•戴克著：《宝洁的观点》，内蒙古人民出版社，第 242 页。

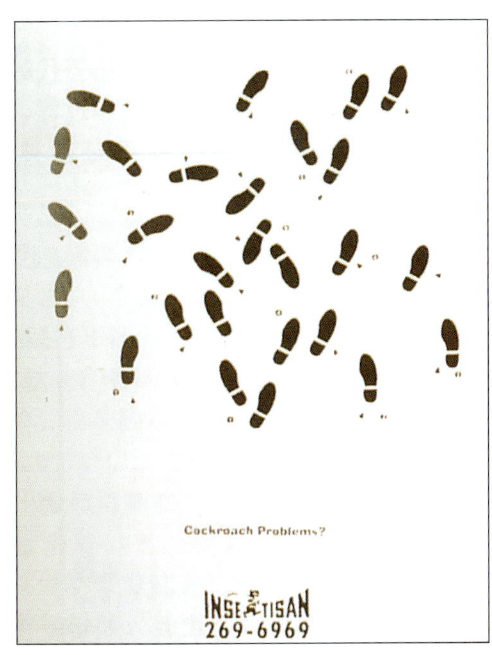


图 4-1　Insetisan 品牌的杀虫剂的广告创意

巴西 Insetisan 品牌的杀虫剂的广告创意，是空白的画面上，有许多忙乱的脚印，似乎是一个在追杀一只讨厌的蟑螂。对付蟑螂需要这么麻烦吗？有 Insetisan 杀虫剂就好了。虽然没有出现消费者，也没有出现蟑螂，但消费者的利益却很明确。

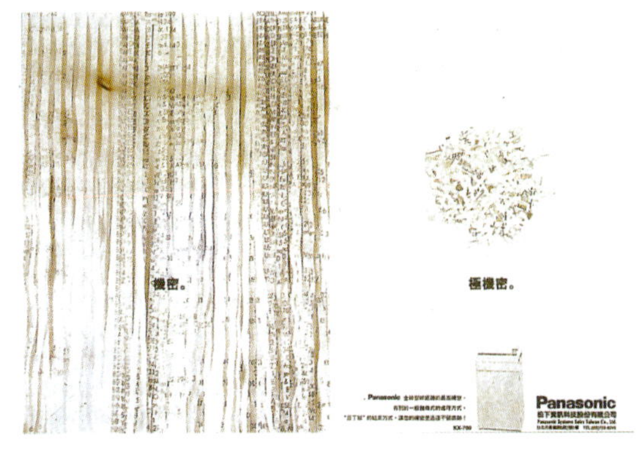


图 4-2　PANASONIC 碎纸机的创意

PANASONIC 碎纸机的创意，是该产品不是像一般的碎纸机仅仅把机密的文件碎成条状，这仍然可能会泄密，而是把机密文件碎成粉状，增加了其保密性，文件再也不会泄密了。

## 二、承诺必须是独特的利益

广告创意提出的利益必须是差异化的，没有差异化的利益承诺，同样等于没有承诺。差异化的承诺可以是对手不具备的、产品本身就具有差异化的利益优势，广告创意只是形象化地表达出来，也可以是竞争对手虽然具备但没有诉求的利益。

寻找到能让产品在同类中跳出来吸引人的新信息，表现竞争对手的产品无法拥有的消费利益点，可以从产品生产的过程、产品生产方式、产品生产背景、产品性能、使用过程、使用结果等上去挖掘独特的价值或附加价值，给消费者带来的具体的或者是精神的利益。（图 4-2）

差异化的承诺也可能是对手同样具有的但是其没有提及的。这也称为优先占位的创意策略（preemptive strategy），如孕妇保健品品牌“宝纳多”最先提出“一人吃，两人补”，这其实是所有的孕妇保健品同样具有的功能，但“宝纳多”最先提出来，这就成为它的特色。同样，如 Schliz 啤酒。由于当时所有的啤酒商都热衷于标榜“纯啤酒”，他们也在广告中把“纯”字写得特别大，后来又用双页，把这个字写得更大。然而这种千篇一律的承诺给人留下的影响，就像水流过鸭背一样，了无痕迹。霍普金斯提出将 Schliz 啤酒的生产过程始终处于纯净状态作为诉求点，这也是让消费者对“纯净”有切实的理解。虽然 Schliz 啤酒的生产程序与其他竞争对手完全一样，但是其他竞争对手从未如此宣传，导致 Schliz 啤酒的销量第五位上升到与第一位并驾齐驱。“很少有做广告的产品不被别人模仿，很少有哪种领先产品具有绝对的领先优势。它们其实只是最早说出某些公认的事实而已。”①特别是在产品同质化程度越来越高的今天，优先占位的创意策略具有越来越重要的作用。

## 三、承诺必须是有意义的利益

明确的、差异化的承诺还必须是有意义的。要使广告有成效，广告创意所提供的利益是有意义的。詹姆士•韦伯•扬提出，任何一个广告对它的读者或观众所提出的“诉求”，不外乎“照着广告所要求的去行动以后，我可以拿到什么好处？”简而言之，就是一种“交换”。②

首先，承诺是对消费者有意义的，能够满足消费者的某个需求，给消费者带来某个方面的价值和利益。假如这个承诺虽然非常明确、非常差异化，但是消费者从中感受不到对自己有什么好处，或者提供的利益太小，微乎其微，几乎可以忽略不计，就得不到消费者的共鸣，那也就是没有意义的。

广告创意对消费者的利益诉求，本质上是一种利益的呼唤，而不是一厢情愿的叫卖，强烈唤起消费者的需求、需要、欲望，以价值去唤起消费者感受到的购买价值和使用价值。（图4-3）脱离了消费者利益的广告创意，要么使消费者反感、厌恶、拒斥，视同噪音干扰、环境污染；要么使消费者无动于衷、漠不关心，视同无物；要么成为单纯娱乐消费者的消遣物。

其次，承诺是对销售有意义的。能够实实在在地有助于产品的销售，能够对销量有贡献。再怎么明确的、再怎么差异化的承诺，如果不能促进销售，这种承诺只是白费苦心。罗瑟•瑞夫斯说：“高露洁牙膏原来的广告是‘缎带似的牙膏——当牙膏挤在牙刷上像缎带一样’。这条广告的主张很独特，但是无助于销售。贝茨的广告语是‘清洁你的牙齿，清新您的口气。’当然，每一种牙膏都可以清洁牙齿和清新口气——但是从来没有人提到过清新口气。这条 USP 已经用了 18 年。高露洁靠着这条广告一度拥有 50% 的牙膏市场份额；甚至今天在

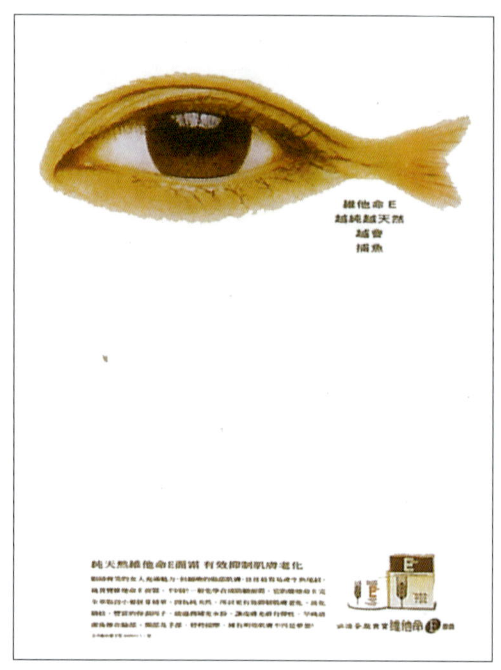


图 4-3　必治妥维他命 E 面霜的广告创意

*必治妥维他命 E 面霜的广告创意，必治妥维他命 E 面霜可以抑制肌肤的老化，这一点本就可以给消费者以利益，为了把这个利益表达得更加有意义，重点强调可以消除眼睛的鱼尾纹，这对女性消费者就特别有意义了。*

①霍普金斯著：《我的广告生涯•科学的广告》，新华出版社 1998 年 10 月第 1 版，第 73 页。
②詹姆士•韦伯•扬著：《广告传奇与创意妙招》，林以德等译，内蒙古人民出版社，第 17 页。

激烈的市场竞争之下，高露洁仍占有最大的市场份额。其他牌子的牙膏再在声明能清新口气时，实际上是不经意地为高露洁做了广告。"[①] 对消费者有意义与对销售有意义是相互的，只有对消费者有意义的承诺，才会对销售有意义，反之亦然。

## 四、进行承诺必须是可信的

承诺是明确的、差异化、有意义的，但如果消费者认为不可信，那也会功亏一篑。当然，不同性质的产品或服务的利益承诺，需要支持的程度是不相同的，有的需要强有力的支持和保证，消费者才认为是可信的，有的则无须特别明确的支持点。是否需要支持点，要看是否能够使消费者认可、信任。特别是一些新颖的的承诺，更需要强有力的支持，才可以使消费者接受和信赖。

创意应该使人能相信广告所作的承诺，令人难以置信的创意，无论多么新奇古怪、浪漫古典、妙笔生花都是没有意义的。

## 五、利益承诺要防止利益冲突

广告创意说出了明确的利益、独特的利益、可信的利益，也是对消费者有意义的利益，但如果诉求的某个利益承诺与消费者的其他利益相冲突，那也是错误的，同样达不到理想的效果。

如本书前面所讲述的"尿不湿"，刚开始在美国的推广是不成功的，因为对该品牌一次性尿布诉求的利益承诺是方便母亲、减轻母亲的劳动，而许多做母亲的并不想成为只图自己省事而疏忽照顾、不尽天职的懒母亲。方便母亲的利益与照顾婴儿的利益、体现母爱的利益相冲突，后者抵消了前者。将创意诉求的利益点进行调整后，传达的是使用一次性尿布是为了更好地爱护婴儿，使婴儿更干净、清爽、舒服。这样的利益承诺，就与母爱不背离，而且是更加体现了母爱。同一种产品，利益承诺被赋予了全新的意义。母亲们很快接受了这样的利益承诺，一次性尿布终于成了畅销品。同样是某速溶咖啡品牌，开始将诉求的利益点放在冲饮的方便上，但许多消费者对冲饮的方便这一点是同意的，但认为速溶的咖啡在味道上就不够地道，而且失去了煮咖啡过程中的乐趣等。所以该品牌在以后的创意的利益诉求上，不再去表达速溶咖啡的方便性，而是演绎速溶咖啡可以带来随时随地的浪漫情调和品位。还有某经济型轿车给消费者的利益讨求点是价格便宜，但其创意却是在说，买不起中高档轿车的没钱人可以买这种车。谁买辆轿车是为了给自己脸上抹黑呢？消费者追求价格便宜的利益与消费者的个人形象的利益相互冲突，其结果可想而知。

事物常常是有两方面的，所以在确定创意诉求的利益点时，要认真分析可能会带给消费者的利益冲突的问题，不能顾此失彼，得之东隅，失之桑榆。

①威雅著：《颠覆广告》，夏慧言等译，内蒙古人民出版社，第 40-41 页。

# 第四节　针对性策略——说出对象

## 一、针对不同的消费者

### 1. 消费者的细分是针对性策略的前提

广告创意是否符合细分市场的要求。市场细分就是要求广告创意是与某一群特定的消费者对话，深入地了解他们的需求。为产品或服务所提出的独到的创意，才能比竞争者更能满足消费者。

市场细分策略（market　segmentation）的名称是 20 世纪 50 年代后期才出现的，从此它在营销与广告的理论与实践中产生了巨大的影响。市场细分是基于这样两个事实。

（1）市场上没有任何两个消费者是完全相同的，就像天底下没有两片完全相同的叶子。除非是极其特殊情况外，企业不可能为每一个消费者量身定做生产一种产品。所以企业必须去发现与挖掘不同个性消费者的共通性，并将其分群别类，合并同类项，对某一类别的人，制订特定的营销计划，包括选择能够到达这一人群的销售渠道，制订特定的价格以吸引这一群购买者，创造能对这群消费者产生诉求的广告等，这样才会既经济又有效。

（2）集中了解目标消费者，寻找消费者所想追求的利益，从而决定如何才可以将产品或服务推销给目标消费群。任何一个企业都不可能准确了解所有的人，也没有必要去了解所有的人。

### 2. 如何进行消费者的市场细分？

市场细分的五大基础要素：

（1）地理要素：包括地理特征、行政区域、城市规模、人口密度、气候特征等。如区域又可以分为大都市、省会城市、地级城市、县城、郊区、发达农村、贫困山区等。

（2）生理要素：包括年龄、性别、民族、健康状况、家庭规模、家庭结构、家庭生命周期等。如家庭结构又可以分为青年单身家庭、已婚无子女家庭、已婚有幼龄子女家庭、已婚有成年子女同住家庭、空巢家庭（子女在外）、单亲家庭、几代同堂家庭等。

（3）社会要素：包括职业、社会阶层、个人收入、家庭收入、教育程度、宗教信仰、语言、风俗习惯等。如职业又可以分为：高级官员、老板、管理人员、专业技术人员、自由职业者、一般公务员（职员）、家庭主妇、民工、学生、退休人员、农民、失业下岗人员等。

4）心理要素：包括生活方式、性格、爱好、价值取向、人生观、消费观念等。如“美国户外运动委员会将美国人的娱乐生活方式分为 5

Q&A:

种：重视健康的社交积极分子；专心致志的积极分子；追求刺激的竞技运动参加者；为保持身体健康而参加体育锻炼者；没有明确目的和动机的参加者”。[①]

（5）消费行为要素：使用者的状态（从未使用、曾经使用、经常使用、首次使用）、使用状态（使用频率、使用量）、购买动机、购买意向、品牌忠诚度等。

很多时候还需要对消费者进行二次细分，也称为次级市场细分，在第一次市场细分的基础上，进行更深入详尽的分析，把这一大的细分市场再次细分为若干个次级细分市场，然后制订更加有针对性的广告创意。市场营销越来越从“大众营销”走向“微观营销”，市场呈“马赛克”状。所以广告创意越来越需要更加具有针对性的策略。

**3. 广告创意的用户针对性策略**

以特定的消费者为目标并传递特定的信息，越来越成为创意的重要前提。其重点在于：创意是针对什么样的目标消费者，这些受众的人文特征和心理特征是怎样的；创意是否吻合我们的目标消费者，他们接触创意后是否可以理解，是否可以接受，是否有购买的欲望和产生购买行为的可能。

根据上述的要素可以将消费者细分为若干个类型。例如，以经营牛仔裤闻名的美国利瓦公司经过调查，确认牛仔裤的主要消费者是18至49岁的中等及中等以下收入的男子。在年龄、经济状况和性别这三个要素的基础上，再通过消费心理和行为方式的分析，将消费者细分为五种类型：第一类是实用型的消费者（占26%），他们是利瓦蓝布牛仔裤的忠实用户，工作和休闲时都穿，且不很在意款式；第二类是时髦型的消费者（占19%），他们注重时尚，总想引人注目，但并不讲究服装档次，是一批年轻人；第三类是实利型消费者（占12%），他们年龄偏大，价格敏感度高，关心价格，通常在减价商场购物；第四类是保守型消费者（占22%），他们年龄较大，品位倾向传统，通常和妻子一起去百货商店购物，偏爱涤纶布料的牛仔裤；第五类是高尚型消费者（占21%），这类顾客严格保持经典风格，最讲究穿着，最舍得在服装上花费，喜欢独自一人去专业服装店。[②]

广告创意是否符合目标受众，与他们的需求、使用、语言、习惯等是否吻合。广告创意是否针对了目标消费者的需求问题？广告创意是否针对了目标消费者的地理特征？广告创意是否针对了目标消费者的生理特征？广告创意是否针对了目标消费者的心理特征？广告创意是否针对了目标消费者的社会特征？广告创意是否针对了目标消费者的行为习惯……通过对消费者的地理、生理、社会要素、心理要素、

①菲利普·科特勒著：《营销管理》，上海人民出版社 1999 年 10 月第 1 版，第 239 页。
②黄灵万等著：《推销广告》，四川大学出版社 1995 年 6 月第 1 版，第 64 页。

行为要素的深入的调查分析，广告创意就有了针对性，就可以真正做到有的放矢。只有对症下药，才可以做到产生疗效，只有有的放矢，才可能命中目标。（图 4-4）

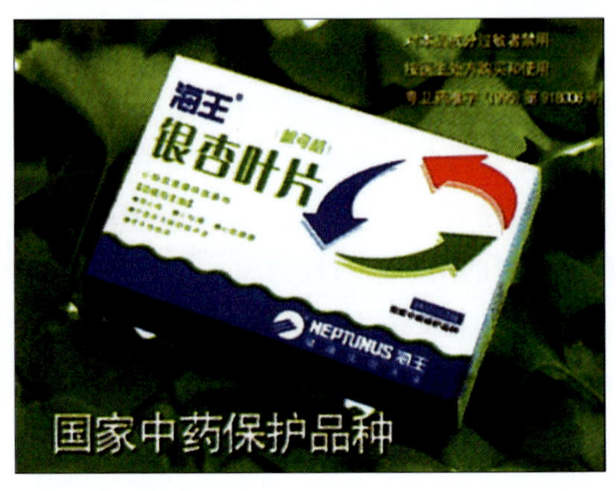


图 4-4 海王银杏叶片篮球篇

海王银杏叶片篮球篇，“30 岁的人 60 岁的心脏，60 岁的人 30 岁的心脏”。创意针对现代生活节奏的加快和工作压力的日增使得心脑血管疾病患者年轻化，心脏的活力并不与人的实际年龄一致。希望中青年的消费者重视心脑血管疾病是健康的杀手，从而体现海王银杏叶片让心脑充满活力和健康的特点。

## 二、针对不同的产品（服务）特征

### 1. 针对产品（服务）的定位

创意策略就是要充分针对产品或服务的定位。在整个广告运动中，产品定位策略是一个关键性、决定性的策略。定位（positioning）就是使产品在市场上也在消费者心目中寻找到并固定一个位置，这是产品在市场中的最佳位置。它是根据消费者对某种产品属性的重视程度，给产品确立的具有竞争力、差别化的市场地位，为自己的产品创造、培养一定的特色，树立独特的市场形象，以满足消费者的某种需求和偏好，从而达到促进销售的目的。如“金霸王”电池的承诺：“比一般电池耐用多至 7 倍。”这个功效定位给人们留下了该电池电力耐用持久、物有所值的良好印象。提高创意水平所能做的最有价值的事便是锁定想要对目标消费者传达的内容。如果没有针对产品或服务的内容，所谓的创意就失去了意义与价值。不要产品本身的价格定位是昂贵，广告创意传达的却是物美价廉，或者产品定位是功效定位而广告创意表达的却是包装。

例如万宝路自从将1924年问世的、针对女士的香烟（如为了掩饰女士在烟嘴上留下的唇膏印，特意将烟嘴部分做成红色），在30年后将其定位来了个180度大转弯，改成西部旷野上粗犷牛仔的“男子汉”形象后，几十年来，其广告创意几十年如一日，牢牢锁住这一定位，不断地塑造与强化，使万宝路这一品牌成为世界上最高价值的品牌之一。

**2. 针对产品的核心价值与附加值**

大部分广告的主要目的在于促进产品的销售。产品能否对消费者产生吸引力，主要在于产品的个性与特色所产生的魅力。而产品的个性与特色不仅存在于产品实体中，也存在于产品的附加值中。广告创意针对产品的宣传策略，关键是造成产品的有价值的差别化。

李奥·贝纳认为成功的广告创意就是说出产品本身固有的刺激、与生俱来的戏剧性，而不是靠投机取巧，靠噱头，而是把“自己浸透在产品的知识中”。他说：“每件商品都有戏剧化的一面，我们的当务之急，就是要替商品发掘出其特点。”他认为最重要的任务就是把产品本身的特点发掘出来并加以利用。李奥·贝纳为美国肉类研究所芝加哥总部所作的猪排的广告是“你能不能听到它们在锅里的嗞嗞声？”表达猪排是那么好吃，是那么富含维生素B1和适合人体的蛋白质。李奥·贝纳为绿巨人公司所作的罐装豌豆的广告创意是“月光下的收成”，强调绿巨人豌豆都是在转瞬间选妥，从产地至装罐不超过3个小时。（图4-5）

图4-5　互通吸尘器的广告创意

互通吸尘器的创意，针对的是产品的“超强吸力”的特征，竟然可以通过排水管道吸住隔壁女士的裙子。

### 3. 针对产品（服务）的生命周期

一个产品与服务像一个生命一样具有产品生命周期（product life cycle），也称为产品寿命周期，指一个产品从进入市场到消亡的过程。一般来说产品的生命周期可以分为：开发期、导入期、成长期、成熟期、衰退期。虽然开发期是以研发部门为主，广告部门也需要积极参与，但毕竟还没有到广告创意阶段，这里就不作为重点展开叙述。

在产品或服务的不同生命周期，广告创意的策略是有区别的。广告创意策略应该针对产品生命周期的不同，进行针对性的创意。

**表4-1 产品不同生命周期中创意策略重点**

| | 导入期 | 成长前期 | 成长后期 | 成熟期 | 衰退期 |
|---|---|---|---|---|---|
| 市场特性 | 1. 消费者对产品认知为零。<br>2. 市场规模、需求群体还很小。<br>3. 几乎没有竞争对手出现。 | 1. 市场经过初步培育在不断扩大。<br>2. 消费者对产品有了一定的认识，需求群在扩大。<br>3. 开始出现竞争品牌的介入。 | 1. 产品概念已被普遍接受。<br>2. 消费群与需求急剧上升，用户派生出细分需求。<br>3. 新品牌纷纷加入，竞争越来越激烈。用户指牌购买率增加。 | 1. 市场增幅放缓，逐渐饱和，主要争夺对手的市场份额，竞争最激烈。<br>2. 市场格局明朗，处于各就各位阶段。<br>3. 需求稳定且日益差异化。 | 1. 市场萎缩，需求减少。<br>2. 很少有新的竞争者加入。<br>3. 价格竞争激烈。<br>4. 蕴含着新产品出现的威胁。 |
| 广告创意的策略 | 1. 明确目标消费者、产品定位，提出创意主题、消费主张。<br>2. 告知新商品，引导消费者首次需求而具有教育启蒙色彩。<br>3. 上市的广告造势并配合营销，迅速提高品牌知名度。<br>4. 从新鲜性、特色稀有性、高级性、时尚流行性等角度展开。 | 1. 深化产品的定位。<br>2. 侧重强调品牌形象个性与产品特性的认知。避免炒热市场却为他人作嫁衣。<br>3. 广告创意可以从需求社交性、使用合理性、产品效用性、品牌流行性等角度展开。 | 1. 创意追求商品的差别化。<br>2. 创意适度增加品牌的感性要素的宣传，增加品牌和产品的附加值。<br>3. 提升品牌地位，发挥口碑效应。<br>4. 加强品牌个性化建设，以建立行业的品牌门槛。 | 1. 推出广告创意，谋求直接促进销售的效果。<br>2. 加强品牌形象的个性化与差异化，提高品牌的忠诚度。<br>3. 竞争性广告创意的开展。<br>4. 广告创意基本是强调实用性、差别性与大众性。 | 1. 广告创意越来越具有大众性和实用性。<br>2. 广告创意提醒消费者的回忆与消费。<br>3. 品牌形象维持与保护。 |

图 4-6　麦当劳的香蕉奶昔上市平面广告

麦当劳的香蕉奶昔上市的创意，通过新鲜的香蕉弯曲成麦当劳的标志，简洁明确地告知麦当劳的香蕉奶昔的新(鲜)上市信息，使品牌、产品、新上市这三个内容一目了然。

## 三、针对不同的竞争者

在目前的市场环境里，广告同样是在一个竞争环境中求生存，不知竞争对手的产品及其广告策略，只是埋头苦干，是非常错误的。考虑广告创意的生存环境，明白广告创意能否有生存的可能。

**1. 广告创意的主题有没有竞争优势**

即广告创意主题会不会被对手的承诺所击败，创意主张能不能吸引消费者。

如美国Avis出租汽车公司提出的“Avis is only No.2”就是十分明显地具有针对性的。(图4-7)

**2. 广告创意的表现有没有竞争性**

即广告创意会不会被对手的创意所淹没，能不能从竞争激烈的众多广告中脱颖而出。如许多电视机品牌都推出纯平彩电，广告创意都在表现纯平，有的是人在屏幕上面打桌球，有的是人在屏幕上面滑冰，有的是压路机上面压路等，消费者基于这些创意表现形式形成的对“纯平”的认识有没有不同呢？还例如音响的广告创意，大家都在表达其音响效果的逼真性，采用的创意形式都是在表达“如临其境”的这个意念，这样广告创意就没有竞争性优势，就达不到脱颖而出的效果。

图 4-7　油漆比较的平面广告

某油漆的平面广告，针对与竞争者相比，效果更持久，“如果你现在还不知100%丙烯酸的油漆的好处，那么过几年你就知道了。因为几年之后，其他的油漆会慢慢剥落，而这种油漆不会。”

## 四、针对不同的媒体

**1. 创意要针对不同的媒体特性**

马歇尔·麦克卢汉(Marshall Mcluhan)在1964年提出了“媒体就是信息”(The medium is the message)理论。他认为：传播媒介影响了理解与思考的习惯，如印刷媒体使思想变成线性的、连续的、规则的、重复的和逻辑的，使思考与感情可以分开。

电视强调的更多的是感觉。虽然麦克卢汉过于强调媒介的作用，但也的确说明了不同的媒体在传播上的区别。

不同的媒体体现创意的方式是不一样的，如杂志广告与路牌广告对创意的要求就大相径庭。如报纸广告与电视广告在创意表达上就有着很大的区别。巧妙利用媒体的形式，针对不同媒体的特点，扬长避短，可以收到出人意料的效果。（图4-8）

**2. 创意要针对不同的媒体定位**

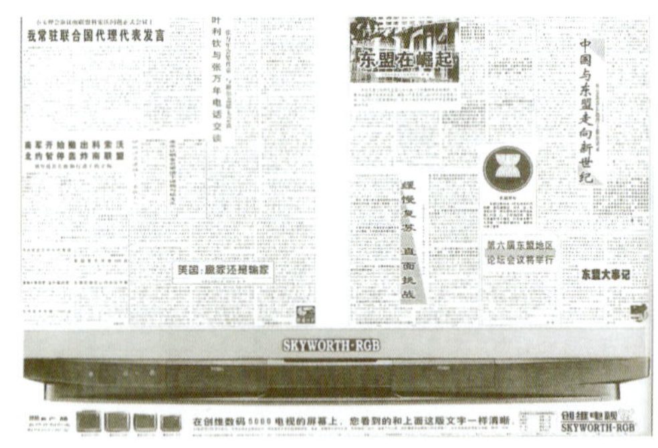


图 4-8　创维电视的报纸广告创意

创维电视的报纸广告创意，只出现创维电视的底座部分，并且跨版放置在报纸的版面的最下端，这样报纸上的文字就像是电视画面。“在创维数码 5000 电视的屏幕上，您看到的和上面这版文字一样清晰。”

同一类型的媒体类型，其定位也是不一样的，也就是说广告创意最终生存的媒体环境是不同的。如同样是报纸广告，不同的报纸媒体，其定位也不相同。如财经类的报纸与生活休闲类的报纸，其报纸定位区别明显。如杂志有家庭类、财经类、时尚类、汽车类、航空类等，广告创意在主题一致总体风格一致的前提下，广告创意在不同定位的同类媒体上的表现也应该有其针对性，在广告创意上应该吻合媒体的特征，这样会使广告创意发挥更好的作用。哥德堡邮报的定位是地方报纸，突出其是与当地人们的日常生活息息相关的报纸，所以其户外广告牌上的内容和箭头指向与该户外广告牌周围的事物有关。

Q&A:

# 第五节　兼容性策略——说出效果

奥格威认为，每则广告都是对品牌的长期投资。这是一个方面的要求，同时，每则广告都是企业对销售增长的期望。好广告应该能够兼具三种效果——传播品牌名称信息、提升品牌形象与促进产品销量。比如一则招聘广告，其最佳效果应该是既能够实现眼前的利益——吸引许多人才来应聘，又能够实现长远的利益——提升企业或品牌的形象。

## 一、品牌名称的到达效果

广告创意必须要使人记住产品的品牌名称。这一点毋庸置疑。如果受众看了或者听了广告，记住故事情节、代言人、画面、图形、音乐等却记不住品牌甚至张冠李戴，这种广告创意就是彻底的本末倒置，是完全失败的。因为消费者无法在购物时很快唤起记忆，达到指牌购买的效果。

实际上，常常有平面广告创意作品把品牌仅作填补画面空白之用，放置在次要的位置上，使品牌小得不能再小，甚至放在一个最不起眼的角落里，或是只在影视广告的最后标版上一闪而过，或者在户外广告上渺小地出现在边缘地带，或是在广播广告的大段说唱中随意带出一次。出现这种现象的原因，可能是由于创意人员的疏忽，可能是由于经验的不足，可能是由于过于强调广告创意的本身表现，也可能是由于过于注重美感与艺术性等等，无论是什么原因，其结果都是错误的，是本末倒置的。这样使品牌处于在次要的位置，又没有在处理上予以强化，即使是最好的创意，消费者也只能为广告中的故事情节、美丽的代言人、新奇的画面、优美的音乐所吸引，疏忽甚至无视了品牌的存在，极端的情况是受众在事后张冠李戴。如在一些名人广告中，产品要么成为一个小小的、可怜的配角，一个微不足道的道具；要么是与俊男靓女相比，成为一只白天鹅旁边的丑小鸭。一些名人广告的结果是成为了名人的一套MTV，这种广告创意的效果可想而知。因此在广告创意时必须考虑品牌信息的到达效果的及时性，使品牌名称得以强化而不是弱化、淡化，对于稍纵即逝的瞬间视听媒体的广告创意则应通过多样的巧妙方式加以强化，适时出现，适当重复，适度突出；对于平面媒体，通过创意表现要使品牌名称处于视觉的重要位置，使得受众在接触广告之后可以在脑海里留下鲜明的、深刻的、难以忘怀的品牌印象与记忆。

## 二、品牌价值提升的效果

没有提升品牌形象，即使提升了目前的销量，也会只有今天，没有明天，这种策略是不可取的。通过广告的沟通，品牌的个性特征越来越清晰，能让消费者轻易地与竞争品牌区别开来，品牌知名度越来越高；对品牌的认知越来越多，品牌联想越来越丰富，越来越好；改变或者加强目标消费者对品牌的态度，对品牌的偏好与倾向性越来越强；建立品牌与目标消费者之间的独特关系，它能给消费者一种既熟悉又亲密、可信赖的朋友般的感觉。

好的广告创意要能有助于创立持久的有价值而且是越来越有价值的品牌。

如同是德国生产的宝马和奔驰轿车，虽都属于高级轿车，但各自有不同的品牌价值和品牌个性。宝马的品牌形象是浪漫、华贵、活力，其广告创意强调“赋予驾驶的喜悦”，强调感性、浪漫的色彩，为追求车速的人制造一辆心爱的车子，由此赢得众多青年消费者。奔驰车正好相反，它注重理性、实用，品牌形象是有稳重、高贵的绅士气派，其广告创意是：“搭乘者无论坐在前位还是后位，都会觉得安全舒适”，因此备受世界各国稳健持重的人士青睐。不同的创意诉求，同样提升了品牌价值。（图4-9）

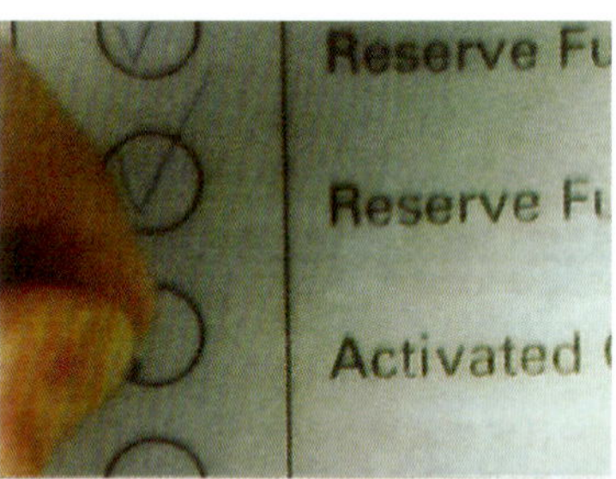

图 4-9 大众汽车电视广告受检两次篇

在“大众汽车电视广告受检两次篇”里，我们看见在一家汽车制造厂里，有个质检人员在检验单（Cheak List）上逐项画着对号：“所有的汽车制造商都有质量检验程序。所有的汽车制造商都要检验他们的生产。但是，有那么一家汽车制造商对此极为重视，因此它建立了世界上最为严格的质量检验系统。每件事物都要经过彻底检验……”验单的人画着最后一项：“然后还要再检一遍。”镜头跳回检验单，每一项旁边又画上第二个对号……两个对号“√”看起来像“W”一样。“大众。你了解它。你信任它。”该片的创意使受众对大众的无论是品牌符号还是品牌个性（高品质、认真、严谨等）都留下深刻的印象，难以忘怀。

奥格威认为广告就是要说出品牌形象，品牌形象不是产品本身固有的，而是与消费者联系的产品的质量、价格、历史等在外在因素的诱导、辅助下生成的。他认为消费者购买的不是产品本身，而是产品之上的附加值。广告就是为了树立和保持品牌形象，是追求长期性的效果，即使牺牲一些短期利益也是值得的。所以要衡量广告创意的优劣，不仅要视其对产品销售的能力，最重要的是取决于其能否树立一个持久的品牌，成为消费者生活的一部分，拥有他们的忠诚和信心。这种观点也许对势力强大的企业是可行的，但对中小型企业是不可取的，也是不可行的。因为这需要大量的推广成本与长期的时间积累。

李奥·贝纳为万宝路香烟所作的广告，就是以独特的、易识别的品牌形象为基础，在受众中建立持久而强有力的品牌形象。

## 三、产品销售的促进效果

广告创意的最终目的就是促进销售，就是受众通过与广告创意的接触，产生购买意向，更早发生、更多发生指牌购买行为，从而提升销售量。

优秀的广告创意比没有创意或较少创意的广告，在积蓄消费者对品牌的购买意向、购买愿望、购买倾向从而产生购买行为方面，在激发消费者的即时性的购买冲动从而直接促进销售方面，在巩固与提高品牌忠诚度从而保证品牌的销售稳定长期的增长方面等，有着明显的优势和作用。也就是说，优秀的广告创意不仅影响消费者的态度，而且影响消费者的行为，从而提高消费者的指牌购买率，拉动销售额的上升。优秀的广告创意比没有创意或较少创意的广告，对促销效果的差距是巨大的，甚至有着天壤之别。

虽然品牌价值的建设十分重要，良好的品牌形象本身就具有强有力的促销作用，但是良好的品牌形象的建立是需要足够的时间、不菲的费用等。我国绝大多数企业的广告费都不够宽裕，销售压力大，对广告的促销效果十分关注，都寄希望于广告对销售产生明显的拉动作用。没有提升产品的销量，企业感受不到广告的目前效果，这种广告创意就是失败的。在这种情况下，促进销售就是广告创意的最重要的使命。卓越的广告创意是在对销售有直接的、明显的贡献的前提下，对品牌形象的建设有累积的作用。这就是说，在目前阶段，卓越的创意是立足促销业绩，放眼品牌建设。但一定要确保品牌信息传播的及时到达的效果。当然，在强调创意的促销性的同时，必要的品牌形象的维护是必不可少的，而且创意的促销性，不能以损害品牌形象为代价。

案例：

2001年春天，广州房地产界和消费者耳熟能详的房地产强势品牌是丽江花园、碧桂园、奥林匹克花园、合生创展的华景新城和骏景花园等。星河湾是无人知晓的全新品牌，星河湾在哪里？是在广州南郊的华南板块。随着城市化的高速发展，郊区的生活方式已为市民所接受并认同，催生了一批工作在都市、生活在郊区的人群。但这些人群明显分为两个阶层：低收入阶层与高收入阶层。星河湾的高价位决定其消费者只能是后者，因为它的价格比周围的知名品牌高出1000多元/平方米，几乎高出25%以上。星河湾作为一个新品牌，企业也是第一次操作房地产品牌，要求必须成功上市，既要新品牌成功树立，更要求直接、高效地拉动销售。房地产广告与销售的关联性比许多行业和产品的广告要直接得多，因为其没有营销渠道这一复杂的中间环节。

一个心情盛开的地方。通过对产品如布局、户型、江景、水景、园林、会所、建筑细节等进行分析，感受特别突出的是每个方面都充分体现“人性化的完美主义”（包括细节上），因此而具有的高品位和高格调。围绕产品“人性化的完美主义”这一主要特征，提出一个独特的广告主题：“星河湾——一个心情盛开的地方”。然后开展全方位的整合传播。就广告创意方面，先推出三个悬念的平面创意：“广州63%的人还没有买到心水楼(心水是广州话里是满意的意思)”“掀起你的盖头来”“十五分钟改天换地”。接着采用示证形态的创意手法，讲述三个追求完美的故事。故事一：一次五星级会所大堂的巨型景观玻璃安装没有达到理想的标准，工程总监当场用大铁锤将其击得粉碎，全部返工重做，施工人员当时心疼得差点掉了泪，要知道，这一锤砸下，几十万元付之东流。标题是“一锤定音，‘砸’出来的品位”。故事二：一次当工程总监发现五星级会所的屋瓦铺设没有达到横看、纵看、斜看都是直线的设计要求，要求重新拆除换材料重铺，仅此一项损失就达到100多万元。标题是：“一字千金，‘拆’出来的完美”。故事三：施工人员对住宅细小环节就像对待五星级会所一样毫不马虎，哪怕小小的护栏接口，都要严密度量，那天，只因一个栅栏接口不严密，整个阳台被全面返工。标题是：“一丝不苟，‘度’出来的境界”。充分体现了星河湾追求完美的执着精神，是为了使用户享有舒适的最大化，只有这样才可能心情盛开。这两个系列的创意推出后，一时间就引起了高度反响，所有电话全部成为“热线”。一个超出想象的结果——数字化生存。2001年4月28日凌晨2时，正在进行场地布置的星河湾销售中心迎来了第一批订购的人。2：50，订购3套；8：00，30套；12：00，150套；13：10，170套；16：00，201套。星河湾在五一节黄金假期结束时，一系列数字让企业同样“心情盛开”，这是一个远远超出想象的开局：发放200000双看楼鞋套，饮用1200罐罐装水、510箱支装水，使用200000个纸杯，派发120000份资料，日均1600辆私家车，240趟专车，超过17万人次看楼，销售额逾3亿元！不到半年，星河湾竟破天荒进入广州地产十强！好的创意可以实现品牌建设与销售促进的兼容。

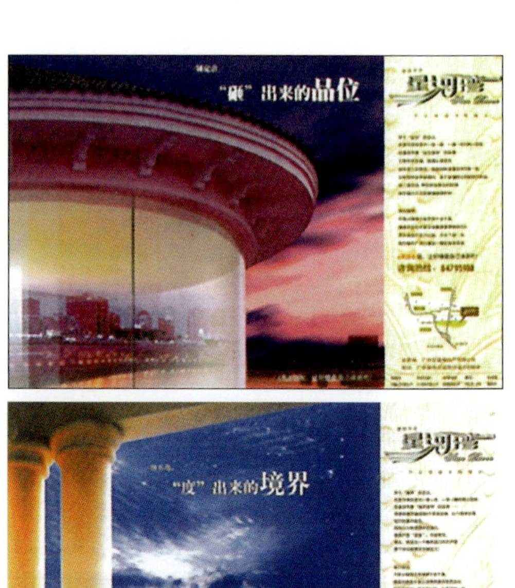

图 4-10　星河湾创意广告

广告最大的失误就是“广告文案撰稿人放弃了他们的职责。他们忘记了自己是推销员，而把自己当作了一个演员。他们想要掌声，而不是销售。”[①]明确自己是推销员，但“不要模仿那些穿着古怪的推销员。他所面对的那一小部分人通常不是好顾客，绝大多数稳健而质朴的人会非常反感他。”

①霍普金斯著：《我的广告生涯·科学的广告》，新华出版社1998年10月第1版，第183页。

## 第六节　整合性策略——说出整合

### 一、广告创意是否可以整合成为一个整体

一个广告运动本身是一个系统，要求每个部分都是系统的一个要素，而不是各自为政。广告创意策略就是使广告诸多要素联结在一起的纽带，将众多的创意作品锁定在广告目标上，约束整个广告创作的全过程，也约束着广告创作中的每个人。一个个创意作品如果不能组合成为一个有机的整体，就会成为一盘散沙。就如同一个个汽车零件如果不能组装成为一部汽车，就只是一堆废铁。

广告创意策略是一个核心的创意，也称为大创意（big idea），要为以后广告创意提供机会，留下发展与发挥的空间和余地。大创意（big idea）表现要求有三个相似性：

（1）视觉的相似性。如代言人、吉祥物、视觉联结物、风景等。

（2）言辞的相似性。言辞需要长期培养，才能具有生命意义，耳濡目染，润物有声，包括广告语、诉求主题、核心承诺与配乐等。

（3）态度的相似性。如怀旧式、古典式、快乐式、科技感等。

在一个广告活动中，通过所有的媒体传播出去的信息必须是一致的，至少是相似的，这样受众才可以产生统一的、完整的、和谐的印象，才能得出一个明确、清晰的结论。如果在一个阶段，一个品牌传达的信息是互相矛盾的，消费者就会不知所云。

可以看到一些广告运动中，单个的作品创意十分优秀，但实际效果却不理想；而有些广告运动，每个作品的创意虽然不是特别优秀，而实际效果却非常理想，其根本原因前者是相互内耗，后者是相互配合。

整合传播不仅要使所有的广告要素在广告主题上具有一致性，还要使广告传达的格调协调一致。在风格上，保持统一性，使广告活动在基调上是相吻合的。拿破仑的骑兵战胜了马木留克王朝的骑兵，拿破仑回忆说：两个马木留克兵彻底能打败三个法国兵，一百个法国兵与一百个马木留克兵势均力敌，三百个法国兵大多能战胜三百个马木留克兵，而一千个法国兵则总能打败一千五百个马木留克兵。这是因为马木留克兵虽善于单独格斗，但缺乏纪律、易于分散，不能配合协调。因此无论是电视广告、报纸广告、杂志广告、广播广告、户外广告还是网络广告，不同媒体上的广告要造就一个合力，就是使分概念共同支撑一个主概念，非加和原则就是系统大于部分之和。

广告创意要考虑到能在不同媒体上形成一体化诉求。如有些广告创意，仅从平面广告考虑，采用"文字游戏"形态诸如谐音、换字等，使该广告在电子视听媒体上无法准确传达，这是实现不了整合传播的。

### 二、创意是否可以延展成为一个运动

**1. 围绕主题去纵深发展**

一个广告活动实际上是一个长期性系统工

图 4-11　水井坊电视广告醒狮篇

水井坊被国家权威部门授予“中国白酒第一坊”的称号，是历史最悠久的白酒作坊之一，产品也具有高品质、高档次，消费者是社会的成功者和成就者，品牌表达的是高品位、高尚文化的象征，传统酒文化的代表作。水井坊上市的整合传播中，从电视广告到户外广告都围绕统一的创意主题、风格、基调，确保传播元素的一致性。如水井坊电视广告醒狮篇：卢沟桥上的狮子、故宫前的狮子、水井坊旁的石狮……都在诉说着光阴的故事，历史的荣耀，文化的辉煌。从600多年旧址中诞生的水井坊酒，从它们的前面掠过，沉睡的石狮刹那间被唤醒了，变成威猛凛凛的雄狮迎面奔腾而来，这是历史被唤醒了，传统被唤醒了，文化被唤醒了。雄狮展现着磅礴的气势、展示着强大的活力、张扬着王者的风度。巨大的震撼力与差异性，使观众耳目一新。石狮象征着水井坊厚重的传统、文化与历史；雄狮象征成功、尊贵与时尚。水井坊让石狮与雄狮对话，传统与时尚对话，文明与文化对话。既寓意了水井坊能让中国白酒过去的历史文化重焕光彩，也抒发了现在的成功人士心中的豪情。

水井坊的户外广告创意：象征着厚重的传统、文化与历史的石狮面向里面（面向过去），象征成功、尊贵与时尚的雄狮面向外面（面向现在）。

程，会在市场上有一个比较长的生长期、发育期、发展期、延续期。广告创意不仅要注意“左右逢源”，从多个角度去展开，发展成为系列性的创意，还要“瞻前顾后”，为实现一个目标所进行的创意要考虑到下一个目标的衔接，应该可以纵深演绎，随着时间的推进而推进。应该有大局观，有整体意识与主体思想，所以广告创意所表现出来的应有一个中心主题，这个中心主题应该能为以后的广告创意提供足够大的涵量与宽容量，以便以后的广告创意有进一步纵深发展与横向拓展的预留表现空间和余地，以构成广告运动的整体性和一体化。

以汽车为例，汽车涉及品牌、安全、环保、节能、动力等，广告创意的诉求要具备差异性，但是你的品牌诉求点一经确立，不是说你不可以再诉求其他方面，而是应尽可能从核心诉求点的角度去演绎其他内容。沃尔沃（VOLVO）一直坚持安全的特征，就从不同角度、不断地去发展安全的主题思想，长期以来形成了一个沃尔沃（VOLVO）安全推广运动。（图 4-12）

品牌核心价值是神，在发展广告创意的时候，要形变而神不变，神变了，那就没有神了，就只有支离破碎的躯壳。品牌核心价值一经确立，就一定得坚持，坚持就是胜利。

图 4-12 VOLVO 平面广告安全别针篇

“安全别针篇”是在大面积留白的版面中，用一颗安全别针曲成汽车的外型，大标题为“你可以信赖的汽车”。“核桃篇”是借用核桃的外壳坚固来表达其安全性，这种核桃不仅有坚固的外壳而且还有两层，可见其安全的保障程度。再例如它在讲自己豪华的时候，也同样从安全角度去演绎豪华——“如果没有安全，豪华只是奢侈品”，也就是说在安全基础上的豪华才是有意义的，更好地表现了 VOLVO 的豪华，但又没有偏离“安全”的核心价值。

延展是整合的必要条件，如果一个核心创意难以展开，没有可持续发展的空间，广告的累积效应就会丧失，就会昙花一现，难以产生巨大的广告效果。如金霸王电池的系列电视广告《攀岩比赛》：一群玩具小人有快有慢、勤勤恳恳地向上攀岩，接着一个一个渐渐停下来了，爬不动了，最后，仍然只有背着金霸王电池的那一个小人，孤零零但坚持不懈地奋勇向上。《兔子打鼓篇》：一大群玩具兔子在打鼓，咚咚咚，咚咚咚，接着一只一只的兔子慢了下来，停了下来，没了声音，最后全场只剩下那只背着金霸王电池的兔子，还在埋头苦干、持续不断地咚咚咚、咚咚咚地敲着。《战车骑士篇》：罗马竞技场中，一辆辆小战车和骑士们争先恐后地绕着圈奔驰着，接着一辆一辆地人仰马翻，最后当然还是背着金霸王电池的那一辆战车成为英雄。该系列广告的表现方式不同，演员不同，故事不同，但都有一个运动或竞赛的过程，最后都只剩一个金霸王胜出。它们共同表达这样一个创意主题：金霸王电池总比所有其他的人坚持得更久。

奥格威在 1951 年为海衫威（Hathaway）衬衣设计了主题人物形象——一个左眼戴黑眼罩的男士，以其作为广告创意的主题进行充分地演绎，如他在击剑、在驾驶游艇、在指挥乐团、在演奏双簧管等，只用了 3 万美元广告费，就使默默无闻了116 年的海衫威衬衣在几个月后，就超过了广告费高达 200 万美元的箭牌衬衣，一炮而红。这一主题系列广告持续了 5 年多。

在广告创意中要善于在共性之中建立个性特征，而该个性特征应是在主题思想的统率下的延展，这样既有继承又有发展，既有共同性又有差异性，以便在以后的广告的创意表现上采用丰富的题材来表达同一个相对固定的主题思想，来确保广告的累积效应。

**2. 将运动进行到底**

任何著名品牌都靠一个大创意及其系列广告活动来进行长期的支撑，例如耐克 NIKE 创建于 1971 年，其广告创意策略始终围绕着“人类从事运动、挑战自我的体育精神”“Just do it”这个“big idea”，把这一品牌的核心价值始终如一地推广。无论在世界哪个地方进行推广，都去表现这个核心策略，只不过会根据各国不同的文化背景、目标市场、消费特性，形成不同广告创意表现。万宝路从 20 世纪 50 年代开始的“西部牛仔”、百事可乐的“百事可乐新一代”、可口可乐的“Always Coca Cola”，无一不是如此。“我们性格上的每一个变化都会让我们的好朋友们从头再认识我们一遍。”[①]罗瑟•瑞夫斯表示：“假如有相同的产品、经费和推销力量，如果你愿意我半年更换一次广告，我每半年发起一个漂亮的广告攻势——我本人更愿意用一个一般的广告，使用 10 年最后将你击败。”[②]瑞典的“绝对（Absolut）”伏特加 1978 年开始在美国上市时，人们普遍觉得该品牌名称怪，酒瓶的形状太丑，瓶颈太短，瓶贴单一而不像其他品牌的贴纸色彩鲜艳，瓶体透明，摆在酒柜上毫不显眼，感觉不到它的存在。而且一般人听到伏特加想到的是俄国而不是瑞典。“绝对（Absolut）”伏特加在广告创意上，与一般的酒广告创意完全不同，大胆地以“时髦、耀眼、不拘一格、不同寻常，有时带些傻气，但总是独具韵味”作为其个性特征。以绝对（Absolut）的名字和怪异独特的瓶子来表现质量、品位、时尚，平面广告创意从绝对（Absolut）这个多义词开始，后面发展一个单词，如绝对完美、绝对优雅、绝对正宗、绝对标准、绝对瑞士、绝对北京、绝对布鲁塞尔、绝对创意、绝对澄清。“绝对（Absolut）”伏特加的绝对系列从 1981 年开始，20 年如一日，在“绝对”这个“big idea”的标准格式下，发展出 10 多个主题——绝对产品、绝对城市、绝对艺术、绝对节日、绝对文学、绝对口味、绝对服装、绝对新闻等，每个主题又发展出系列创意，一共有 500 多个平面广告。摄影之完美，制作之精良，风格之协调，每个创意作品既相同又不同。4 年后登上同类产品的冠军宝座，8 年后销售增长 1750%。

一个大创意发展而来的广告活动应该持续多久，进行到底的这个底线在哪儿？要视具体情况而定，但一般说来，只要是这个大创意的策略背景是成立的，那就没有必要重起炉灶，只是要随着社会的发展，不断赋予其新的内涵和形式。

## 三、创意与整体营销组合相配合

**1. 整个营销组合必须是相互配合的**

广告创意必须与产品式样、包装、价格、渠道等要素是配合的。广告创意要与其他营销组合要素传达一致的信息给消费者，不要销售渠道推广时强调传统风味，广告创意上突出的却是现代时尚，或包装体现的是透明，而广告创意表达的却是神秘。

①霍普金斯著：《我的广告生涯•科学的广告》，新华出版社 1998 年 10 月第 1 版，第 251 页。
②威雅著：《颠覆广告》，夏慧言等译，内蒙古人民出版社，第 44 页。

**2. 营销传播组合必须是相互配合的**

菲利普·科特勒指出："对大多数公司来说，问题不在于是否要传播，而经常在于传播什么、对谁传播和怎么传播。"[①]营销传播组合主要由五种传播工具组成：

（1）广告；

（2）销售促进也就是短期刺激的促销活动；

（3）公共关系活动及其宣传；

（4）人员推销面对面的接触推介；

（5）直接营销包括直邮 DM、电话、传真、电子邮箱等非人员直接接触的沟通。

众多的营销传播工具要发挥协同作战的效果，在传播什么、对谁传播和怎么传播上，保持内容与风格上的和谐，不和谐的声音就会相互内耗。

## ? 思考练习

1.在你接触的广告中，你认为哪个品牌的广告策略是有错误的？是在创意策略的哪个方面出现错误？

2.在你接触的广告中，你认为哪个品牌的广告策略是非常正确的、优秀的？在创意策略的哪个方面尤其优秀？

①菲利普·科特勒著：《营销管理》，上海人民出版社 1999 年 10 月第 1 版，第 239 页。

# 第五章

# 广告创意的思维方式

广告创意是由灵感激发而来的，但是每一个资深广告人都会告诉你，灵感这东西是靠不住的。面对截稿日期的迫近，我们不得不如期交出广告创意作品，在没有灵感的时候也有出色的创意。当然，这就需要我们梳理清楚广告创意的基本思维方式。这些思维方式因人而异，不是什么公式化的东西，只是一些可以激发想象、获得创意的方法。如果我们能够专心地按照这样的思维方式去工作的话，那么，富有灵感的想法就会源源不断地在我们的脑海迸发。

**本章的学习目标**

- 了解思维的本质特征及其一般品质
- 掌握广告活动最常用的创意思维方法
- 理解形象型思维方式在广告创意活动中所占有的重要地位
- 掌握头脑风暴法的运用方式和基本原则

## 第一节 创意思维概述

广告创意思维是指广告人员以新颖独特的方法解决问题的思维方式。而思维则是人脑的机能和产物，是人类在劳动协作和语言交往的社会实践中产生、发展起来的。它以语言、符号与形象为载体，间接地、概括性地反映事物本质和规律性的复杂生理与心理活动。

### 一、思维的本质特征

**1. 思维具有自然属性和社会属性**

人类的思维无论多么抽象、多么看不见摸不着，都是以物质的、人的生理状况为基础的。比如，某一个体的生理状况如果年轻健康、朝气蓬勃，则其思维自然也就敏捷迅速；相反，另一个体已进入迟暮之年，步履蹒跚，则其思维自然也就迟钝缓慢。可见，思维的自然属性为思维的能力形成提供了物质基础。

但是，思维的自然属性对人类的思维所产生的作用又是有条件的、相对的。虽然，人的健康状况和个体差异明显地制约着思维速度的快慢，但并不能决定人的思维质量的高低。因为思维的发展方向和水平高低主要取决于个人所身处的社会环境的熏陶、文化传统的吸收、经济状况的影响，特别是其所受教育和家庭出身的影响等。人类凭借自身以思维为核心的智能促进了社会经济和科学文化的发展。而一定的社会经济和科学文化又反过来制约着人类思维发展的程度和继续发展的可能，这就是思维的社会属性。

**2. 思维具有抽象性和概括性**

所谓抽象，即指人的大脑对客观事物进行比较、分析、综合和概括的思维活动。这种思维活动的主要方式就是将隐藏在事物中内在的、本质的、共性的、必然的属性抽取出来，并舍弃事物表面的、非本质的、偶然的属性，并用概念、范畴和规律等形式固定下来，从而揭示出事物的本质特征和内在规律。[①]

所谓概括，则是人的大脑在思维过程中把某些具有若干相同属性的事物予以归纳、扩大，从而形成关于这类事物的普遍的概念。因此，概括就是从个别事物的本质属性推知同类事物的本质属性的一种思维方式。

一切科学的概念、定理、假说等，都是人们在直接认识事物的基础上经过思维加工的结果。因此它们要比那些直接认识事物的表象观察要更深刻、更正确地反映出事物的本质和规律性。（图 5-1）

**3. 思维具有逻辑性和形象性**

逻辑思维是人类思维发展的高级阶段，是人脑借助于表达概念、判断、推理的语言形式来认识事物的思维方法。在这里，语言成为思

①《现代汉语词典》，商务印书馆 2012 年第 6 版，第 184 页。

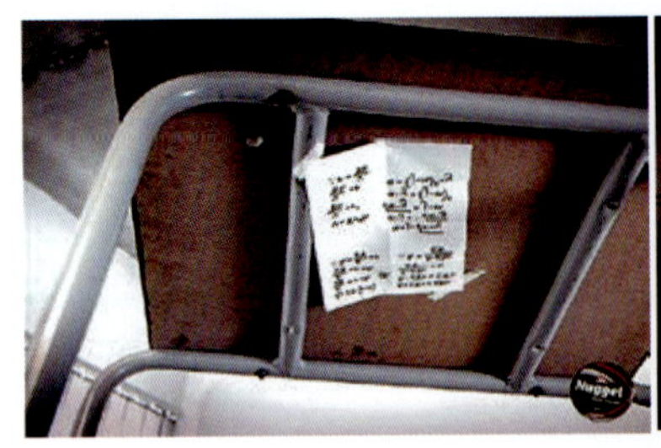

图 5-1　Nugget 牌鞋油平面广告作品

做鞋油的广告创意，其创意构思的思考点肯定会抓住鞋油可以使皮鞋的光亮如新，从思维的方式而言，这也就是所谓的思维的概括性，即能够抓住问题的关键。此广告创意根据上述的构思和诉求重点，即如何通过视觉语言将皮鞋的光亮如新予以表现。该创意非常具有夸张性和幽默感，通过学生利用如镜子一般光亮的皮鞋在考试中作弊和偷窥女生，以及警察利用具有反光镜效果的皮鞋观察歹徒的行为，形象而生动地将 Nugget 鞋油的作用予以表现。该系列作品获得 2005 年戛纳广告节印刷类广告金奖。

维的工具。

思维的形象性是指事物的直观形象也可以成为思维的载体。这种思维的工具不是抽象的语言，而是直观的形象。因此，用事物的直观形象进行的思维活动被称为形象思维。在广告创意的过程中，创意主体在绝大多数的情况下所采用的思维方法就是所谓的形象思维。

## 二、思维的一般品质

思维品质是指人的思维机体的资源特点。它一方面取决于人类个体的遗传基因，另一方面则取决于人类个体后天所受到的教育及社会文化的影响。思维的品质包括以下七个方面的内容：

### 1. 思维的针对性

是指人类主体在思维的过程中，其思维具有明确的指向性。这种思维品质不仅可使思维活动专注而集中，还可以保证思维活动的整体连贯性，即使思维有所发散，也必须是围绕它所选定的目标展开。一个人的思维效率在很大程度上是与思维活动的针对性密切相关的。比如，钱学森在临终前曾经提出过一个疑问，即 1949 年以后的政府（国家）为什么培养不出能够获得诺贝尔奖的科学家？我们的教育制度显然需要大力改革。应该说，钱学森的这种思维确实具有一定的针对性。不过，这种思维还可以进一步深入，即需要改革的绝不仅仅只是教育体制，而是国家的政治体制；政治体制不改革的话，教育体制的改革也就无从谈起。

### 2. 思维的广阔性

思维的广阔性是指在人类个体在思维的活动中突破思维范围的局限性并将其扩展到必要的广阔层面。这种思维的品质可以使思考个体在思考问题受阻时能及时调整转换思路。而思路广阔，善于从全方位的角度思考问题，就容易接收新思路、新信息和新观念，对思维活动的变通性和创新性也会有很大的帮助。在广告创意的思维过程中，许多人所思考的就是如何向目标消费者诉求本品牌商品物美价廉的品质特点；但是，有时创意主体也可以另辟蹊径，开阔自己的思路，向目标消费者传播物美价不菲的商品信息，或者只是重点诉求价不菲的信

息，从而间接向消费者传递本品牌商品优异而出众的品质。（图 5-2）

### 3. 思维的深刻性

思维活动的深刻品质，可以使人们通过纷繁复杂的表面现象发现并深入到问题的本质。其表现的方式为：善于从结果追溯到原因，从偶然发现必然，从现实推测未来；善于从多要素、多层次、多结构、多机制、多过程、多功能、多因果等多种多样的联系或关系上分析和综合问题，从而深刻地揭示事物的内在本质和必然性。比如，一些人会认为北京大雨导致城市全面瘫痪的事件只是一个偶然事件，但也有一些人则认为这是在民主法治不健全和以 GDP 为纲的考核体制下所必然出现的现象。显然，后一种思维更具有从偶然发现必然的深刻性。

图 5-2　Stella Artois 啤酒平面广告作品《昂贵的啤酒》

这是 Stella Artois 啤酒的广告作品，该系列作品的诉求主题是“确实尊贵的啤酒”，创意构思以高级轿车、摩托车和大提琴为视觉元素。不过，这些价值不菲的商品都没有 Stella Artois 啤酒尊贵，因为这些商品在 Stella Artois 啤酒面前仅仅是一个开瓶器而已。此作品的创意人员充分表现了其思维的广阔性这一特点，即从开瓶器这一原点联想到了轿车、摩托车甚至提琴这些与开瓶器毫不相关的事物，并利用这些看似与啤酒不相关的事物，十分生动形象地表现了“昂贵的啤酒”这一广告诉求主题。

### 4. 思维的敏捷性

敏捷的思维品质，使人们能够具有敏锐的洞察力，及时发现问题，捕捉机遇，并且思维发散快，表现出思维的多向性和自由度大的特征，能迅速地对各种条件和可能作出较快的筛选和决断。在广告创意的过程中，创意人员应该对市场上瞬息万变的各种信息保持敏锐的反应，以便及时根据新的机遇进行新的广告创意。

### 5. 思维的逻辑性

思维的逻辑性是指在思维的活动过程中能够把握主题、准确运用概念判断和推导出符合逻辑规则步骤的行动。并且能够辩证地分析、论证和综合问题，使思维活动具有主题突出、层次分明、条理清晰的特点。思维活动的逻辑性品质，不仅需要经过规范化的训练得到，也含有先天潜能的因子，有些人尽管受过高等教育，经过较多的训练和培养，但其思维品质仍然处于低级的状态，这就与个体的“天赋”有关了。

**6. 思维的批判性**

思维的批判性是指思维拓展时用已有的知识经验对思维对象进行独立的、不受其他观点影响的符合事实的评价，从而肯定正确，纠正谬误。具有批判性思维品质的人，往往思想解放，不被条条框框所束缚，不迷信权威，不唯上，不唯书，只唯实，在一些尽人皆知的问题上发掘新问题，在别人不去涉足的学科交叉处提出新问题；或从新角度采用新材料和新方法研究老问题，由已知发现未知。

**7. 思维的创造性**

思维活动的创造性是指能从已有的知识出发，在较高层次重新构建知识的思维能力，也指发明或发现一种新方法用以处理问题的思维过程。

创造性思维品质的特征是在认识和解决问题时不墨守成规、不因循守旧，善于发现和提出问题，能够在较高的层次上重组或建构新的知识。其区别于常规思维的显著特点是新颖性和独创性。这也是广告创意活动中对思维品质最为重要和突出的要求。

## 三、思维的能力类型

思维能力是人类思维本质力量的表现，是思维潜能素质的外显活动，也是思维器官的能力和属性。人类所具有的思维能力主要包括以下七种。

**1. 感知觉能力**

感知觉能力是人们对外界事物直接认识的能力，也是人类思维活动的基础。人类具有眼、耳、鼻、舌、皮肤等感觉器官，可以将外界对主体的种种刺激和各种信息传导到大脑，供大脑汇总、分析、判断和做出相应的反应。人类主体的各感觉器官既分工明确又彼此相关，是一个由大脑统一协调的整体。

人的感知觉过程既有感官的机能，又有大脑思维的汇总分析、判断。因此，人的感知觉能力不单纯是感知觉的机能，而且渗透着人脑的思维功能，以及以往认识经验的参与。

**2. 记忆储存能力**

记忆储存能力是人脑储存和重现过去经验和知识的能力。人的大脑就像光盘，能把学习过的知识、生活中获得的感知觉或经验刻录在大脑中，在需要时拿出来应用，这种刻录知识或经验的过程就叫做记忆。

人的记忆能力包括识记、保持、再认和回忆四个过程。识记是识别和记住事物，是大脑不断积累与存储知识信息，增加主体感知觉能力和思维能力的过程。保持是巩固已获得的知识信息的过程。再认和回忆，是指在需要时将原存储的信息重现出来的过程。

人的记忆能力的四个过程是相互联系和相互制约的，没有识记就谈不上保持，也就没有所谓的再认问题可言。识记与保持是回忆的前提，而回忆则是识记与保持的结果，并反过来进一步强化识记和保持的程度。

**3. 逻辑加工能力**

人类的思维活动能够将感性认识（感觉、知觉、表象）进行抽象和概括，从而形成概念，并运用概念进行判断和推理，上升为理性认识，抽象出关于客观事物的本质规律和内在联系。

这种逻辑加工的能力使思维活动由认识个别事物到认识普遍事物，由认识事物的现象到理解事物的本质，也即由偶然到必然，由感性到理性。（图 5-3）

在思维活动中具体地再现客观事物，是思维逻辑加工的又一种功能，人们要认识和把握客观事物的本质和规律性，思维活动就不能只是停留在抽象的概念上，而必须将抽象的概念转化为具体的再现。

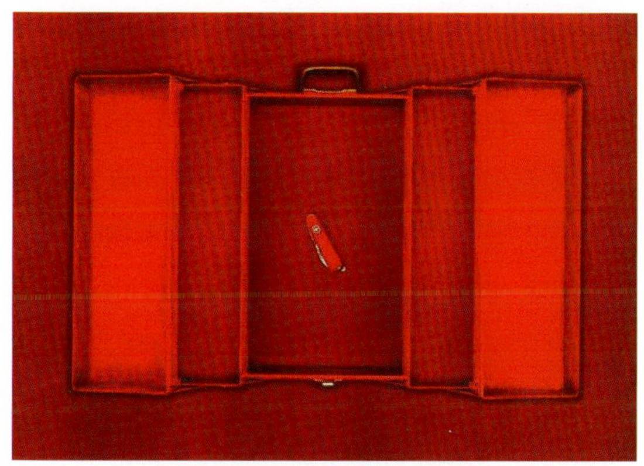

图 5-3　瑞士军刀平面广告作品

都说瑞士军刀具有几十种功能，但真要是为这种产品作广告，又当如何表现其多用途的功能呢？此作品采用大（巨大的工具箱）与小（瑞士军刀）的强烈比较，其意图非常明显：一把瑞士军刀完全可以代替过去工具箱里必备的众多工具。广告创意直接用视觉画面表现出了瑞士军刀的多功能特点。此作品获第九届中国广告节平面作品金奖。

### 4. 思维爆发能力

思维爆发能力是指人类主体在思维活动中的突然顿悟状态。其特征是，专注而长期的思考使大脑处于紧张或高速运转（兴奋）状态，偶得启发或触动而神思泉涌，妙手天成。

思维的爆发力绝非来自于虚无缥缈的天资禀赋，它是人类主体在思维活动中长期积累，艰苦探索、从量变到质变的过程，是必然与偶然的统一。

思维的爆发力是极为珍贵的思维素质，在思维活动中具有重要意义。它能够在紧迫需要时思如泉涌，产生出常规思维所不能创造出来的高质量精神产品；它能够在非常情况下急中生智，化险为夷；它能够提高人们的思想效率，在短时间内创造出思想奇迹。因此，及时捕捉思维的爆发力，对提高思维活动的综合能力是十分重要的。

### 5. 思维的调节控制能力

思维活动在主体的自我意识的主导下，可以对思考的对象、思考的目的进行选择和审视，当思考对象或思考的目标发生转移时，思维活动也应随之转变，以便拓展新的思考领域，并依照目标要求相应地采取新的思维形式。

同样，当思维活动在受到阻碍而难有进展时，思维主体亦可及时开辟新的思考方向，伸开新的思维触角，广泛收集新的知识信息，构造新的思维体系。这种思维活动的灵活性，就是思维活动的自我控制和调节能力。

### 6. 思维的想象能力

想象是人类主体思维在改造记忆表象基础上创建未曾直接感知过的新形象和思维情境的心理过程。[①] 思维之所以具有想象力，是因为在过去的感知觉与经验的范围内存储过有关事物的形象，而人类主体在思维活动的过程中，从已有的记忆调出有关事物的表象特征，经过分析和综合等加工改造过程，就形成了想象。

想象按作用可分为两大类：一类是消极想

①马谋超著：《广告心理》，中国物价出版社 1997 年版，第 142 页。

象，另一类是积极想象。消极想象是一种不自觉的、没有特定目的的思维活动。积极想象是一种具有一定目的性和现实性的思维活动。依据想象过程中主动性程度的不同，又可分为再建想象和创造想象。再建想象是根据语言描述或图像示意，在头脑中形成同现实事物相对应的新形象，而创造想象则是指不依据现成的描述而独创出新的形象的心理过程。创造性想象的本质是其形象具有独创性和新颖性。（图5-4）

幻想是一种与生活愿望相结合并指向未来的想象，但不具现实性，它是创造想象的一种

图 5-4 大众高尔夫汽车平面广告创意作品

此广告创意的构图显然是受到好莱坞大片《盗梦空间》的影响，这种空间转换的视觉表达方式源自于创意人员丰富的再建想象能力，而其所造成的悬念感自然很容易吸引受众关注的眼球。该广告所要诉求的是高尔夫汽车具有出众的刹车制动能力。

特殊形式。比如童话中的七个小矮人形象和科幻电影中的外星人形象等都属于幻想的形象。它们尽管形式不同，但都是现实中没有的事物，是人们虚构出来的，不可否认的是，这类幻想都程度不同地投射出人间的情感和追求，或以人间现实生活中的喜怒哀乐为其虚构背景。

**7. 直觉思维能力**

直觉思维能力是指人类主体在思维心理机制中有一种直觉力或洞察力。直觉与直观不同，直观是直接观察事物的知觉活动，而直觉则是对事物的直接了解或认知，是洞察事物的一种特殊的思维活动。

直觉思维是思维活动在对感性经验和已有的知识进行分析思考时不受某种固定的逻辑规则的约束而直接领悟事物本质的一种能力。这种直接把握事物本质的能力，也就是人类主体的直觉力或洞察力。

上面专门讨论了关于思维活动的一般形式及其相关的品质和能力，这些内容使我们对思维活动的本质、内容和种类有了一个基本的认识。从下节开始，我们将分五节内容专门讨论在广告创意活动中经常使用的一些思维方式，即事实型思维方式、形象型思维方式、垂直型与水平型思维方式、放射性思维方式和头脑风暴式思维方式。

## 第二节　事实型思维方式

事实型思维方式就是指在广告创意的过程中，其创意的着眼点以广告产品本身的诸多事实为依据进行，这种方式是广告创意过程中最常用也是相对容易掌握的创意方法。事实型思维方式根据其创意来源的不同，可分为两种，一是从广告商品本身的直接因素寻求创意构思，二是从广告商品的间接因素寻求创意构思。

### 一、从广告商品本身的直接因素寻求创意构思

此种方法在具体的创意实践中又可以根据广告商品的名称、包装和制造方式分为三种创意来源。

**1. 以广告商品的名称或商标为创意来源**

世界上最伟大的广告创意多是以广告商品名称或商标为创意原点进行创作的。当商品的名称或商标作为广告创意的一部分时，其最大的优势就是品牌突出，因为广告创意直接使用品牌名称进行诉求与传播，自然会使品牌深入人心。

著名的广告大师乔治·路易斯曾经为美国的《时代》周刊所创意的广告“为时代创造时代”就是一个以广告商品的名称进行创意的经典案例。

《时代》周刊是全球最负盛名的也是发行量最大的美国权威性新闻综合类杂志。然而，在 20 世纪 80 年代后期，美国的许多周刊都明显地感受到来自互联网等新兴媒体的强大压力，《时代》周刊也不例外。随着销量的下滑，其传播多年的“时代杂志，你非看不可”的创意概念变得似是而非、模糊不清了。

乔治·路易斯在接手《时代》周刊的广告创意工作之后，直觉地了解到《时代》周刊的问题。处于现在这种信息爆炸“时代”，谁还有时间看《时代》周刊呢？原因并不仅仅是因为有太多的印刷媒体的资料需要人们去阅读，有太多的电视频道需要人们去观看，有太多的选择等着人们去把握，也因为还有一项更加重要的因素，那就是在人们的生活中充满了压力。乔治·路易斯自己曾说：“每当新的月份来临时，我就觉得有点负疚感，因为要抽出时间来阅读《时代》周刊，好像是愈来愈难了，虽然我很想仔细阅读这本很棒的杂志，里面有每周新闻摘要、时事分析、运动以及文化报道，内容非常详尽。但是《时代》周刊的问题是‘时间’的问题，于是我认为这就是我们所需要的广告创意主题。”

“为时代创造时代”（Make Time for Time）一句非常简短的广告语，而且产品的名称在不经意间就重复了两次。该广告创意针对读者群在资讯爆炸的压力下已经没有足够的时间来阅读《时代》杂志而导致该杂志的读者忠诚度逐渐下降的问题，提出了一个行动的向导，给《时代》开启了一个全新的

契机，为读者营造了一种新的渴望和“内行，跟得上潮流”的紧迫感。同时，“为时代创造时代”这句广告语也能够引起购买欲望，让人们知道自己即便再忙也应该挤出时间来阅读《时代》。[①] 另外，“绝对”牌伏特加的系列创意“绝对产品”、“绝对诚实”、“绝对艺术”、“绝对时尚”等伟大而经典的广告创意都是以其名称为创意原点的。

## 2. 以广告商品的包装作为创意来源

许多商品本身在性质上并无多少与众不同之处，每一件商品本身的形状、颜色抑或包装，甚至是人们拿在手中或使用起来的感觉等各种相关的元素，都可以通过广告创意的不断提炼加工而产生出在同类商品中出类拔萃的品牌效应。如“绝对”牌伏特加酒的广告作品，十几年来始终如一地坚持以绝对牌伏特加酒的包装

图 5-5 “绝对”伏特加平面广告作品《绝对的新年》和《绝对的完美》

“绝对”伏特加的广告创意是将其产品的包装（瓶型）和商品品牌的名称为视觉表现的主要元素，再与其他元素加以组合，就构成了许许多多令人拍案叫绝的广告创意作品。这两件作品构思精巧、画面精彩、制作精良、想象力丰富，难怪在西方有许多年轻人喜欢收集“绝对”伏特加的创意作品。

①乔治·路易斯著:《蔚蓝诡计》，刘家驯译，海南出版社 1996 年版，第 152 页。

瓶型为创意的核心元素，创作了一系列令人拍案叫绝的经典作品。（图 5-5）

### 3. 以广告商品的制造方式为创意来源

十有八九制造商不会把自己的商品制造方式或制造程序当成重要的事情，因为这些东西在他们自己看来已经是司空见惯的事情，只有那些具备了自律的眼睛和无忧无虑的心灵的艺术家才能发掘出那些深藏在商品背后的故事。如果你找到了这些故事，它们又能使你激动，那么你的兴奋情绪一定能够感染读者。

当年霍普金斯为喜立滋啤酒做广告创意时，虽经过反复思考却仍然找不到恰当的创意思路，于是便来到喜力滋啤酒厂进行考察，想通过了解更多的啤酒生产过程的有关信息触动创意的灵感。果然，霍普金斯被喜立滋啤酒厂的一道操作方式所吸引，即用蒸汽冲洗酒瓶。这在任何啤酒厂都是一个非常普通的工序。该工序却让霍普金斯大为惊奇，并深深地触发了他的创意灵感:“喜立滋的酒瓶每一只都是经过高压蒸汽冲洗的”，该句普普通通的广告语居然为喜力滋创造了前所未有的销售量。因为许多啤酒消费者都认为，喜力滋啤酒厂既然把洗啤酒瓶这件小事正儿八经地告诉消费者，只能说明其他啤酒厂肯定不是用蒸汽冲洗酒瓶的，那么该品牌的啤酒至少是安全的、卫生的。事实上其他啤酒厂也使用这种工序，但它们并没有说出这样一个事实，直接导致了消费者的不同判断。

伯恩巴克为德国大众公司的甲壳虫轿车所做的广告创意同样是以该轿车的制造方式为创意来源所完成的经典之作。

## 二、从广告商品的间接因素寻求创意构思

此种方法在创意的实践中又可以根据具体的情况分为以下三种形式。

### 1. 以广告商品的历史为创意题材

有些商品本身并无特殊之处，但由于其悠久的历史，或由于某位名人曾经使用过该商品，则完全可以使用这些元素作为广告创意的来源。

位于意大利米兰的西加酒店就曾经以该酒店历史上曾有众多名流造访过此地为素材创意了一则广告作品。

厄尼斯特·海明威在这里写就一本小说，或许你也会受感染写下一二篇？

当你在威尼斯的 Gritti 皇宫逗留时，沉思会造访你吗？你肯定会喜欢与海明威先生同样的创作灵感。

大运河依旧会像过去五百年一样轻拍着西加酒店的大门。

凭窗远眺，越过 La Salute 教堂，即能看见与美国作家海明威 1949 年 10 月初来乍到时所看到的同样的景色。

Q&A:

Titian 的 16 世纪油画 Doge Andress Gritti 依旧点缀着西加酒店的内墙并散发着迷人的光彩。

Gritti 行邸不仅是海明威写作的地方，而且还被他在《跨过小河，没入林中》描写过。

事实上，其他的西加酒店连锁店同样很吸引人，不论是卫星接收还是空调都未曾夺取它们自己所拥有的历史光彩。

在 Asolo 和 Veneto 群山之中，你将发现 Cipriani 别邸。那曾是罗伯特·勃朗宁、伊莉莎白·勃朗宁夫妇的家。

不过所有我们的连锁店中最具文学性的当属 Meurice，它构筑了巴黎的 Tuileries 宫的内墙。

Meurice 声名远扬的餐厅 30 多年来都是巴黎文学精英人士聚首之处。

一时因梵高的名画《巴黎竹人》而不朽，也因有女主人 Florence Gould 的肖像画而倍受赞誉至今。

如果你爱历史建筑物胜过光秃秃的钟塔，那么你下次旅游就选西加酒店。

西加酒店连锁店目前有 36 家可供选择，价格与标准与一般五星级一致。

若需宣传手册，请将你的名片传真至米兰（02）76009131 或来电话米兰（02）626622。

图 5-6　李维斯（Lievs）牛仔服装广告创意作品

李维斯（Lievs）牛仔服装的这套广告的创意构思就是典型的以其品牌自身发展的历史为创意题材。以历史为创意的题材并不是每个品牌都有资格做的。李维斯毕竟是百年品牌，其所创意的这套以历史为诉求主题的怀旧风格的广告真实可信地全面展示了该品牌悠久的历史，同时也暗示了该品牌在业界的领袖地位，大大增进年轻消费者对该品牌的使用信心。

Q&A:

### 2. 以没有使用广告商品的后果为创意元素

这种方法属于典型的逆向思维，虽然有些人将这种方法归为消极营销，但事实上这种创意思维的确造就了许多受人欢迎的广告作品。（图 5-7）

图 5-7　ACT 牌口腔清洁剂平面广告作品

此广告作品即是以没有使用广告商品的后果为创意元素的经典案例。广告画面非常清楚地表现了一个忏悔者在向神父忏悔时，由于受不了神父浓重的口臭而不得不尽量与神父保持较远的距离。广告将口腔清洁剂对于部分具有口臭毛病的人士而言所不可或缺的重要性予以了充分的展示。

### 3. 以广告将要刊出的媒介为创意点

如果能将商品的特点与媒介的特性有机地结合起来，利用媒介的特征进行独到而别致的创意，同样可以起到令人拍案称奇的效果。（图 5-8）

倾向于事实型思维方式的广告人喜欢把观念分解成细小的组成部分，然后对广告商品的背景进行分析，以便从中发现最佳的解决之道。虽然惯用事实型思维的人也可能有创造性，但他们往往更倾向于线型思维，更喜欢事实与数字——硬信息。因为他们更善于分析和掌握这类信息，他们习惯于逻辑、结构和效率，不习惯于模棱两可的东西。

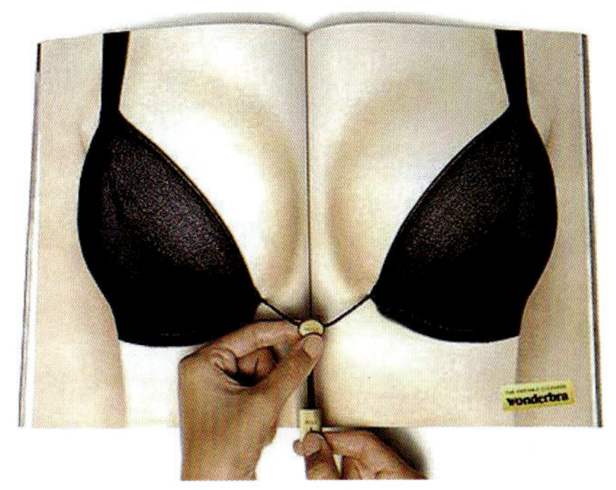


图 5-8　Wondcrbra 文胸平面广告作品

该作品是利用杂志媒介的翻页特征进行有针对性的广告创意的精彩案例。杂志媒介本身就是高端客户的首选媒介，而利用这一高端受众的媒介进行推广既能够表现自身商品特征，同时又能够引起读者互动，其传播效果自然将大大提高。

## 第三节　形象型思维方式

形象思维是以直观的形象为元素进行思考的一种思维活动形式，包括具体形象思维、言语形象思维和形象逻辑思维三种方式。形象思维凭借的形式是表象、联想和想象。

在广告创意过程中，大部分的思考模式都是运用形象思维予以操作实现的，因为广告作品无一例外地都是通过直观的形象来向受众传递商品的概念。因此，形象型思维方式是广告创意过程中最为重要也是使用率最高的一种思维方式。

### 一、表象

所谓表象，即指人经过感知的客观事物在

大脑中再现的形象。[1] 而由表象或现有知觉形象改造成的新形象则叫做想象表象。

记忆表象是在过去对同一或同类事物多次感知的基础上形成的，较有概括性。记忆表象既有反映某一事物特性的个别表象，又有反映一类事物共同特性的一般表象。由于记忆表象的概括性，它不仅是事物形象的重现，而且是关于事物的感性知识，尤其是由对客观世界的直接感知过渡到抽象思维的一个中间环节。广告创意要对其经历过的有趣事物作绘声绘色的描述，则必须依赖于记忆表象。

而想象表象，则是在原有感性形象的基础上创造出新的形象的思维过程。一般而言，新形象的创造都是从人们已经积累的知觉材料的基础上经过加工改造而成的。人虽然能够想象出从未感知过的或实际并不存在的事物的形象，但想象内容总是来源于客观现实。

## 二．联想

联想是指思维主体在感知过程中由此事物想到彼事物的心理过程，其实质是人的一种简单的、最基本的想象活动。联想主要有三种特征：一是只在已经存入的记忆表象事物中展开思维活动；二是将众多记忆表象予以联系、组合、接续不断地发生，形成联想链；三是可以诱导、激励、参与创造想象。

联想的基本类型有接近联想、相似联想、对比联想和因果联想等。

接近联想是指思维主体在感知过程中由于时间或空间上的接近而引起的两个不同事物间的联系而产生的思维活动。例如，当某位消费者在商场看到飞亚达手表在做促销活动，有可能就会联想到前几天在电视上所看到的该品牌的电视广告，这种联想就是一种时间接近联想。又如，当某位消费者一旦产生对星巴克咖啡的需求，其最有可能在脑海中产生联想的就是位于附近的某家星巴克咖啡馆，这种联想就是典型的空间接近联想。（图5-9）

图 5-9　大众高尔夫汽车平面广告作品

此作品从创意构思的方式来看，采用的是接近联想的思维方式。大众的标志与家用电器上的开始符号和快进符号有外形上和意义（速度快）上的相似之处，通过将这两者外形与意义上的相近元素的组合，就构成了一幅具有精彩诉求内涵的创意作品。该作品所传递的信息便是大众高尔夫的启动速度傲视群雄，从 0 ～ 100 公里 / 小时的启动速度仅需 4 秒。

相似联想是指思维主体在感知过程中由于外形或意义上的相似引起的两个事物间的组合思维活动。比如，当你从侧面看到波音客机的机头外形时，会不由自主地想到海豚，这种联想就是一种典型的外形相似联想。而人们由江河想到大海，由火车想到轮船，则是一种意义相似联想。

[1] 《现代汉语词典》，商务印书馆 2012 年（第 6 版），第 87 页。

外形上的相似，一般很容易引起联想，美国Jeep汽车公司的一则平面广告作品就是以一把车钥匙与山峰的连绵起伏在外形上的相似而进行创意的，从而形象生动地向受众诉求出Jeep汽车翻山越岭的越野特征。

因意义上的相似而引起的联想就比较抽象一些，但意义上的相似又常常引起类比联想及至推想，形成创意成果。因此，意义相似联想能力是一种非常重要的联想能力。（图5-10）

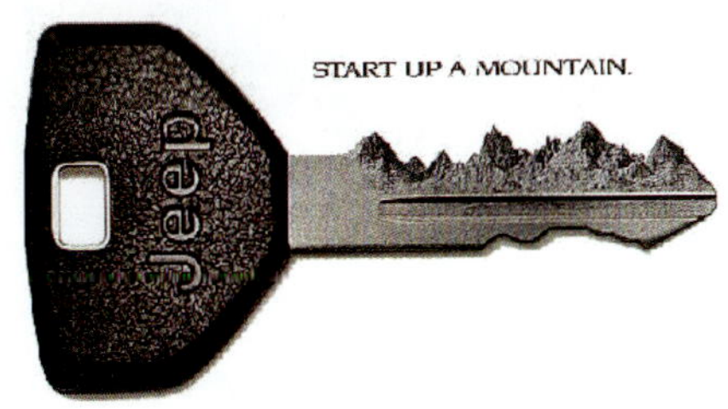


图 5-10　Jeep 汽车平面广告作品《钥匙山峰》

此作品即为采用相似联想的方法所创意的广告作品。创意人员发现钥匙的形状与山峰的形状完全相似，于是，将这两个元素合二为一，清晰地展示出了 Jeep 汽车优异的越野性能。这种广告作品看似简单，实则内涵丰富，信息明确，通俗易懂，传播效果极佳。

对比联想是指思维主体在感知过程中由于事物间完全对立或存在某种差异而引起的联想。例如，由里想到外，由火想到水，由真善美想到假恶丑等，都是完全对立的对比联想；而由枪想到炮，由金刚想到石墨，则是一种性能上存在差异而引起的差异对比联想。

在美国，由于其广告法规的允许，许多商品广告都是直接以对比联想的创意思路创作广告，其中不乏精彩绝伦的广告作品。典型的如百事可乐广告，就多次采用与可口可乐进行对比来诉求其品牌的青春活力的核心理念。

因果联想是指思维主体在感知过程中由于两事物间存在因果关系而引起的联想。这种联想往往是双向的，既可以由原因想到结果，也可以由结果想到原因。例如，在广告创意中表现一家丰田公司汽车维修站的修理工坐在那儿无所事事，晒太阳看报纸，这是结果，而原因自然就是该品牌的汽车质量可靠，根本无须到维修站维修，导致维修站的员工无事可作。（图5-11）

图 5-11　先锋牌汽车音响平面广告作品

使用因果联想的思维方式进行广告创意是广告界经常使用的方法之一。不过，广告创意表现的往往是结果，受众则从所看到的结果去联想到原因。此幅作品同样也是如此，其画面所展现的是停放在一辆汽车两侧的汽车居然都侧翻在地的结果，而造成这一结果的原因自然由受众自己去联想了。显然，广告所诉求的是汽车音响由于音响效果（功率强大）太好，以至于把其两旁的汽车都掀翻在地，这就是造成事故的真正原因。

上述四种基本联想类型，在实际的联想活动中，一般并不是独立使用的，而往往是各种类型的联想与推想、想象等交替出现。

在广告创意的过程中，许多事物间的联系是普遍存在的。詹姆士 · 韦伯 · 扬曾经说过“所谓创意，就是将旧的元素予以新的组合”，这种组合，实际上就是努力寻找到事物间的联系之处，而联想是将各种看起来似乎不相干的事物进行组合的思维形式。

## 三．想象

想象是人脑思维在改造记忆表象基础上创建的未曾直接感知过的新形象的思想情境的心理过程。

任何想象都不是凭空产生的，它是对记忆表象加工改造的产物，没有记忆表象，想象也就无能为力，想象的本质是对新形象的创造，它是对记忆表象加工改造的过程，具有极大的间接性和概括性。

再建想象是思维主体根据语言、文字等的叙述或概括以及图像的示意在人的头脑中形成同此类事物相应的新形象的心理过程。其特征是以某种现成的图像、说明或描写为依据进行想象活动。示意或描述得越详尽，主体的感性知识越丰富，再建想象的形象就越完美。

在广告创意过程中，再建想象是思维的一个重要基础，许多优秀的广告创意就是通过别人的描绘再经过广告人的精心加工而深入人心的。如台湾意识形态广告公司为中兴百货所创作的“没有服装就没有性”的广告作品，其创意构图的许多细节只能是通过文案的描述而由艺术指导予以执行的。（图5-12）

创造想象是指思维主体不依据现成的描述而独立地创造出新形象的思想情境心理过程。

在广告创意过程中，创造想象是思维活动的必要组成部分，就某种情况而言，想象力甚至比知识更重要，因为一个人的知识是有限的，而一个人的想象力则是无限的。

图 5-12　台湾中兴百货公司的平面广告作品《没有服装就没有性》

台湾意识形态广告公司的创意作品都是以其文案的深刻而著名，此篇作品也不例外。该文案将服装与性的关系上升到哲学的层面予以探讨，对后现代的服装中性化的趋势表示了忧虑，认为“没有服装就没有性”。其广告的视觉表现是对其文案标题的形象的诠释。画面中的男人是京剧艺术大师梅兰芳先生，女人也是梅兰芳先生（梅兰芳在京剧中演花旦），同为一个人，为何给观众的感觉有如此大的差异呢？服装。这就很好地诠释了文案的主旨。

该文案的内容如下：

没有服装就没有性。虽然纹身依然可以暗示肉感，珠宝还在批注性欲位置。但自从牛仔裤颠覆了纯粹两性理论、皮革吊带开始搭配莱卡内衣手铐蜡烛，那种把两性对立当做终极命题的传统世界秩序，看起来已经摇摇欲坠。也许连蕾丝边，也将逐渐地装饰在三角肌上吧。我们所能抓住的有关性别的真理，已经不多。

# 第四节　垂直型与水平型思维方式

在广告创意的思维活动中，根据思维行进的方向，可以将思维活动划分为垂直型思维方式和水平型思维方式。

## 一、垂直型思维方式

### 1. 基本概念

所谓垂直型思维，是指思维主体在一种结构范围中，按照有顺序的、可预测的、程式化的方向进行思维的一种方式。这是一种符合事物发展方向和人类习惯的思维方式，遵循由低到高、由浅入深、自始至终等线索，因而思维脉络清晰明了，合乎逻辑。其特征是顺着一条思路一直往下延伸，直到找到问题的答案。所谓水到渠成、水落石出就是这个意思。

### 2. 运用案例

广州某广告有限公司海尔品牌小组在2001年12月底受海尔的正式委托，全面策划海尔007系列冰箱的上市方案。在双方的沟通会议上，双方一致同意为007冰箱做出科学的产品定位：独有－7℃保鲜技术，是目前保鲜最精确的中高档冰箱。

这样，产品的销售概念已经非常明确，那就是新鲜。接下来的问题是用何种形象元素来表现这一概念。创意人员连续几个日夜冥思苦想，跳出来的答案总觉得缺乏个性，没有震撼力。最后，创意人员来了一次垂直型思考。很快，便找到了创意的表现元素：“弹簧”。接下来的广告主题和创作表现自然水到渠成：

“－7℃保鲜，当然弹性十足！”

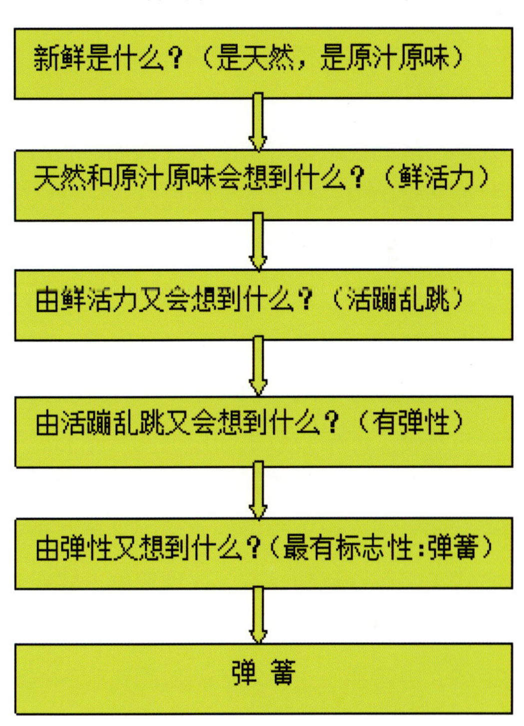


图 5-13　海尔冰箱平面广告作品

一般而言，此种创意方法逻辑性太强，而且创意主体的主观色彩过于浓厚，这往往使得广告受众难以理解广告创意人员在广告创意作品中所要表现的诉求信息。因为，对广告创意人员而言，其最后的创意元素是经过层层推进的，似乎很有逻辑性，且前后的因果关系也很明确，但是，广告创意最终呈现给广告受众的却只有最后的结论（创意表现元素），这就很难使广告受众能够正确理解广告创意人员所要向受众传递的广告诉求信息。因此，总体而言，广告人员最好不要使用这种创意方法。

## 二、水平型思维方式

### 1. 基本概念

水平型思维方式是指在条件接近的情况下，对相似事物的发展情况进行比较，从中找出差距，发现问题，然后再提出解决问题的办法的一种思维活动。这种思维方式不一定是有序的，同时也不能预测。但由于水平型思维方式改变了解决问题的一般思维，试图从别的方向入手，从而使思维的宽度大大增加，有可能从其他领域中得到解决问题的启示。因此，水平型思维方式在广告创意活动中起着比较大的作用。

人们在进行思考、解决问题的时候，常常存在着垂直型思维的习惯，这是一种建立在知识经验基础上的得心应手而且根深蒂固的思考问题的模式。这种模式并不一定有利于提出新观念、新思想。水平型思维方式则与垂直型思维方式正好可以互为补充。这种思维方式有助于打破习惯思维的模式，冲破旧观念、旧秩序的束缚，更容易产生新观点，从而有利于推动问题的解决。

但是，我们绝不可以把垂直型思维方式与水平型思维方式完全地对立起来，甚至认为应该抛弃垂直型思维而由水平型思维取而代之。相反，一个真正有创造力的人，往往是将两种思维有机地结合起来加以灵活运用。

### 2. 运用案例

美国的萨切 · 萨切广告公司于 1997 年开始代理丰田 1998 4Runner 新款车的广告业务，公司的创意人员非常重视这项极富挑战的创意工作。起初，创意人员的创意思路始终围绕着丰田 4Runner 越野车的优异性能而展开，但随之产生的诸多创意却难以使人激动，更别说打动顾客的心了。后来，创意人员干脆打开思路，从别的地方入手，由优异的汽车越野性能想到了田野和自然，这一想法立刻使创意人员感觉到了令人激动的创意已经近在咫尺，因为他们深知清新而辽阔的原野是众多车手所梦寐以求的放飞心灵之所。于是，广告创意的概念便迅速明朗：大自然的召唤。而沿着“大自然”的思路，广告创意人员又想起了美国作家杰克 · 伦敦的一本小说《野性的呼唤》。很快，广告的主题也就确定下来：“野性的呼唤在耳边轻轻地呼唤着你的名字，问你是否可以出来轻松一下？”广告的文案是：“野性在等待，4Runner 也在等待，准备带你去以前梦寐以求的地方，去你根本不知道的地方。高级宽敞、舒适安逸，不仅包容你的身体，也包容你冒险的心。1998 年丰田 4Runner，回应呼唤。”

此广告创意获得了极大的成功。当然，此广告的创意思维方式就是运用了水平型的思维方式。

# 第五节　放射型思维方式

如果说垂直型思维方式是由一个原点向另一个标点呈纵向线性思考，而水平型思维方式则是由一个原点向左右两个方向呈横向平面思考，那么，放射型思维则是由一个原点向四面八方呈放射状进行思考的一种更加不受束缚的思维方式。

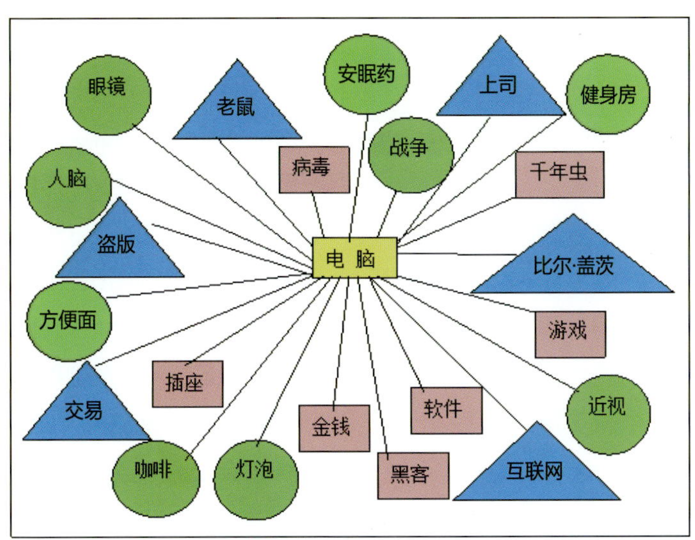


图 5-14　三种不同方式的思维图示

注：方块为垂直型思维效果，三角形为水平型思维效果，圆形为放射型思维效果

## 一、基本形态

广告创意的宗旨就是要打破束缚，突破常规。一个优秀的创意应该是具有原创性，应该是未被利用过或未引起旁人注意的全新元素间的组合。广告创意往往就是要将一个抽象的概念演绎为一个生动的形象，那么，放射型思维方式就最容易从各个不同的角度对一个概念进行演绎。

## 二、放射型思维的训练

（1）设定一个适合于个人思考的主题概念，充分调动起个人对生活的感知，利用导图的方式对主题概念展开全方位的联想。

（2）在操作上必须突破习惯性的横向、纵向思维模式，注意做到既放得开，又收得住，努力在各种不同元素之间找到关联，继而发展成若干能回应主题概念的思考路线和创意构思。

（3）用文字表述为基本构架，在创意闪光处加入图形，在多个图形的关联上加入语言，发展成一个创意雏形，继而提炼创意文字及广告语言。

# 第六节　头脑风暴式思维方法

头脑风暴法（brainstorming），即集体自由研讨，港台广告界最初译为“头脑风暴”，后港台许多广告专著及广告行业人士进入大陆，影响甚广，故一直沿用此译法。

## 一、基本概念

头脑风暴法是由BBDO广告公司的阿列克斯·奥斯本所创建，其原意为由两人或两人以上聚在一起，针对某条广告的诉求主题共同参与创意构思。

头脑风暴式思维方法往往是创意人员灵感喷涌的源泉，但若想成功地运用这种方法，必须遵循以下两条原则：

一是任何创意构思均不得受他人干涉。

二是所有想法都应记录在案，以备将来参考。其目的是把所有的灵感都记录下来。用心理学家的话说，这是一个“自由联想”的过程，应该给每一个新想法一个启迪旁人的机会。

头脑风暴的思维原理是利用团体环境刺激广告人的创作灵感，用个人的灵感甚至是不着边际的“胡言乱语”去刺激其他人的思考，而群体思维的合力又必将刺激诞生出更多的灵感，这就远远多于个人的独自思考所能构想出来的创意。

头脑风暴法的秘诀在于允许相反或不同的意见，因为消极保守的认识会毁坏恣意不拘的氛围，而恣意不拘的氛围正是产生原创性想法的必要条件。

为了使创意小组的创造性不受局限，许多广告公司为创意小组准备了特殊的房间并采取特殊的措施，如切断电话线以免创意人员被干扰而分心；安装摄像机或录音机以便记录每一个人的发言；或者使各种想法能够记录下来并贴在墙壁上以供大家参考等。有些广告公司会专门在比较安静的酒店租下一间会议室来安置创意小组，使创意人员能够全神贯注于创意之中。

## 二、头脑风暴思维方法的运用

### 1. 会议准备

**选择会议主持人**　合适的会议主持人是本方法能否成功地碰撞出创意灵感的关键所在。主持人应具备以下基本条件：熟悉头脑风暴法的基本方法与召开此种会议的基本程序，有一定的组织能力，对会议所要解决的创意问题有明确而清晰的理解，以便在会议中作启示诱导；能坚持会议的有关规定和原则，以充分发挥与会人员相互启发、相互碰撞，以拓生出广告创意的灵感火花的作用机制；能灵活地处理会议中出现的各种情况，以保证会议按预定程序进行。

**确定会议参加人员**　就广告公司而言，头脑风暴会议的人数以5～11人为宜。如果人数过少，会造成知识面的过分狭窄，难以达到为解决问题所需的不同领域知识的汇集，同时也难以形成信息碰撞和思维共振的环境和气氛，影响群体互相碰撞的效果。如果人数过多，则又会增加对问题理解的难度，使会议的思维方向过于分散而无法保证与会者充分表达构思的机会，降低群体碰撞的效果。与会人员的专业背景要尽可能面宽一些，应考虑全面多样的知识结构，最好邀请几位目标消费者参加会议，以便突破专业思考的约束。

**提前下达会议通知**　提前几天将会议通知下达给与会者，有利于与会人员在思想上有所准备，并提前酝酿解决问题的设想。会议通知最好采用书面请柬，写明会议日期、地点、要解决的问题及其背景，若能附加几个设想示例则更理想。

### 2. 热身活动

在会议正式开始前进行几分钟的热身活动，其目的和作用与体育比赛的道理是一样的：促使与会人员尽快进入“角色”。事实上，许多与会者参加会议之初，其思绪可能还沉浸在刚刚放下的工作之中，而通过“热身”则可以尽可能使与会者迅速忘记与会议主题无关的其他事情，将精力集中在会议所要解决的问题上来，使大脑由平静状态逐渐趋向于兴奋活跃的思维状态，以提高会议的效率。

热身活动所需时间不长，可根据内容灵活确定。至于形式，也可自由运用，如看一段与广告商品的主题相似的广告影片，讲一段广告创意的经典案例，或出几道“脑筋急转弯”之类的题目请大家回答等。

**3. 明确问题**

这个阶段的目的是向与会人员介绍会议所要解决的有关问题，包括广告商品的背景、特征、使用特点、目标消费者的特征、同类商品的有关情况分析等，以使与会人员对广告创意的有关背景结论有一个明确的了解，这些内容由主持人介绍，介绍时主持人应注意掌握简明扼要和启发性原则。

**4. 自由畅谈**

这一阶段是头脑风暴思维方法成功与否的关键阶段，其要点是想方设法营造一种亢奋的气氛，使与会者能突破种种思维障碍和心理约束，让思维自由驰骋，借助与会人员之间思想的相互碰撞提出大量有价值的构思。

**5. 加工整理**

畅谈结束后，一般的情况下应该会有比较令人满意的创意构思诞生，会议主持者应对大家一致认可的创意构思指定专人进行具体的创作，以便在较短的时间内拿出广告创意作品初稿来。到此，头脑风暴会议就完成了预期的目的。

## ? 思考练习

1.功能主义的含义包括哪些方面?

2.以小组的方式对你所熟悉的品牌产品进行模拟广告创意活动。在创意活动中，应针对同一品牌分别采用不同的思维方式进行广告创意构思，然后再对这些创意的构思进行比较、分析，指出各自的优点与缺点。

3.以小组的方式进行一次模拟的头脑风暴，并将模拟的全过程及其结果和感想与体会写成报告书。

# 第六章
# 广告创意的表现原则

在明白好创意应该说什么以后，就应该了解好创意应该怎么说。即广告创意首先必须是说对，然后必须是说好。判断一个创意是否是一个杰出的、有效的创意，要从两个层面：一是从创意策略的层面，看它是否说得对；二是从创意表现的层面，看它是否说得好。在遵从创意策略的前提下，创意表现的好坏十分重要。

**本章的学习目标**

- 明白有效的创意应该如何说，如何表现
- 创意表现需要遵从的主要基本原则
- 基本原则所包含的实质内容

图 6-1　IBM 客户关系管理系统的电视广告“药店篇”

IBM 客户关系管理系统的电视广告“药店篇”中，一个男人捂着眼睛走进一个正在开展“热情服务月”的普通药店，两个售货员热情地迎上来：您是想买点补钙的？补肾的？补锌的？您是不是得了什么不好说的病啊？其实这个顾客只是要买瓶眼药水。这就形象地说明了，不知道顾客的需要，沟通不畅，其他努力都会付诸东流，所以应该接受 IBM 客户关系管理解决方案，帮您用更先进的方法，抓住客户的真正需要。诸如电子商务的客户关系管理系统这样复杂的产品都可以结合当前的人们进补的潮流，以如此单纯简洁、通俗明了的形式来演绎创意，将一个本来非常抽象的、难以理解的卖点形象化地体现出来；而且与同类产品的罗列说明的方式相比，有强烈的差异性。虽然体现矛盾冲突的地点是一个小药店，但却将产品巧妙地关联起来，受众对 IBM 客户关系管理解决方案的基本作用，有了很形象地认识，作为一支电视广告，这就足够了。

## 第一节　好创意应该怎么说

广告创意原则是“怎么说（How to say）”。怎样说是算是说得好，说得巧妙，说得有效。广告创意不应该仅仅是广告策略的文字化和图表化。

### 一、伯恩巴克的创意指南

在本书的第二章中，已经谈到了 ROI——威廉·伯恩巴克创立的一套创意指南，即相关性（Relevance）、原创性（Originality）、冲击力（Impact）。威廉·伯恩巴克（William Bernbach）认为在“如何说”（The way you say）的问题上，也就是在创意表现上离不开以下四点：

**1. 尊重受众**

广告不能以居高临下的口吻跟意图与其接触的人们交流。

**2. 手法必须干净、直接**

伯恩巴克说：“假如你不能把你所要告诉消费者的内容浓缩成单一的目的、单一的主题，你的广告就不具有创意。”

**3. 广告作品必须出众**

它们必须具有自己的个性和风格。伯恩巴克说：“我认为广告上最重要的东西就是要有独创性（originality）与新奇性（fresh）。

**4. 不要忽视幽默的作用**

幽默可以有效地吸引人的注意力，使人得到一种收听、收看和阅读的补偿。

伯恩巴克侧重于广告创意表现的内容与形式上的考虑，是一种静态的分析，提出广告创意表现的若干原则问题。

## 二、科特勒的传播模式图

菲利普·科特勒在传播过程分析时，提出了一个传播模式图，是侧重于广告创意的表现传播发生过程的考虑，是一种动态的分析，从中可以得出广告创意的一些表现原则。（图6-2）

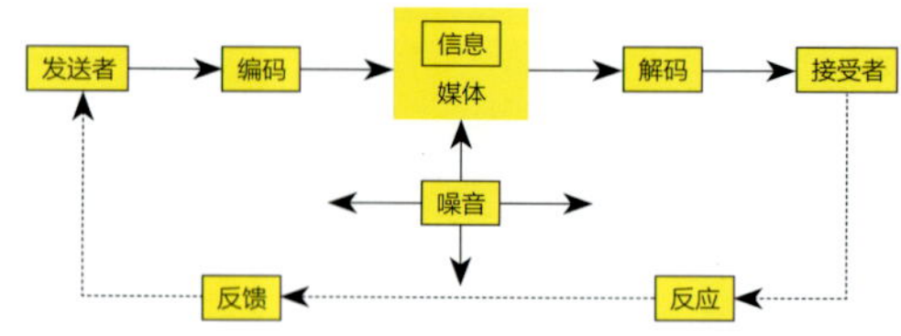


图 6-2　菲利普·科特勒传播模式图

“为了使传播更有效，营销者需要了解有效传播的功能性要素。该图展示了一个传播模式的 9 个要素，2 个要素表示传播的主要参与者——发送者和接受者，另外 2 个表示传播的主要工具——信息和媒体，还有 4 个表示传播的主要职能——编码、解码、反应和反馈，最后一个要素表示系统中的噪音（如胡乱的和竞争的信息，它干预了计划中的传播）。”[①]这表明有效的创意应该注意这 9 个方面，怎样正确的编码（创意）才可以尽可能排除或减少干扰，怎样才可以方便、容易地为受众的接受和解码（理解），怎样才可能使受众有反应、有反馈进而成为消费者。如发送者进行信息编译时，必须要考虑发送的信息是接受者所熟悉的，发送者与接受者的经验领域相交重合的部分越多，信息传播就越有效。

有效的创意即好创意。好创意的六条原则是：简明、通俗、差异、形象、关联、真实。

①《营销管理》，上海人民出版社 1999 年 10 月第 1 版，第 564 页。

## 第二节　简明性原则

创意的第一要着就是必须简洁、单纯、明确、明晰，而不是把简单问题复杂化。简明的最高阶段是单一。做到简单也是不简单的。一个简洁的创意和艺术处理就能强有力地把意念表现出来。广告创意不是为理解设置障碍，而是为理解搭建桥梁。

### 一、每个广告创意都要受到渠道容量（channel capacity）的限制

“渠道容量不是指一个渠道能传送的符号的数量，而是指渠道所能传达的信息的能力。”①所有的传播渠道都有其容量的上限，超过了容量，信息就会在渠道中发生堵塞，从而大大影响传播的效果。

不要指望一个创意能够表达多个内容，不要在一次广告中表现多个创意元素，否则创意信息就在传播渠道之中损失甚至消失。如 30 秒的电视广告，如果表达多个信息，这个信息渠道就堵塞了。如户外广告是一种“打招呼”的媒体，传播的信息一多，就会在相互拥挤中塞车。（图 6-3）

图 6-3　麦当劳的户外广告创意

麦当劳的户外广告创意十分简洁，红色的背景上，只出现一个单词“Hungry?”只是在广告牌的一角留出了一个既类似麦当劳的 M 标志又类似两颗牙印的空白。一字一空，一目了然。即使你是飞车而过，也可以映迎入眼帘。证明其充分理解了户外广告这一渠道所传播的信息容量的极其有限性。

### 二、每个广告创意都受到受众接受量的局限

广告创意的诉求要尽可能单一，是因为消费者所可能接触到的每个广告的时间、注意力和耐心都是十分有限的。好的广告创意往往很简单，也就是最大限度利用受众的接受机会，传达最能使消费者留下深刻印象并为其所接受的信息。丰富多彩的结果使受众眼花缭乱。

消费者给每个广告的时间是十分有限的，接触的时候常常是漫不经心的，投入的关注往往是很弱的。经过一个户外广告只有几秒钟的时间，浏览到报纸上的一则广告也只有几秒钟的时间，接触到网络上的一条广告同样只有几

①沃纳·赛佛林，小詹姆斯·坦卡德：《传播理论起源、方法与应用》，华夏出版社 2000 年 1 月第 1 版，第 49 页。

秒钟的时间，对一支电视广告的注意也不会也难以超过十秒钟的时间，而且此时此刻，还有着前后左右的众多干扰，包括其他广告的干扰。消费者所关心的即是他们所需要关心的产品或服务特点。如果广告创意忽视了这一点，致使广告花去大量时间与精力诉求众多次要的特点，就会欲多则寡。我们不能在有限的时空中传达无限多的信息，这就要求广告创意诉求上讲究单一。（图 6-4）

坚持创意的简洁性原则，充分考虑受众接受量的局限，简才可以“接”，杂只能是“无”。

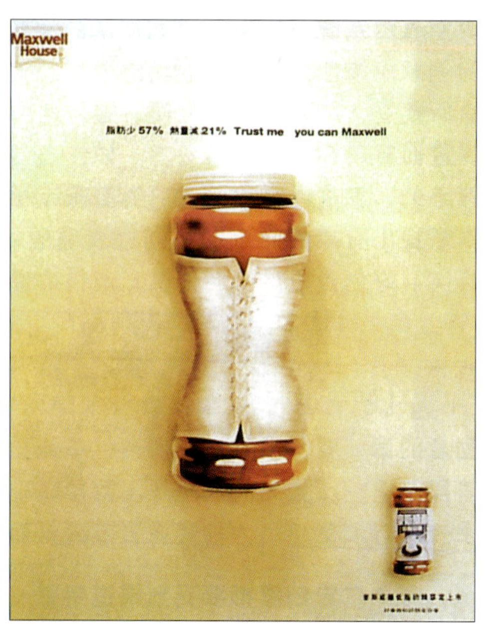


图 6-4 麦斯威尔低脂奶上市的广告创意

麦斯威尔低脂奶上市的广告创意诉求点在于，麦斯威尔低脂奶脂肪减少 57%，热量减少 21%。如何使这些特征为消费者所能接受到，而且能认知到？必须将这些特征提纯为一个简洁的单一表征，强化出来，抓住消费者的眼球。广告将女性束腰服套在麦斯威尔的瓶上，使它看起来似乎窈窕淑女，婷婷玉立。这就使产品特性呼之欲出。

## 三、简洁才能突出第一信息

对一个广告创意，首先要确定什么是最重要的，即主信息或者称为第一信息。正确的广告创意策略即单一地诉求产品的第一信息，并将其通过简洁单纯、明白无误的创意更加强化地表达出来。

往往在一些广告主看来，似乎什么都是重要的，期望着一次广告投入，就能够把企业或者产品、服务的众多信息都传达出去。但在消费者看来，完全是另一回事。多个信息就可能产生相互之间的干扰，从而把第一信息给耽误、淹没了。简洁性原则就是对信息进行收缩、聚焦、提纯。（图 6-5）

图 6-5 中国银行借记卡钱包

中国银行借记卡有许多功能：24 小时理财，通存通兑，购物消费，银证转账，代收代付，取现转账，网上交易，外汇买卖，电话银行，实时挂失保障等。广告如何将这些功能信息提纯为一个简洁的创意表现呢？我们看到一个钱包里，有许多插袋，但这些插袋里都是空的，只有一个插袋里插着一张中国银行借记卡，“功能之多，一张足矣”。（中国银行借记卡钱包）高度简洁，一以概之，使中国银行借记卡的具有多功能带来使用的方便性这一特征突出出来。

创意必须是简洁的，使消费者在极短的时间内，能够十分清晰地了解是什么品牌的什么样的产品或服务。绕弯子、兜圈子、与消费者捉迷藏只会被消费者所抛弃，因为消费者对此是毫无兴趣的。复杂累赘的创意是没有意义的，只会是画蛇添足。

## 第三节　通俗性原则

### 一、通俗是一种力量

通俗可以大大方便消费者的理解，节省沟通的成本。通俗性也是创意的生命所在。如何把握广告创意的通俗性呢？广告创意是用于沟通，为了更好的沟通。既然用于沟通，首先就要看你沟通的对象的背景。也就是说我们在广告创意中的编码，是消费者容易解开的码，如果消费者难以或不能解码，那么广告创意就丧失其沟通的作用。结合国际上一些关于人类对信息处理过程的研究结果如广告的易读性（readability）与易听性（hearability）等，来分析广告创意的难度指数，可以帮助我们对广告创意通俗性的认识与把握。我国还没有研究出汉语易读性公式，但我们可以了解一些基本变量，如句子的长度、词的难度、读者的认知背景程度等以及广告创意组织与结构上可以帮助受众理解的因素，如目录、标题、图、表格、格式、颜色、背景等。通俗性的创意原则就是要求创意人员把复杂的问题通俗化。（图6-6）

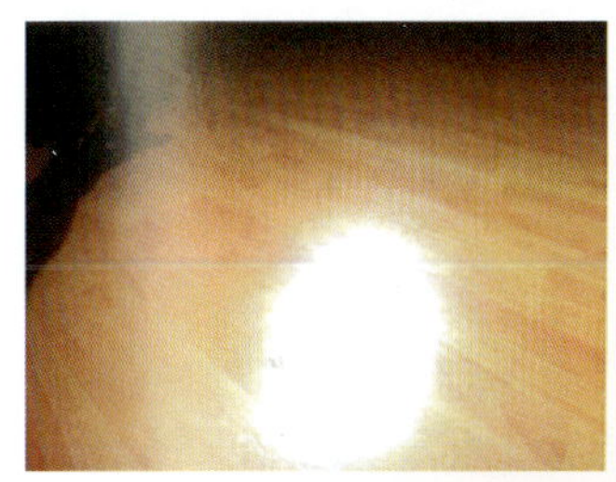

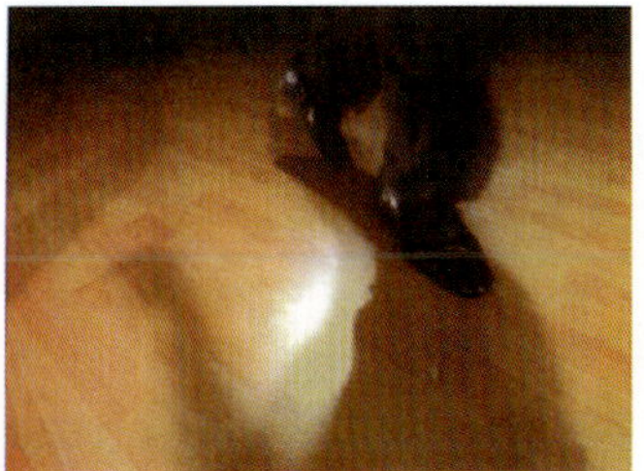

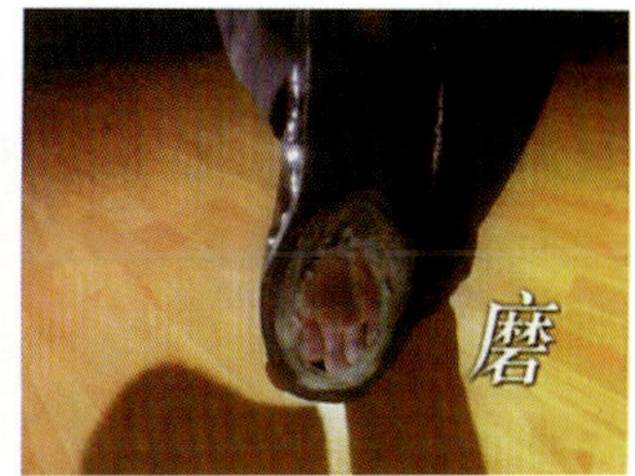

图6-6　圣象地板的电视广告创意

圣象地板的电视广告创意，将高耐磨性通过磨穿鞋底的方式来体现，通俗形象地将圣象地板的耐磨性特色渲染得淋漓尽致。

## 二、通俗性与文化背景

### 1. 文化程度的背景

在考虑广告创意的通俗性的时候，主要是考虑广告创意对文化教育、文化程度、文化差异的要求。常常有许多针对普通消费者的广告创意需要解读的文化程度，或许不是一般老百姓可以具备的。

### 2. 文化差异的背景

不同的国家、不同的民族、不同的地区具有不同的文化特征，包括语言、风俗、习惯等。有些在欧美是十分通俗的创意，在我国受众看来就不知所云。如1996年获戛纳广告大奖的沃尔沃汽车广告“安全别针”，创意很棒，但是如果放在我国的市场上，就不够通俗，“安全别针”这个符号就是对目标消费者而言，也难以理解，因为在我国别针没有“安全”的含义。同样在我国家喻户晓的故事、诗歌、典故、词语，对国外受众而言是一头雾水，即使翻译出来，也不一定就可以被接受另一种文化教育的受众所理解，至少创意要打折扣。（图6-7）

有什么样文化背景的读者与观众就会有什么样创意水平的作品，有什么样文化程度的受众就会有什么样文化水平的广告创意。文化背景是决定广告创意通俗性的最重要的因素。

图6-7 阿Q桶面的广告创意

台湾第十七时报广告金像奖的阿Q桶面的广告创意，将中文大写的“饿”字拆成“食”和“我”，再将其束腰捆成“饿”字，表现阿Q桶面分量够大，满足饥饿者。没有中文背景的受众是难以理解其中的味道的。

## 三、通俗性与经验背景

经验也是广告创意通俗性应该考虑的背景。经验包括目标受众的社会经验、文化特征、社会环境、生活阅历等。这些都是目标受众的接受认知的经验性背景。广告创意所建立的经验与目标消费者所具有的经验的重叠越多，消费者认知的通俗性就越高。

比如同样是小学文化程度，都市里的小学生和山村里的小学生对网络、电脑的理解就有很大的区别。以网络或电脑为创意元素的广告，前者可以接受，后者就会难以理解；农村生活为场景的广告创意则恰恰相反，后者可以接受，前者就会难以理解，因为他们的生活背景不一样。

广告创意应该考虑目标消费者的语言环境的背景。如一些网络语言，对网迷而言像是家常便饭，而对一部分人如同天书；如一些足球

术语，对球迷而言如数家珍，而另外一些人则不知所云。（图 6-8）

图 6-8　“Tiger”啤酒的平面广告

“Tiger”啤酒在世界杯期间的一则平面广告，从上到下分别排列着黄牌、红牌、“Tiger”的瓶贴，“犯规、再犯规、落得轻松”。这则平面广告在一个没有足球知识的人看来，就会丈二和尚摸不着头脑。

一般来说句子的平均长度要短，不同句子之间的长度要有变化；所用词与词汇的难度要低，避免运用生僻的字与费解的词和成语；要注意读者的认知背景（文化背景与经验背景），不要把消费者不熟悉的码编到创意中去；在广告创意组织与结构上要科学运用可以帮助受众理解的因素，如目录、标题、图、表格、格式、颜色、背景等。

## 四、通俗性是一种对等性

广告创意的通俗性具有相对性，是相对于目标消费者而言的，而不是有一个固定的水平标准。我们在进行广告创意的时候，一定要先问一问自己，我们的目标消费者能够理解这个创意吗？能够解开这个码吗？能够得到他们普遍的认识吗？广告创意所选的符号、语言、画面、场景等创意要素，能够为不同性别、年龄、文化差异等的目标消费者所普遍接受而广泛传播吗？例如在许多广告创意中，常常会采用一些传说、历史典故、文学故事、行业术语而加以改造，但是我们在这样做之前，一定要考虑这一信息是否普遍、通俗到足以与目标消费者理解水平一致，也就是说与目标消费者有共同语言。广告创意的阅读要求与目标消费者的阅读水平是否对等。

广告创意表现是要阳春白雪还是要下里巴人，是以目标消费者为参照物，以他们能够普遍地理解为标准，如果他们能够普遍理解就是通俗的。如果产品或服务的目标消费者是文化程度高的一批人，广告创意的表达无疑可以高于普通大众的文化程度。如果是大众消费品，针对的是一般大众，广告创意方式应该是大白话、大通俗，因为八成以上的大众是初中及其以下文化程度。如脑白金的电视广告“今年过年不收礼，收礼只收脑白金”。很多专业人士对此有许多批评，认为其是一种“恶俗广告”、“低俗广告”、“创意垃圾”。但是我们应该看到几十元一盒的脑白金，是面对一般大众消费者，立足在二三线城市与广大农村，所以脑白金采用通俗易懂的创意表现的方式与其目标消费者的认知水平是对等的，因此是正确的。而且就保健品的品牌来说，广告主本身也没有做长寿品牌的想法，就对销售的拉动而言，脑白金的创意是成功的。对牛弹琴，所嘲笑的不是受众而是传播者。如某微波炉的广告词是“我家的猫煮了一条鱼”。这是用夸张的创意型态表达该微波炉操作简单方便，从单纯创意的角度来看，应该是一个相当不错的创意，但对普通的大众消费者来说，可能就有一定的问题，许多消费者认为“无法理解”，“太离奇”，甚至认为是“吹牛”。

大大高于目标受众的普遍认识水平，一味编译费解、晦涩的创意符号，是必然要受到惩罚的。使目标消费者无法普遍理解的创意是没有意义的，甚至起反作用。让目标消费者费解是要付出高昂的成本与代价的。最好是广告创意的阅读水平等于或者略低于目标消费者的阅读水平。

通俗性是一种对等性。如果针对的是高文化水平、高生活品位的消费者，广告创意过于庸俗或低俗，同样会影响品牌形象，也会被目标消费者所鄙弃。

## 第四节　差异性原则

创意要有差异，这是最基本的原则与要求。孙子说：“善战者，求之于势，胜之于奇。”表现形式、角度、手法的与众不同、突破常规、出人意料就可能产生出奇制胜的效果。做到独一无二的差异，那就是原创性。原创性也称原创力、独创性。原创性是与众不同的首创，广告创意以独特的方式来传达，发现人们习以为常的事物中的新含义。广告创意具有原创性，自然是最理想的，如果没有原创性，至少应该有差异性。如果做不到独一无二，至少应该与众不同。如果没有独创性，至少应该有新颖性。依然有太多的同类产品广告创意每天在用同一个声音说话，从而导致整类产品信息的沦丧，加重消费者的麻木。

### 一、差异性才可以引起注意

广告必须在刹那间引起消费者的注意，如果广告创意没有差异性，吸引不了消费者的注意力，消费者就会视而不见，听而不闻。一些广告缺乏创意的差异性，其结果是这些广告如同碰到聋子的耳朵上，撞到瞎子的眼睛上。

由于现代社会同类产品越来越多、同质化倾向愈演愈烈，信息社会的信息发布铺天盖地，消费者每天都处在信息的海洋之中，雷同的、一般的表现方式很难引起目标受众注意。消费者对事物的注意与接触具有极大的可选择性，“人们每天受到1600条商业信息的轰炸，只有80条被意识到和大约12条被刺激而有反应”。[1]而且信息还在成倍地增加，被消费者所关注的概率越来越小。20世纪90年代，美国的一个心理学家经调查研究后，得出这样一个结论：一年中，人一般遇到的传播信息数量为50万件，而真正接收到的只是其中很少的部分，最终接受的就更少了。[2]

司空见惯、人云亦云地说是没有意义的，是不能引起消费者的注意的。从某种意义上说，广告创意就是“创”造“意”外的力量。（图6-9）

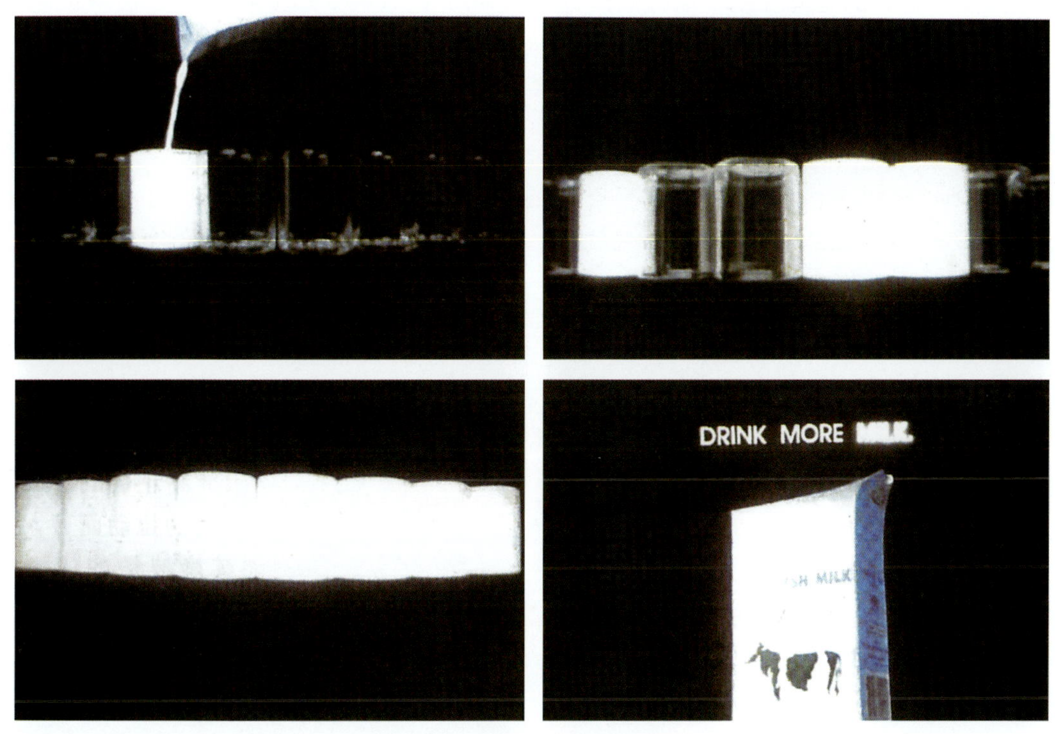


图 6-9　NONG-PHO 牛奶牙齿篇

NONG-PHO 牛奶的电视广告创意，没有一般的牛奶广告创意所常见的奶牛、牧场、大口喝奶等老一套的画面。而是一排空玻璃杯在黑色背景的衬托下显得格外突出。将 NONG-PHO 牛奶注入其中的一些杯子。空杯子与牛奶杯交错，看起来像残缺的牙齿，“如果你的孩子缺钙的话，他们的牙齿就会变成这样。”将 NONG-PHO 牛奶注入另外一些空杯子，所有的玻璃杯都装满了牛奶，看起来像一排整齐的牙齿。“为了更加健康的牙齿。”“多喝牛奶，NONG-PHO 牛奶。”

①菲利普·科特勒著：《营销管理》，上海人民出版社 1999 年 10 月第 1 版，第 564 页。
②美国艾·里斯著：《广告攻心战略——品牌定位》，刘毅志译，中国友谊出版社，1991 年版。

广告效果要通过许多环节的传递才能产生作用，但是吸引注意是第一步，没有第一步，一切就无从谈起。没有差异性，毫无创意的平庸的广告表现与没有广告投入相差无几。

## 二、差异性才可以留下记忆

如果没有巨大的差异性就不能造成震撼力，印象不会持久，很快就会被消费者所遗忘。广告创意有强大的震撼力、冲击力，必须要具有巨大的差异性，才可以使其发挥持久的作用和影响。

很多洗发水的电视广告创意都是俊男靓女的头发飘呀飘，一个晚上看了众多的品牌，不说以后到了商场记不住，刚看完几分钟过后就会毫无印象。现在出现许多汽车的品牌，多数的广告创意都是汽车在路上跑呀跑，事后受众不记得是谁在跑，跑出了什么名堂。（图6-10）

图 6-10　Leganza 轿车音量控制篇

Leganza 轿车的电视广告创意：屏幕上出现了闪光点，好像是谁打开了电视。在黑白屏幕上，一辆 Leganza 正在行驶，屏幕下端出现了一个色彩控制条，它在自动向后延伸，当调到最大限度时，屏幕变成了彩色。接着，出现了一个音量控制条，它在自动向最大音量移动，但是我们仍然听不到任何音响和噪音。事实上，唯一的声响来自路边的一只青蛙，而不是逐渐靠近的汽车。Leganza 飞驰而过消失在视野之外，没有留下任何声音。这则广告将 Leganza 轿车的安静特点充分表达出来，使人过目难忘。

## 三、差异性的创意可以产生新意

通过创新可以让消费者从一个全新的角度去看待我们的产品或服务。给消费者一个新的思维方式，一个新的视角，一个新的认识层面去看待某个功能，某个特征，某个优点。

为了使广告能更吸引人，产生新奇感与吸引力，在众多的广告中脱颖而出，差异性可以是创造新的、前所未有的表现的形式，可以是发掘前人创造的成功的表现形式，而后运用现代的手段包括现代科技手段去进行旧貌换新颜的方式的改造，赋予一种新的形式，赋予新的含义，以使目标消费者产生耳目一新的感受。（图6-11）

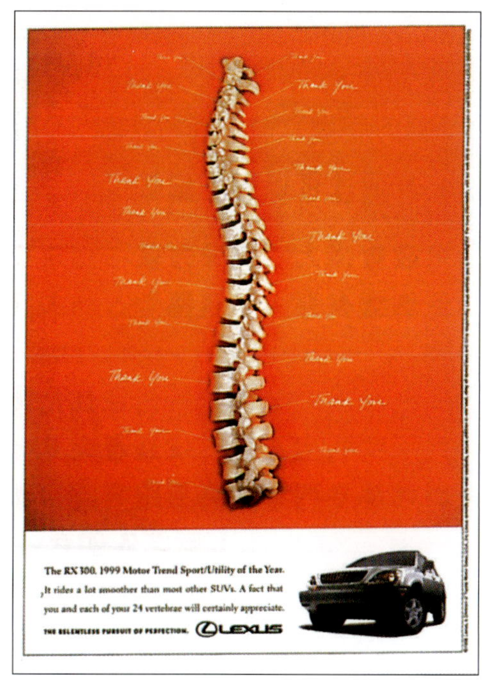


图 6-11　凌志汽车平面广告创意

凌志汽车平面广告，以骨头说“谢谢”的形式，表现了“每一根脊梁骨都在感谢你买了一辆舒适的好车”。轿车的舒适不仅仅是自己坐得舒服。

## 四、差异性的创意可以造就个性

差异性的创意可以赋予品牌个性，给予区别，使品牌与众不同。品牌的个性的部分是可以由差异性的广告创意所表现出来的气质、情感和企业形象等方面因素来确立的，使消费者认识上形成一个个性基调。个性化的广告创意从一定程度上塑造了个性化的品牌形象。对许多品牌来说，特别是包装类消费品，差异性的广告创意已经是品牌个性的组成部分，有的还是重要的、不可缺少的组成部分。无论是万宝路的广告创意之于万宝路的品牌个性，“绝对（Absolut）”伏特加的广告创意之于“绝对（Absolut）”伏特加的品牌个性，中兴百货的意识形态的广告创意之于中兴百货的品牌个性，贝纳通（Benetton）我行我素的广告创意之于贝纳通的品牌个性等。

广告创意的差异性要有个性，故此要持以慎重，个性一旦确立，就绝不能当做可有可无，应通过各种手段与表现使它强化。差异性的创意可以赋予品牌鲜明的个性。只有不懈地坚持，品牌的差异化的个性才可能越来越突出。

创造差异、创造新奇是创意的天职。广告创意的差异性就是创意的一条基本的原则。

## 第五节　形象性原则

广告创意的形象化原则是一个重要的原则，这正是广告创意的价值所在。如果广告创意没有实现品牌的产品或服务的形象化，那么这个创意就是没有价值的。

### 一、形象化的广告创意可以提高受众视听率

随着人们生活节奏越来越快，信息输出量越来越大，消费者对广告的接受的干扰越来越多，因此广告的形象化越来越重要。有人说，现在进入读图时代。广告越来越要求形象、直观，为消费者所喜闻乐见。而同时随着科学技术的飞速发展，许多产品和服务的科技含量越来越高，广告创意就要化抽象为形象，化枯燥为生动，化无趣为有趣，化腐朽为神奇。这样就大大提高了抓住消费者“眼球”的机会，只有这样的广告创意，其产品或服务才有可能进入消费者的视线。广告形象化创意使产品或服务摆脱冷冰冰、干巴巴的特性，从而生动形象起来，生动有趣。有趣才会有意义，才会有吸引力，才会引人入胜，才会赏心悦目。例如Levis牛仔裤，只有一个优美丰满的裸露的臀部出现在广告画面上，一条虚线点成口袋的形状，Levis醒目的红色商标钉在上面。没有牛仔裤的牛仔裤广告，最大化地形象说明了产品的特征。这要比千言万语的说明强得多。（图6-12）

图6-12　旅行包的广告创意

一个旅行包的广告创意：一位女士拖着旅行包走在公路上，道路的分隔线在旅行包过后，变成朵朵白云飘起来。形象地表达了该旅行包给人带来的轻便，“让你轻松上路”。不起眼的旅行包生动起来，一下子吸引了受众的注意。

只有赏心悦目，受众才可能给予注目，否则就会无人问津。一个生动形象的创意可以提高广告费的投入产出比，或者节省广告费。一些平面广告几乎是产品说明书，一些电视广告几乎是功能演示，还一厢情愿地希望消费者耐

心去接受，其结果无异于缘木求鱼。

## 二、形象化的广告创意可以增强卖点的清晰度

形象化可以把产品或服务的卖点放大，使其变得清晰起来；将卖点具象，使消费者容易理解和知晓。形象化的创意在某种程度上起着放大镜的作用，在另一种程度上是充当翻译的作用。总之，形象化是使消费者更加清晰地了解卖点。

乔恩·斯蒂尔曾为索尼公司的一个新产品——摄像放像机制作广告。“在做准备工作时，我在索尼公司的办公室里，花了三四个小时听他们给我介绍需要在广告中突出的新产品特色。其中有两个特点似乎与同类产品不同，即这种摄像放像机有一个威力强大的可变焦距镜头和一个新型的能容纳数以千计像素的CCD（电荷耦合器件）图像显示器，这种图像显示器比市场上销售的任何一种非专业摄像放像机所容纳的像素都多。技术人员仅就像素一词就解释了大约两个小时。对外行人来说，像素就是构成电视图画的点，特定空间内的点越多，图画就越清楚。我必须要找出一种能使消费者很容易理解该产品性能的说明方法。”[①]乔恩·斯蒂尔最终的翻译是：在十步之内，你可以看到蜜蜂身体上的某个部位，甚至可以数一数上面的绒毛。（图6-13）

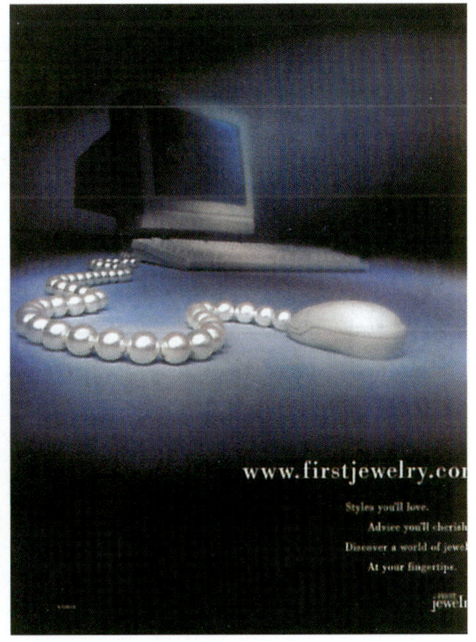


图 6-13　珠宝网站的平面广告创意

在该珠宝网站的平面广告里，电脑的键盘是戒指组成的，“由触动键盘，珠宝便唾手可得。”鼠标的连线是用珍珠构成的，“珠宝是连线，连接你和我。”这就大大增加了形象化，一眼就可以看出是什么性质的网站，使虚拟的网站变得生动起来，似乎触手可及，诱惑着你跃跃欲试。

①乔恩·斯蒂尔著：《广告企划的艺术》，孙宁等译，中国三峡出版社，第 153 页。

## 三、形象化的广告创意可以增强产品的感染力

通过广告创意的形象化，增强产品或服务的魅力与附加值。李奥·贝纳强调创意要挖掘产品本身“与生俱来的戏剧性”（inherent drama），“令商品戏剧化地成为广告里的英雄”。广告的形象化创意使产品或服务生动起来，使产品或服务的卖点生动起来。（图6-14）

形象性强的广告创意会增加产品本身的形象力，大大提高消费者对产品或服务的感染力，产生爱屋及乌的效果。干瘪的、枯燥乏味的说教只会使产品或服务干瘪，只会使受众对产品或服务产生厌烦与反感的感觉。

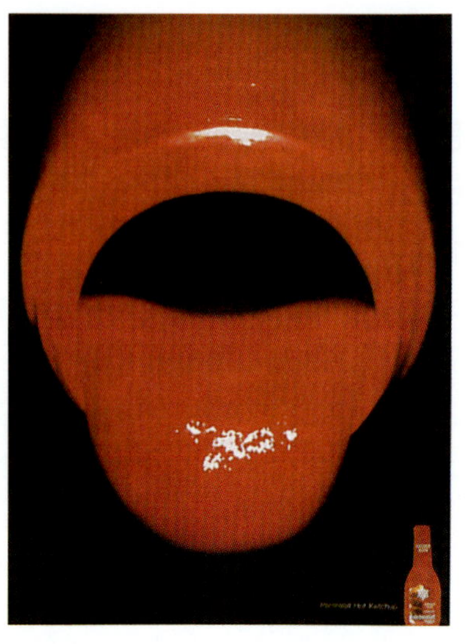

图 6-14　PARMALAT 辣番茄酱的广告创意

PARMALAT 辣番茄酱的广告创意——瓶口倒出的番茄酱如同一个人伸出的舌头，说明其够辣够味，令人垂涎三尺。

# 第六节　关联性原则

关联性体现在两个方面：一是广告创意必须与产品或服务发生关联性；二是广告创意必须与目标消费者发生关联性。广告如果没有关联性，就失去了目的。关联可以是内在的关联，也可以是外在的关联。

## 一、广告创意必须与产品或服务发生关联性

广告创意必须与诉求的主体具有高度的关联性，诉求主题可能是产品、服务、企业等。广告创意要在商品、服务之间建立有效的联系。两者之间的关联性越明显越好，越多越好。只有这样消费者才可以充分领会到自己的利益所在。

两者之间的关联性越明显越好——两者的关联性越明显，消费者的认知就会越明白，感受就会越强烈，这样的广告创意就发挥了它应该起到的作用。广告创意的表达与产品之间没有多少关联性，或者只有很弱的关联性，没有强化主体的卖点、特征，而且对消费者而言可信度也会下降，认为是牵强附会。两者之间的关联性明显程度，不能机械地理解为两者要如影随形。关联是指相关的联系，而不是形式的跟随。如有些卓越的电视广告，从头到尾都没有看见产品，只有最后的标版才出现，但仍然让消费者产生强大的共鸣，那是因为广告创意的意念与产品之间建立了高强度的内在关联

性，虽然只有最后一点（点出产品），但心有灵犀一点通。

两者之间的关联性越多越好——两者的关联性越多，广告创意就会越贴切、越生动形象，消费者可以从多个方面感受到产品或服务的价值。

1998年6月，广州丽江花园推出康城居，为14栋9层的楼盘，内有6000平方米岭南园林——康园。目标消费群锁定在25～45岁、月收入在2500～3500元的中级白领，他们有一定的购买力，有一定的文化底蕴和生活品位。其一款平面广告创意：利用独特的竖1/2报纸版面，从下至上依次排列九扇窗子（九层），每一扇都映出一幅不同园景（中国园林重要的特征是立体山水，移步换景），第五层窗扉紧闭，“这扇窗，在等着你，推开是……”，营造出一份悬念。大幅留白和单纯图景，形成了强烈的视觉冲击力。紧紧抓住了园林观景的“眼”，一窗子，因为中国园林讲究借景，而以窗景借户外之景，能体现园林式住宅传统与现代完美结合的特性；运用移步换景的手法，让观者如置身其中，在穿廊过门的举足转身之间，不经意地从一个空间进入另一个空间，饱览园景。使都市消费者领略“人充满劳绩，但仍诗意地安居于大地之上”的情愫。结果是消费者提前9天去排队购买。

产品或服务的核心价值是广告创意当然的主角。广告创意完全偏离了主体，没有与诉求的对象进行有效关联，两者之间是风马牛不相及，广告创意就成为不着边际的无聊甚至有害的东西。广告创意如果只是广告本身在自吟自唱，而把产品或服务丢在一边晾着，不是反客为主就是喧宾夺主。但在许多广告创意中“产品”危险地沦落为“道具”，它的风采被广告创意无情地掩盖，以至于许多广告作品，虽被观众津津乐道，却记不起产品是什么。广告人应百倍地重视产品与服务，并让它处于广告创意的“舞台”上最抢眼的位置。

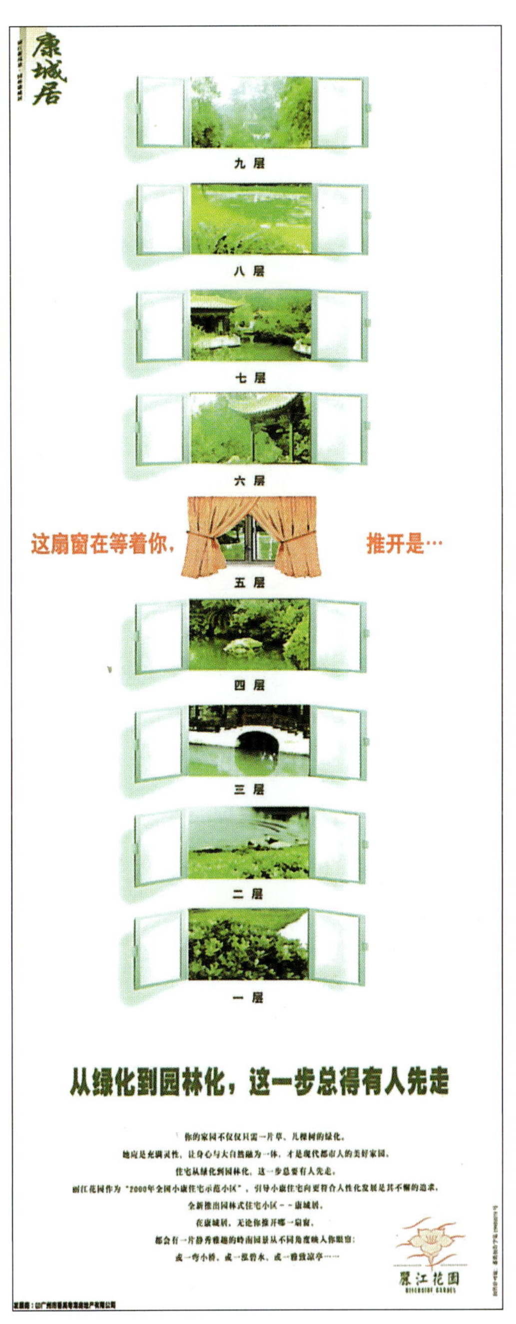


图6-15　丽江花园平面广告创意

## 二、广告创意必须与目标消费者发生关联性

广告创意必须与消费者特别是目标消费者有关联性，如果广告创意与消费者没有关联性，就不可能引起消费者的共鸣，就失去了广告创意的意义，就成为广告人的自娱自乐的玩意。

卓越的广告创意就是找到产品特性与消费者需求之间的结合部、产品特性与消费者需求的相交点，而且使这个结合部与相交点放大，使消费者更加真切地感受到自己的需要有了对象。有的出现消费者的形象，有的不出现消费者的形象，同样可以达到目的。（图6-16）

如果消费者从广告创意中得出“这正是我所需要的”，是与他的生活息息相关的，那就是一个好创意；如果消费者觉得这正是他梦寐以求的，那这个创意实在是太好了。好创意应该具有共鸣度。如果目标消费者觉得你所说的东西与他没有关系，与他的生活、与他的需要没有关联性，是无关痛痒的事情，那么这种广告创意就犯了原则性的错误。

图 6-16　奥迪 A4 的 97 商务车的平面广告创意

奥迪 A4 的 97 商务车的平面创意，将商务车的车门把手换成高档公文包的提手，这就鲜明表达了该款商务车是给商务人士使用的，是商务活动中必须的。

# 第七节　真实性原则

广告创意的最后一个也是最根本的一个原则就是真实性原则。广告创意必须是诚实的，是真实可信的，是令人信服的。

## 一、真实性的创意是生命力所在

### 1. 真实性的创意是企业生命力所在

绝大多数消费者是通过广告来认识企业及其产品和服务的，在大多数情况下，广告是作为企业的代言人或发言人，所以广告创意的真实与否成为消费者判断该企业是否诚信的重要依据。如果一个企业进行虚假广告，无异于饮鸩止渴，其结果就是搬起石头砸自己的脚，大大缩短企业的寿命，小则损失惨重，大则关门了事。而且在消费者法律意识日益强烈的今天，一则虚假广告创

意，很可能使企业官司缠身。

**2. 真实性的创意是品牌的生命力所在**

广告创意表达品牌的产品或服务的特点、功能，说服和劝诱消费者产生对应性消费，在大多数情况下，广告是品牌的产品或服务的推销员，消费者是根据广告创意的表达来决定是否购买该品牌的产品或服务。如果广告创意违背了真实性原则，夸大了优势和利益承诺，消费者在一次购买或使用该品牌的某个产品服务之后，发现根本不是这么回事，货不对版，误导了消费者，消费者就会对该品牌产生强烈的反感甚至厌恶，还会对该品牌属下的产品或服务都产生不信任。如果这种不信任普遍化，那么这个品牌就可能寿终正寝。更有甚者，是消费者对这个类别的产品或服务，乃至整个行业产生不信任，出现信任危机。例如一些保健品的广告创意存在夸大、虚假的成分，结果使所有的保健品广告的可信度大打折扣，极大影响了保健品行业的健康发展。

**3. 真实性的创意是广告生命力所在**

消费者轻信夸大、虚假的广告创意而误购了某个产品或服务，就会影响对广告的信任度。如果该消费者一再受骗，就必然对广告产生拒斥心理，也会对其他广告户生怀疑。目前一些消费者对广告的怀疑、不信任心态的存在和弥漫，就是许多虚假广告造成的恶果。因此，广告创意的真实性是广告本身的生命所在、力量所在。广告创意会因为失真而丧失自己的可信度，丧失了可信度的广告将毫无生命力，毫无价值。同时，创意的真实性是对于广告特性所可能带来的负面效应的一个强有力的遏止。任何事物都具有两面性，广告本身对社会发展有巨大的促进作用。富兰克林·罗斯福说：“如果我能够重新开始生活并任我挑选职业，我想我将会进入广告界。如果没有广告来传播高水平的知识，过去半个世纪各阶层人民的现代文明水平的普遍提高是不可能的。”同样广告会对社会有一定的负面效应。如果认真坚持广告的真实性原则，就会大大减少其负面作用，提升广告的社会效应。

## 二、创意的真实性与艺术性的关系

坚持真实性原则与广告创意的艺术性两者之间并不矛盾。

**1. 真实性是指广告创意依据的客观性**

广告创意中表达商品的产品、性能、产地、用途、质量、价格、生产者、有效期限、承诺或者对服务的内容、形式、质量、价格等作出的承诺必须是真实的而不是虚假的。在广告创意中使用有关数据、统计资料、调查结果、实验证明等方式提供商品和服务的质量、功能和保证必须真实、准确，而不是在头脑中臆想出来。在广告创意中表达的优势、特色、价值等是客观的而不是主观的。消费者具有知情权，消费者有权知道自己将购买的产品与服务的真实信息。

任何的广告承诺和广告利益点都是坚持真实性原则的。坚持真实性原则，就是坚持广告科学性的原则。因此，真实性原则应该是广告创意的首要原则。

**2. 艺术性是指广告创意表现手法的创造性**

广告创意表现的一个重要特点是将真实的广告信息，创造性地采用艺术的手法来表现。信息真实指的是广告创意中所提供的有关消费者所能获得的利益和承诺等的真实，而手法上的艺术虚构指的是广告创意可以用虚拟的场面、人物、情节故事、情景氛围、行为等来表现真实的广告信息。广告创意是在信息的真实性的基础上发展的创意，在形式和内容上，艺术地、有效地展示商品或服务的利益点。广告创意的创造性的发挥与表现，使产品或服务更加生动、形象、明白，具有典型的特征，产生艺术的感染力与说服力，使消费者更加直观、直接、清晰地了解。真实性是本体，艺术性是放大镜而不是哈哈镜。（图6-17）

在坚持广告创意的真实性与科学性的同时，注意不要进行机械的理解，否则广告创意就无从谈起。只有消费者所能获得的利益和承诺等做到真实，其余都是广告创意的艺术发挥的空间。

图 6-17　舒丝女士剃毛刀

舒丝女士剃毛刀的广告创意——“夏天到了，别做惊人之举”。夏天，女士穿着泳装在沙滩上的时候，在图书馆从书架上取书的时候，在飞机机舱放取行李的时候，在搭乘地铁抓着扶手的时候……都有可能做“惊人之举”。而舒丝女士剃毛刀，使你在夏天举不惊人，轻松放心。真实性是女士可能会在这些场合有这样的惊人之举，艺术性是将这种可能性典型化、集中化、放大化，使女性消费者在夏天产生购买的意愿与行为。虽然这些场合并不一定是每个女士都会出现的，但这不违背真实性原则。

## ? 思考练习

1.请运用本章的创意原则的理论，评析哈药集团的一系列广告创意表现的得失。

2.就你所熟悉的广告作品，列出最好和最差的广告创意，并说明原因所在。

# 第七章 广告创意的文案创作

广告创意的表现除了视觉形象的要素之外，另一个重要的要素就是广告文案。所谓广告文案，是指在广告创作中表现在广告作品中的语言文字部分。由于广告文案创作在很大程度上受到媒介的限制，因此，在具体创作上，根据媒介的不同又将文案分为印刷广告文案、广播广告文案、影视广告文案和网络广告文案四大类。

**本章的学习目标**

- 了解印刷广告文案的基本构成要素
- 理解电波广告文案的创作特点
- 掌握广告创意的表现策略
- 认识网络广告文案的基本原则

## 第一节 印刷广告的文案创作

在印刷广告中，图形、标题、副标题、正文、广告语、标志是最重要的构成元素。如图 7-1 所示，文案可以将图形、标题和副标题这一创意金字塔的相关环节联系起来。图形的作用是为了引起受众的注意；引起受众的兴趣环节一般与副标题和正文的第一段相呼应；正文则负责建立受众对商品的信用和欲望；而行动环节则由标志、广告语这些元素来完成。

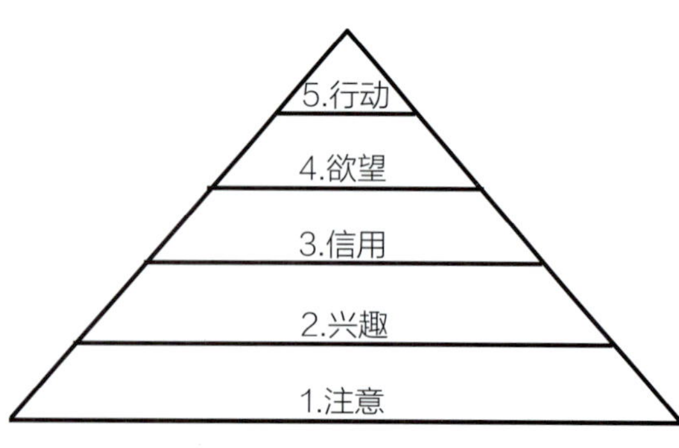


图 7-1　创意金字塔

### 一、标题

标题是广告文案中旨在传达最为重要的或最能引起目标受众兴趣的商品诉求信息，位于文案非常重要的位置，对文案全文起统领作用、以吸引受众阅读文案其他内容的简短语句。

**1. 标题的功能**

有效的标题创意能够起到引起注意、吸引受众、诠释图形含义、将目标受众引向文案正文的阅读及表现广告商品的诉求信息。

比如，2012 年绵阳某房地产开发商为其楼盘所作的报纸广告的标题是：一个爱马仕鳄鱼铂金包都可以买套房了，那还是买房算了。该广告标题颇具视觉杀伤力，很容易吸引受众的注意力，并导引受众阅读有关该楼盘的相关信息，具有相当不错的传播效果。

引起受众注意的常用方法是采用大号字体设计标题，让标题占据尽可能大的印刷版面，甚至是广告预定版面的 1/2。利用这种方法吸引受众注意的效果不亚于醒目的图片或绘画。

理想的广告标题应该能够尽量多地传达商品信息，同时，标题还应尽可能地视觉化，以便广告设计人员根据标题创作视觉图形以配合标题的诉求内容。

调查显示，阅读标题的受众比阅读正文的受众平均多 2 到 4 倍。因此，如果创意的广告标题不能打动人心，广告的创作就几乎等于失败，广告主的广告投放费用也就失去了任何意义。奥格威曾经说过："标题是大多数平面广告最重要的部分。它是决定读者是不是读正文的关键所在。读标题的人平均为读正文的 5 倍。换句话说，标题代表着一则广告所花费用的 80%。在我们的行业中最大的错误莫过于推出一则没有标题的广告。"[①]（图 7-2 ）

①大卫・奥格威著：《一个广告人的自白》，林桦译，中国物价出版社 2003 年版，第 121 页。

图 7-2 同升湖长沙山庄报纸系列广告作品

此作品是笔者当年在长沙一家广告公司任职时所创意的一组系列报纸广告创意作品，广告文案的标题分别是：首付 5 万元，即可拥有同升湖山庄的美丽风光；首付 5 万元，即可拥有同升湖山庄的清新自然，该组标题诉求明确，主题突出，极具促销性，信息量较大，效果明显。

### 2. 标题的类型

**直接标题** 又可称为直接诉求式标题，它以简明的文字直接向受众表明广告诉求的主题。如“教育是留给孩子最好的财富”（某信托银行储蓄广告标题）。该广告标题简洁质朴、意味无穷、一目了然，受众即使不看广告正文也能大致了解广告诉求的基本意思。

**间接标题** 又可称为间接诉求式标题，它并不直接点明广告文案的诉求主题，而是以耐人寻味的标题文字将受众的注意力转向广告正文的阅读。

**复合标题** 又称为多重标题，它实际上是一个由引题、正题和副题三个标题组合而成的较为复杂的标题群。在这种标题群中，各个部分所起的作用是不尽相同的。引题，是为说明信息意义或交待背景时所使用的；正题，一般用来点明广告文案的主要事实；副题，主要是对整体起补充说明的作用。

复合标题在具体运用时主要有三种组合方式：

第一种是引题、正题和副题齐全的组合方式。比如 1993 年 1 月 25 日西泠电器在《文汇报》发布的广告标题就属于这种组合方式：

引题 今年夏天最冷的热门新闻

正题 西泠冷气全面启动

副题 显示豪华气派 发动强力冷气 解放今年夏天

该广告标题由引题渲染气氛、烘托背景，而正题则单刀直入、突出主旨，副题则从三个方面对广告产品进行较全面的诉求，构成一则典型的复合标题。

第二种是引题和正题组合的方式。比如 DEC 电脑中国公司 1995 年发布的一则报纸广告的标题就是属于这种类型：

引题 哇，他们为什么要惊叫？

正题 全球首创的格力太阳能空调！

该复合标题由引题导出疑问，由正题给出答案，两者相辅相成，相得益彰。

第三种是正体与副题的组合的方式。比如美国电报电话公司 1995 年在报纸上发布的一则广告的标题：

正题　伯乐万里觅良才

副题　2014 年 AT&T 亚太奖学金，留学生活更无忧

该广告正题突出各个诉求主旨，副题则点名广告诉求的具体内容。

**3. 标题的性质**

根据不同的广告战略，广告文案将采用不同形式的标题，通常的文案标题创作必须忠实地体现广告创意的诉求策略。标题创作的类型可以划分为利益式、新闻信息式、启发式、疑问式和命令式。

利益式标题　即通过广告标题直接将广告商品的利益点向受众承诺，以引起他们的注意。其主要内容是：如果使用了某产品或服务，便会得到某种利益。以下是两则优秀的利益式广告标题：

高泰丝纤维，无论天上掉什么都令你温暖而干爽

50 天内学会外语，否则退款

新闻信息式标题　即以新闻通稿的标题方式进行标题创作，给受众的印象是直截了当、真实可信。如以下两则广告标题：

高薪聘请房地产专家

公告——最新"坐家赚钱"计划

启发式标题　标题创作的目的是挑动受众的好奇心，进而引起广告读者的疑问和思考。比如："美丽特啤酒的每一只酒瓶都是经过高温消毒的。"怎么回事？为了获取更多的信息，受众只好接着阅读广告正文。不过，也有可能受众看完标题就不再继续往下阅读了。为了避免这种情况的发生，创意人员可以考虑设计出有创意的视觉图形来进一步演示所诉求的信息或进行情节性的诉求。

疑问式标题　一般通过设问的句式向受众提出问题，鼓励受众在广告正文中寻找答案。如固异特的一则广告标题：为什么我们的轮胎用户比别人更精美、更富裕？优秀的疑问式标题往往会激起受众的好奇心和想象力，但如果标题提出的问题让受众很快就能作出回答（或者更糟的是作出否定的回答），广告的其余部分就有可能被受众一晃而过。比如，设想一下这样的标题：你想买保险吗？受众可能会回答"不"，然后就转移其视线，翻看报纸的其他内容了。

命令式标题　即通过命令的语气促使受众采取一定的行动。不过，使用这种方式有可能显得生硬，使受众产生反感。比如：躲避不是办法（雅倩冰点防晒霜）。（图 7-3）

图 7-3　雅倩冰点防晒霜广告作品《躲避不是办法》

此为笔者的学生（彭长河、胡人方、卜小飞、何玄静）在校期间创作的作品，获 2004 年中国广告协会学院奖的全场大奖。作品在创意之初很快便对创意的主题"防晒"形成了共识，但在怎么说的问题上费了许多周折，最后才逐渐确定"躲避不是办法"的创意主题。在视觉表现上同样也是在绞尽脑汁之后灵感忽至，在校园的一角完成

了拍摄工作。此作品的精彩之处在于充分地利用了对比的策略：人数的多与少的对比、画面的阴和阳的对比、学生打遮阳伞与不打遮阳伞的对比等等，十分准确地表现了产品的独特功效。

## 二、正文

正文是指广告文案中旨在向受众传递大部分的商品品牌信息、居于广告主体地位的语言文字。正文和标题在各自的作用上有所不同。标题的主要作用是吸引受众的兴趣，而正文的作用则是促使受众对商品的特性产生认知并激发起购买欲望。因此，正文就是要通过标题所提示的内容对商品信息作进一步的阐释和说明，促使广告受众接受广告所诉求的信息，进而采取购买行为。

正文是由兴趣、信任、欲望甚至行动这几个环节所组成，是标题内容的延伸和发展，所涉及的内容包括商品或服务的特点、利益和用途。

据调查，在印刷媒体中的广告受众每 10 个读者一般只有 1 个读者阅读正文。因此，正文的撰写必须努力引起受众的兴趣，并表现出广告商品或服务能够满足消费者需求的基本属性。（图 7-4）

图 7-4　意识形态广告公司为中兴百货创作的广告作品

此广告以文案见长，画面只是诠释文案的内容而已。女人的手提袋被比喻成购物欲望，而粉红色的葡萄糖则象征着消费美学的价值观念。其文案内容如下：

标题　银行倒闭不会令我不安，服装店倒闭才会令我不安

正文　国民生产毛额无法累计出幸福　泡沫经济无法幻火品位　节制消费无法弥补南极的臭氧层　信用卡数字无法伪装美学天赋　惩罚唯物论者无法降低失业率　关系无法建立在唯心基础上　人造皮草无法取代 ARMAINI 的羊毛绒　看待时尚受害者最健康的方式　不是让她们服用禁欲的阿斯匹林　而是继续让她们在服装店无怨无悔　克制购物欲是天真的道德主义　因为欲望从来没有不景气的时候

### 1. 正文的格式

创作优秀的正文的关键在于文字简洁、有序、可信和清晰，行文应该清楚、有趣、易记、有劝服性、令人激动、毫无雕饰等。印刷媒体的正文格式主要有预备段落、内容段落、收尾和结尾等元素构成。

预备段落　是连接标题和正文诉求点之间的过渡性文字，其作用类似于副标题或新闻通稿的导语。预备段落属于兴趣环节，因而必须吸引受众并将受众对文案的阅读兴趣转化为对商品的兴趣。

内容段落　以商品诉求的实质性的内容为主，包括向消费者做出的许诺和保证提供证明，建立广告的可信度，通过语言启发受众的想象力，培养受众的消费欲望。广告主应借助调查

数据、证言和担保来支持自己的产品承诺。因为这类证明有利于广告主避免代价高昂的法律纠纷，使消费者确信产品品质真实可靠、增强对企业的好感，最终达到刺激销售的目的。

收尾　正文的收尾部分交织在内容段落之中，其内容主要是建议受众立刻采取行动。好的正文会不止一次地要求受众采取行动，邮购广告则会多次要求受众采取行动。受众往往在阅读完正文之后就已做出购买决定。

结尾　该部分内容的文字除了继续鼓励目标消费者积极采取行动之外，更重要的是将如何购买商品的相关信息交待清楚。包括供货商店地址、电话、传真、网站等。

### 2. 正文类型

正文的表达方式并没有固定的模式，只要能够达成销售目的，采用什么方式都可以。常见的正文类型包括直接推销式、企业形象式、叙述式、对白 / 独白式和技巧式。

直接推销式　即在正文中以开门见山、客观而直截了当的表现手法，向目标受众诉求商品或品牌的相关信息。由于此种方式一般按产品诉求点的重要程度进行简明描述，所以特别适宜需要受众仔细斟酌或使用难度较大的产品，尤其适用于直邮广告和工业或高科技产品。

企业形象式　即正文内容不涉及商品的具体诉求信息，而是推广企业的文化理念或品牌精神，其目的旨在赋予企业真诚、亲切、可信的形象。银行、保险公司、公共设施机构和大型生产企业常常在印刷媒介的广告中采用这种方式撰写广告正文。

叙述式　即正文内容先设定一个故事情景，然后在最后时刻才亮出商品，让商品来解决故事中的问题。这种方式为情感诉求提供了平台。保险公司的广告就常常采用这种方式，首先是叙述一个人猝死的辛酸故事，最后，才表明不幸中的万幸—这个人刚刚购买了保险公司的保单。

对白 / 独白　即以对话或第一人称的方式撰写正文，以表现文案的真实性和纪实性。不过，对白 / 独白式正文若写得毫无创意可言的话，则会单调乏味，甚至令人觉得矫揉造作。

技巧式　即在正文的写作过程中，运用一定的修辞（如双关、比喻、谐音、排比、夸张，甚至散文风格等）手法来增强受众的阅读兴趣和记忆。比如下面这则由台湾李欣频创作的优秀的广告文案：

引题　情人节书展

正题　新的“书”情方式

正文　亚当阅读夏娃，找到上帝创世纪中不存在的秘密花园

罗丹阅读卡蜜儿，发现哥伦布没有发现的美丽海岸线

萨特阅读西蒙波娃，发现一本不是用荷尔蒙书写的爱情白皮书

罗密欧阅读朱丽叶，相信爱情不能得到永生，却比任何事情都值得去殉教

爱情难求，情“书”唾手可得

今年情人节唯一可以取代玫瑰和巧克力的示爱品

二月三日至二月二十九日

全省五家诚品书店浪漫展出

## 三、广告语

广告语又称广告口号，是为了加强受众对企业、商品或服务的印象，在广告中长期反复使用的一种简明扼要的口号性语言或文字。广告语的内容主要是向目标受众传播企业长期不变的品牌理念。其特性主要包括以下几个方面:

信息的单一性　广告语通常传播的是企业或产品的单一而明确的信息内容，因为毕竟广告语仅仅只是一句口号，它不太可能也没有必要负载全部的商品信息诉求内容。如菲利普电器的广告语：让我们做得更好，即是以这种方式创造的广告语。

句式的简短性　广告语通常都使用简洁精悍的句式。如“请喝可口可乐”“农夫山泉有点甜”这类广告语即是典型的例子。因为复杂的、过长的语句会降低受众的理解程度、记忆度和他们自觉传播的积极性，从而难以起到广泛传播的功效。

语言的口语性　广告语通常使用大众所熟悉的词汇和表达方式，很少使用生词、新词和难以辨认的字或书面语言。如味道好极了、学琴的孩子不会变坏等。因为受众对不熟悉的语言、文字的记忆较为困难，且书面语言也不太可能在受众中以人际传播的方式加以流传和扩散。

使用的长期性　广告语通常在一个相当长的时期内反复使用，很少轻易改变。因为受众从接触到认同，再到记忆直至自愿传播广告语，必然是一个较漫长的过程。而广告语的频繁变化将直接影响广告语的传播作用，至少会使目标受众产生对企业、商品或服务经营管理不稳定的印象。

# 第二节　广播广告的文案创作

电子媒介的文案创作与印刷媒介的文案创作没有本质的差别，只是在创作的格式上有所不同。

广播广告的独特之处就是通过声音来诉求广告信息，也就是“以声夺人”。广播广告的声音包括人声（语言）、音响和音乐，即所谓的广播广告的三要素。

## 一、人声（语言）

人声主要指人的语言，同时也包括人的歌声、情绪声、呼吸声以及人群嘈杂声、交谈声等等。语言是人际交流中最常用、最重要的手段。广播中的语言与印刷媒介中的语言有着本质的不同。印刷媒介的语言是抽象符号式的书面语言，而广播中的语言则是有声的无形的口头语言。

广播常被人们称誉为“脑海中的剧院”，就是说它是以人声为主的声音来叙事的，通过调动听众的想象力，给人一种“如见其人，如临其境”的感觉。也就是说广播是在人的脑海中以声音来“塑造”视觉形象的。

**1. 广播语言的特色**

与印刷媒介的广告语言进行比较后，我们大体上可以将广播广告的语言特色归纳为通俗易懂、简洁明快和塑造情景。

通俗易懂　广播是典型的大众媒介，其听众人数众多，且听众在收听广播过程中没有任何障碍（印刷媒介的读者必须具备一定的文化水平），要让众多的听众听懂广告的诉求内容是广播广告最首要的问题。因此，通俗易懂、深入浅出、一听就明白是广播广告语言所必须具备的特点。

简洁明快　广播广告的时间很短，仅有几十秒，最长也不过一两分钟。所以广播广告一定要注意语言的简洁明快。一方面，语言的简洁可以为音乐或音响留出时间，有助于广告整体氛围的营造；另一方面，语言的简洁还可以给播音员或演员以停顿和喘息的机会，使广告的语言听起来快慢有致、抑扬顿挫，更富感染力。

塑造情景　广播广告只能通过人们的听觉来调动、促进听众的想象力，所以如何塑造一个立体化的情景以强化听众对广告的整体印象就显得十分必要。这就要求广播广告的语言应尽可能形象、生动。

**2. 广播广告文案的特性**

由于广播广告的文案最终的表现形式是人声而不是文字，因此它与印刷媒介的广告文案相比就有着诸多的差异。这种差异主要表现为以下几个方面：

没有标题　在印刷广告文案中，标题起着提纲挈领、引起受众兴趣的作用，其重要性自不待言。广播广告却恰恰没有这个优势。由于没有标题，这就给创作增加了难度。创意人员必须考虑怎样在文案的开头部分就能够抓住听众的注意力，这是广播广告能否成功的关键所在。

主题内容必须强化　广播广告不同于印刷广告之处还在于其转瞬即逝且不可重复，因此，广播广告文案应想方设法突出和强调广告主题，以使听众即使记不清广告诉求的全部内容，也至少可以记住广告诉求的主题内容。

广告语的作用更加重要　广告语的特点就是简短易记，便于传播，且能够突出品牌或企业的个性，这些特点最适合运用到广播文案的创作上。大多数广播广告都用一种具有特质的语音来强调和突出广告语，听众即使记不清广告的全部内容，但只要记住了广告语，那么，广告的目的也就基本达到了。

## 二、音响

音响是广播广告的主要表现手段之一，其作用是可以大大增强广播广告的表现力和感染性。概括地说，音响可以创造一个声音环境，可以叙述或表现一个事件，也可以表达人的思想和感情。

**1. 音响的叙事性**

现实中的一切生物和自然现象都有自己独特的声音，如风声、雨声、鸟鸣、马嘶、虎啸等等。而且，声音总是伴随着形象的。这就是人们通过听觉（音响）产生视觉联想的原因。

著名电影导演大师希区柯克曾说过：“音响效果应该当做对话来处理，对话可以当做音响效果来处理，人的喊叫和笑声同样可以传达重要的信息。”[①] 在此，希区柯克所提出的观

①周建梅、路盛章、董立津著：《电波广告/平面广告》，中国物价出版社 1997 年版，第 277 页。

点实际上就是音响的叙事性。

广播广告中的人物不需要说自己把碗打碎了，听众只要听到瓷器破碎的声音和人物惊叹的声音就会立刻明白发生了什么事情。如果广播广告要表现喝饮料的过程，只需要使听众听到打开瓶盖时所发出的“嘭”的声音，再加上人喝饮料时喉咙里发出的“咕嘟咕嘟”的声音，最后是人喝完后所发出的舒适愉悦的“哈”的声音，就会使听众产生极为深刻的视觉联想和强烈的消费欲望。

### 2. 音响的表现力

主要是通过听众的联想来实现的，而这种联想又是通过独特的创意而引发的。和视觉一样，声音同样具有非凡的表现力。因此，对音响的巧妙使用，可以把许多无法或难以表现的事物轻而易举地传达给听众。比如，获得2004 年全国广播广告一等奖的作品《一心不能二用篇》就很好地将音响的表现力发挥到了极致。其文案内容是：

关车门的声音
汽车发动的声音
公路上嘈杂的汽车声、喇叭声
清晰的电话铃声
电话里的女声：晚上有空吗？
男声：有空啊。
女声：那我在老地方等你，不见不散。
男声：好的，拜拜！
公路上嘈杂的汽车声、喇叭声
清晰的电话铃声
电话里的女声：老公，晚上回家吃饭吗？
男声：不行，我晚上还要开个会……
紧急刹车声、强烈的物体碰撞声……
旁白：一心不能二用。
请注意交通安全

### 3. 音响的个性化

现代企业都比较重视企业的形象视觉识别设计，以期通过统一的视觉识别系统使受众对企业品牌形成认知与记忆。其实，企业也可以通过创作出有个性特征的音响识别来作为本品牌的标识，使听众一听到这个音响就知道是什么品牌的产品或企业。这种听觉的识别音响可以采用与商品有某种联系的声音，如海鸥表就采用海浪的声音和海鸥的鸣叫声作为其电波广告固定的听觉识别标志。

## 三、音乐

音乐是一种抽象的艺术形式，具有强烈的情绪性，对于人的情感、态度、行为影响极大。音乐的最大的特性是共同性，常常可以超越种族、年龄、地位、民族的界限，音乐的这一特点最适合于广播这种诉诸人对听觉器官的媒介。

音乐虽然是一种十分抽象的艺术，不像人声（语言）和音响那样能够准确地表达特定的信息内容，但在表现人的感觉和情绪方面却有着自己细腻感人的独特优势，这种能力是其他任何艺术手段都无法达到的。具体而言，广播广告中的音乐主要分为两种类型：背景音乐和广告歌曲。

### 1. 背景音乐

主要是利用乐曲来烘托气氛，配合人声使用。如某品牌的旱冰鞋的广播广告，开头部分就是以《溜冰圆舞曲》的音乐缓缓混入并配合始终。听到这首熟悉的优美抒情的乐曲，听众的脑海里自然就浮现出欢快的溜冰者在冰上翩翩起舞的动人场景，并激发起听众溜冰的欲望。

**2. 广告歌曲**

就是把广告中所要传递的重要信息用歌曲的形式表现出来。前几年的步步高产品的电波广告就采用了广告歌曲来传递诉求信息，起到了很好的传播效果：

世间自有公道，付出总有回报，说到不如做到，要做就做最好。步步高。

## 四、创作

广播广告的创作同其他媒体的文案创作的要求是一样的，即必须服从广告的整体策略规划，必须有明确的广告定位、明确的诉求主题和新颖的创意。但除此之外，广播广告的创作还有着自己特有的规律。

**1. 诉诸听觉的创作**

创作听得懂的文案　文字是有声语言的符号，但又不完全是一对一地等同于有声语言。我国有许多文字音同字不同，写出来明明白白，听起来却莫名其妙。如“某某商店出售食油”，是食用油，还是工业用的石油？又如“每到三月，桑事繁忙”，听起来极易闹笑话。所以，广播广告的文案创作一定要多读、多听，一定要用口头语言进行创作，一定要创作能够让听众听得懂的文案。

整体规划三要素　一般而言，每一条广播广告都是由上述的三要素共同构成的。因此，在广播广告的创作中，应对三要素的整体规划加以全盘把握，否则，就可能使一则广播广告缺乏整体感，从而影响广告诉求的整体效果。

**2. 诉诸情感的创作**

精彩的开头　广播广告的听众大多是在无意识的状态下收听广播节目的，因此，广播广告要想达到信息诉求的目的，必须在广告的开始部分能够立刻吸引听众的注意并引起他们的兴趣，否则，广告的后续内容就会被听众抛之脑后，广告的效力自然也就损耗大半。

以情动人　广播广告使用的语言多是口头语言，而口头语言不同于书面语言的地方就在于口头语言更加亲切、动人。

**3. 高度自由的创作**

从表面看，缺乏视觉形象是广播媒介的最大的劣势，但事物都有两面性，这一劣势在某种程度上又可以转化为最大的优势。因为没有视觉形象的听觉信息更可以促使听众展开想象的空间，也给了创作人员很大的自由度进行创作。

充分调动听众的想象力　广播广告只是依靠声音进行传播，因此它反倒可以激发听众丰富的想象力。借助于听众的想象，广播媒介可以完成其他任何媒介难以完成的使命。难怪有人说“描述天下第一美女，只能用广播。”美国营销学专家曼尔玛·赫伊拉说过：“不是卖牛排，而是卖煎牛排的吱吱声。”

努力塑造声音的个性　在众多的广播广告的海洋里，没有个性特征的广告是难以给听众留下印象的。因此，广播广告的文案一定要努力塑造与众不同的声音，塑造令人难以忘怀的音乐形象，使听众一听到你的语音或音乐就知道是你，而不会与其他品牌形成记忆混淆。

Q&A:

## 第三节　影视广告的创作

如果说平面广告作品是一种空间的艺术，即创意人员要在一定的空间范围内考虑如何运用色彩、线条等基本要素去表现出更具有审美品位的广告作品，那么，影视广告作品就是一种时间的艺术，即创意人员要在一定时间范围内考虑如何运用蒙太奇表现手法以创作出能够传达更丰富、更有感染力的广告作品。前面几节内容专门对平面广告视觉表现的各种手法予以详尽的介绍，本节将专门探讨影视语言的基本内容。

### 一、影视视觉语言

#### 1. 镜头组接

镜头的组接又称为剪接，就是将分散、零碎的镜头连接在一起的过程。影视广告的诉求内容不可能一气呵成地拍摄完毕，它被分成一系列的镜头来拍摄。于是，镜头与镜头的组接就必须符合现实生活的逻辑和人们一般思维的逻辑，这样组接起来的镜头画面才能被广告受众准确无误地接受和理解。

镜头组接的方法是多种多样的。由不同的剪接方式组接的镜头画面给广告受众的心理感觉是完全不一样的，甚至会在很大程度上影响受众对广告讯息的理解与接受。以下介绍几种镜头组接的方式：

分切　是指把两个有内在联系的镜头直接衔接在一起，前一个镜头叫做切出，后一个镜头叫做切入。这种做法又被称为无技巧剪辑，利用这种方法剪接的镜头画面可以达到对比强烈、节奏紧凑的效果。这种方法简洁、朴实，也是影视广告作品最常使用的方法。

叠化　是指将两个或两个以上不同时空中的不同景物与人物、画面重叠起来，复印在一条胶片上，相互重叠的各个画面内容之间有内在的联系。如表现一个人在回忆或梦幻中重叠交替隐现多种不同景象，可使人物的潜在意识形象化，并表达出人物在情绪纷繁复杂时的精神状态。

渐隐渐现　也称淡入淡出，即前一场景的画面逐渐暗淡直至完全消失（渐隐）和后一个场景的画面逐渐显露直到十分清晰（渐显）。这种手法用以表现某一个情节的终结和另一个情节的开始。利用这种方法剪接的镜头画面可以达到节奏舒缓、平稳的效果，给受众一种“间歇”的感觉。

划入划出　又称划变。表现形式是滑移，即后一个镜头从前一个镜头画面上渐渐划过，前后交替。这种手法现在已很少使用，但有时也被用来加强某种视觉效果、情绪或节奏。划的技巧在广告中常常被采用，且花样繁多。如左右划、上下划、多角形划、菱形划和螺旋形划等。

#### 2. 蒙太奇

蒙太奇是法语中的一个建筑学名词，原意是安装、组合、构成，借用到电影里，最初就是指镜头和镜头的组接，并很快成为国际电影行业的通用语。

虽然蒙太奇是影视创作中极为重要的概念，但至今未止，蒙太奇还没有一个统一的定义。

大英百科全书的解释是："蒙太奇指的是通过传达作品意图的最佳方式，对影片进行的剪辑、剪接以及把曝光的影片组接起来的工作。"法国电影理论家马塞尔·马尔丹在其《电影语言》一书中对蒙太奇的定义是："蒙太奇是电影语言最独特的基础。蒙太奇意味着将一部影片的各种镜头在某种顺序和延续时间的条件中组织起来。"前苏联著名的电影导演艺术家爱森斯坦则认为："蒙太奇不是用连接在一起的画面叙述思想，而是通过彼此独立的两个画面的冲突而产生思想。"

上述各家的解释虽有不同，但对蒙太奇的本质作用的看法还是大体一致的。即蒙太奇是影视作品创作过程中的一种独特的思维方式；并且，蒙太奇是画面语言的构成方法。

蒙太奇的表现方式主要分为两大类，即叙事性蒙太奇和表现性蒙太奇。这两种蒙太奇之间并没有明显的鸿沟，有些蒙太奇的运用虽是叙事性的，但却已具有了表现的价值。

（1）叙事性蒙太奇。

顾名思义，此种蒙太奇运用手段就是把故事讲清楚，把情节交待得有条不紊。这是蒙太奇中最简明、最直接的一种表现形式。其作用是连接段落与段落、转场、贯穿动作线索以节约时间、压缩空间，使情节清晰、自然。叙事性蒙太奇又可以分为连续式、平行式、交叉式、积累式、复现式和颠倒式等基本形式。

**连续式** 是影视作品中运用得最多的、最基本的一种叙事手法。其优点是有头有尾、脉络清晰、层次分明，受众易于理解。大多数的影视广告创意基本上都是采用这种方法进行后期制作的，如迪赛尔品牌电视广告《人工呼吸篇》就是典型的运用此种方法的经典作品。

图 7-5 迪赛尔品牌电视广告《人工呼吸篇》截图

此作品曾获1997年戛纳广告节全场大奖。广告的故事情节较为简单，讲述了一群学生在户外进行夏令营活动时，老师向学生传授人工呼吸的施救方法，只是画板上显示的是一位帅哥和一位美女，学生们以为会有美女参与体验，于是个个都跃跃欲试。此时，一位比较蛮横的同学推开别的同学，准备自己与想象中的美女体验学习人工呼吸的施救方法。不料，出现在他面前的却是一个满脸胡须的老人，蛮横同学虽然极不情愿，但也不得不对自己的言行负责任，勇敢地进行了人工呼吸的尝试。不过，蛮横同学在勇于面对残酷现实的同时，并没有忘记其对美好生活的向往（与美女在一起）。广告的诉求主题是为了成功的生活。

平行式　是将两条以上的情节交替叙述，把在同一时间但不同空间的事件同时予以交待，使之具有共时性。许多警匪片的情节表现就常常采用这种手法。一般而言，由于受到时间的限制，大多数广告创意都不太可能运用此种方法。但是，也有一些品牌广告在创意的过程中运用此种方法，同样获得极大的成功，如获得1998年戛纳国际广告节全场大奖的迪赛尔品牌电视广告《历史性的一刻》就是典型的运用此种方法的经典作品。（图7-6）

图7-6　迪赛尔品牌电视广告《历史性的一刻》截图

此作品曾获1997年戛纳广告节全场大奖。广告表现了真善美与假恶丑的对比，运用来回切换的方式并行交待两条主线。一条主线是代表真善美的牛仔帅哥，另一条主线是代表假恶丑的瘸腿恶棍。在用一些细小情节和画面渲染两者的不同的生活和行为方式之后，两人终于在街上相遇了。观众都以为牛仔帅哥肯定会战胜瘸腿恶棍。然而，广告的结局却正相反，被打死的是牛仔帅哥。此时，画面出现迪赛尔的广告语："为了成功的生活"。该广告创意的深刻之处就在于其出人意料的结局，其实，广告创意讲究的就是"情理之中，意料之外"。迪赛尔所宣扬的"成功"是道德层面的成功，是精神价值的成功；而且，迪赛尔认为"成功"是来之不易的，也正因为此，才激励着一代又一代的仁人志士为了自由、为了真理而不惜与敌对势力作殊死的斗争，这种与假恶丑不断抗争的过程才是"成功"的全部内涵。

交叉式　即将具有共时性的两个以上的平行动作或场面予以交替出现，其情节画面互相交叉，相互加强。

积累式　即把一连串性质相近并说明同一内容的镜头组接在一起，给受众造成视觉积累的效果。

复现式　即在影视作品中前面曾出现过的画面、动作、对白，以及场面、道具、音乐等，在后面又重复出现，以产生前后呼应、首尾相接的强化效果。

颠倒式　即把故事情节从现在转到过去，又从过去转到现在，产生倒叙或插叙的效果。

（2）表现性蒙太奇。

表现性蒙太奇主要不是用来叙述故事情节本身的，而是为了表现某种寓意、情绪、精神，其追求的是镜头与镜头组接之后所产生的"新的含义"。表现方式主要有对比式、隐喻式和象征式等。如电影中的某位主人公牺牲之后，画面上出现了一棵高大苍翠的青松，就是典型的表现性蒙太奇。不过，在广告创意表现中这种方法基本上不会使用。

对比式　即把不同内容、不同形象、不同声音的画面组织起来，从而造成强烈的对比关系。例如，一贫一富、一高一低等，以起到相互衬托、强调的作用。

隐喻式　即将貌似相同而实质不同的两个事物加以并列，以此喻彼。

象征式　与隐喻式近似，即将某一具体事物与另一事物并列，以展示这一事物的意义。用具象的事物比喻抽象的概念。如用鲜花象征幸福即属此例。

## 二、视觉形象的表现

### 1. 隐喻式广告

国内的广告主非常喜欢采用直截了当的方式进行广告创意，试图达成其理想的传播效果，但却往往事与愿违。实际上，视觉形象与语言文字的最大区别就是前者所传播的信息较之后者具有更多的丰富性及较大的模糊性和不确定性，这也是视觉形象的魅力所在。比如，达·芬奇的《蒙娜丽莎》油画作品所传达的信息就具有典型的丰富性和不确定性，这也导致不同的受众对同一幅作品的理解往往大相径庭。因此，利用隐喻式的蒙太奇方法，可以使视觉形象充分发挥自身的作用。

在电视广告史上，能够充分发挥视觉形象作用的经典案例当属 1984 年播映的苹果电脑上市广告。该广告的背景设置在一个阴森恐怖、带有未来色彩、既像是工厂又像是监狱的建筑物内。广告由并列的两组形象构成，一边是剃着光头、身着相同的单调制服、神情沮丧的一群人；另一边是一位充满活力、体格健壮的妇女，她身穿紧身衬衫和短裤，画面中弥漫着的淡蓝色烟雾更突出了人物苍白的脸色和像机器人一般整齐划一，毫无个性。第一组人群集聚

图 7-7　苹果电脑影视广告作品《1984》

在巨大的电视屏幕前，屏幕上一个男子气势汹汹地注视着他们，用单调低沉的声音念诵着极权主义的口号：我们是一个民族，拥有同一个意志，同一个决心，同一个事业。那位妇女的形象与上述场景不断交替出现在画面中，在一系列的闪景中，她面向观众跑来，双手紧握一把长柄榔头。当大屏幕上的男子还在继续向他的那群观众发表冗长的讲话时，这位妇女冲到他们中间，抡动榔头，对准男子的嘴巴用力投去。此时，电视出现了屏幕爆炸的画面，爆炸时所发出的白光照亮了那群观众一张张充满敬畏的脸，这时的广告画面出现了唯一一次的广告诉求：1 月 24 日苹果电脑公司将推出苹果个人电脑，你将看到 1984 年为什么不会像《1984 年》。（图 7-7 ）

该条广告的故事情节和场景相信只要看过美国知名作家乔治 · 奥威尔的名著《1984》的人就会心领神会该广告所要诉求的主题：苹果将打破 IBM 的市场垄断地位。这条广告仅在 1984 年的橄榄球超级杯赛期间放过一次，但是它所产生的影响却至今仍被广泛分析和讨论。当然，许多没有看过小说《1984》或者对政治形态或相关理论没有多少兴趣的受众对该广告视觉画面到底在传达什么意思可能并不十分理解。不过，许多受众还是能够感觉到这条广告所诉求的内容有着某种对比的意味，只是这种对比的实质究竟在表达什么就比较困惑了。与此同时，人们普遍认为这条广告取得了巨大的成功，因为它引起了受众对苹果电脑的强烈的兴趣。在广告学术界，这条广告被誉为有史以来最伟大的作品。显然，在这一经典广告案例当中，意义难以理解并不完全是广告成功的主要障碍，情况似乎恰恰相反，人们一直认为，正是由于这条广告的意义难以理解才使得该广告产生了非凡的影响。[①]

确实，该广告没有向受众发出明确的诉求信息，但却反而引得受众试图去破解其视觉画面所隐含的意义。广告中所提及的由乔治·奥维尔创作的小说《1984》可能会使受众联想到老大正通过监视器注视着人们，进而受众也许可以将新型的苹果电脑理解为一种划时代的全新工具，这一新兴工具将帮助人们从某种形式的暴政（例如其他电脑设计所要求的刻板的工作模式）下解脱出来；而广告的视觉风格与20世纪80年代初的科幻电影也有许多共同之处，那些电影一向都把未来描述成令人生畏的集权暴政，这种风格的相似性也在诱使受众隐约得出与上述相同的结论。另外，受众可能会把那位妇女手中的长柄榔头与苏格兰联系起来，因为扔榔头是苏格兰人的传统体育项目。至于那些聚集在一起的群众形象以及巨大的电视屏幕上的那张脸上的蓝色，可能还隐喻了国际商用机器公司IBM，因为IBM的标准色就是蓝色。于是，该广告的视觉结构就又有了一层新的含义：即广告中的妇女隐喻了新生的苹果电脑，而广告中的工厂或者说像监狱一样的环境象征了IBM，那么，广告所隐含的整体信息就是向受众宣告一个预言：横空出世的苹果电脑将打碎官僚气十足的对手在电脑领域的统治地位。

广告活动的目的之一就是要加强商品在市场竞争中的地位，为此，就不可避免地会在广告诉求中攻击竞争对手。问题是直接攻击竞争对手会导致两败俱伤，于是，采用隐喻的方式使广告的视觉形象产生更为丰富但并不确切的信息，反而会增加广告的吸引力。一方面，它使广告得以向受众暗示出无法或不愿以更为公开的方式所传达的信息；另一方面，它也可以吸引受众和评论家花更多的时间去思考、谈论这一广告，从而增加了受众自己体会出隐喻信息的可能性，使受众对广告诉求品牌产生更为深刻的印象。

### 2. 视觉并列式广告

视觉并列式广告是指在屏幕画面上以左右并列的方式同时播放两个在情节或内容上有内在关联的视频画面。由于视觉并列式广告在画面上所诉求的信息较多，使得受众难以集中精力正确接受和理解广告主所要传达的商品信息。因此，严格说来，不太可能有哪位广告主愿意创意和制作从头至尾都是视觉并列式的广告作品。不过，在影视广告中创意使用这种手法作为镜头表现的一种方式还是可以予以尝试的。

视觉并列式广告的表现方法主要有以下几种：因果关系、对比、比喻。

因果关系　视觉并列式广告的构成元素主要有人物、生活方式、产品形象。在具体运用这些元素时可能会为广告主的创意策略所规范，有时会以人物形象为表现主体，即将产品与其“典型的”使用者相联系；有时又会以生活方式为表现主体，即所强调的重点在某一产品使用的背景或社会环境而不是特定的使用者；有时还会以产品形象为表现主体，即表现产品与某些比较抽象并非实用的领域之间建立

①保罗·梅萨里著：《视觉说服——形象在广告中的作用》，王波译，新华出版社2004年版，第168页。

象征性的关系，而不是仅仅注重其使用功能。但是，不管采用哪种方式，这些并列的视觉形象之间都有一个共同的因素，即因果关系。比如，将某一产品与支持该产品的名人并列就有可能向受众证明该品牌产品的品质，同时还可能暗示一种隐含的信息：如果你买了这款产品，那么在他人的眼里你就和这些名人所具有的生活品质产生了关联。总之，大多数将产品与某一正面的视觉形象并列的广告都可以被看做是在暗示产品与正面形象之间存在着某种因果关系。

对比　在视觉并列的广告作品中将两个或两个以上具有前后关联的影像向受众诉求有关信息，以使受众通过视觉形象的对比产生对诉求信息的理解与认同。这种表现方式的目的是便于受众对产品产生直观的认知。

比喻　是文学表现的一种修辞手法。通俗地说，就是将甲事物比作乙事物。利用比喻是广告中视觉诉求的一种常规手法。例如，仅在汽车广告这个类别中，人们就会看到各种各样的比喻：有比作雄狮的丰田、比作老虎的埃克森、比作猎豹的宝马等等。广告主之所以喜欢将自己的产品比做上述这些动物，一个最主要的原因是并列的形象可能比产品本身的图片对受众有更大的吸引力。况且，根据学者的调查研究发现，有三种视觉形象最容易引起人们的关注度和兴趣，即美女（beauty）、动物（beast）和婴儿（baby），这是在广告界著名的创意法则，即3B原则。

与其他修辞手法相比，比喻手法比较含蓄，它往往通过与广告所诉求的商品本质特征类似而且又是受众所熟悉的事物来借题发挥、延伸转化，从而给受众意味无穷的感受。

## 三、影视广告的文案撰写

### 1. 影视广告文案的特点

影视广告的文案撰写与印刷广告和广播广告的文案创作有很大的区别，这种区别就在于，印刷广告和广播广告的文案都是通过语言文字的创作来表现的，受众是直接通过阅读或收听文案的语言文字来认知诉求信息的，这与人们通过语言文字阅读／收听文学作品的方式并无不同，这就自然要求印刷／广播广告的文案具有相当的文采和艺术水准。印刷／广播广告文案的创作在表现手法上如运用夸张、比喻、拟人、幽默、象征等修辞手段与文学艺术的创作基本是相同的。

但是，影视广告的文案撰写则完全是另一回事情。影视广告的文案撰写必须经过视觉符号的转化，以画面形象的方式向观众诉求广告信息。此时，影视广告的文案本身并不是展现在观众眼前的作品，展现在观众眼前的是经过影视导演二度创作的视觉作品。因此，如果说印刷／广播广告的文案创作还需要思考如何组织语言文字以最有效地传达商品／品牌信息的话，那么，在影视广告文案的撰写过程中，则几乎不需要去思考如何用语言文字去表现商品／品牌的相关信息。影视广告文案的创作实际上是创意主体首先将创意视觉化，之后再将其脑海中的视觉形象用语言文字予以再现的过程。因此，衡量影视广告文案的标准并不在于其文字的表现能力如何，而在于其是否具有创意，以及语言文字能否将移动的视觉画面予以还原并具有创造性的表现能力。

由于影视广告文案的创作涉及的专业较多，内容也比较复杂，因此，影视广告文案的创作大都是由一个创意小组共同完成的。但创作的文案阅读者只有两个人，一个是广告主，另一个就是影视广告的导演。

**2. 影视广告的创意脚本**

影视广告的创意脚本（文案）又可称之为“故事版”。当创意小组选定创意方向及相应的表现策略之后，创意（美术指导和文案）人员便可着手撰写脚本。

影视广告的脚本（通常也可称之为故事版）的主要内容包括：广告诉求点、广告语或广告文案（歌词）、广告长度、景别、拍摄技法、镜头内容、镜头时间、配音要求等。

由于电视媒体的视觉影响力和表现力都非

图 7-8　某品牌产品优势广告故事版案例

常强大，因此，创意人员的责任相当重大，他们必须有能力与其他专家如美术、导演、摄影、服装、化妆、灯光、布景等全力合作，以使创意能够最终转化成优秀的视觉作品。

当文案人员将创意的大致想法用文字撰写完毕之后，美术指导就要负责将脚本中的关键场景画成草图（速写），这项工作有点类似于给小说画插画（连环画）。

草图是画在故事版上面的。故事版是一张预先印制好的纸张，上面有 8 ~ 20 个电视屏幕状的空白框，每个框的右边留有足够的空间以填写广告文案内容，包括在拍摄过程中的专业手法的设定等。（图 7-9 ）

故事版的运用有助于创意人员从视觉上落实广告的格调和动作顺序，发现构思的不足，使创意提案具有一定的形象性和直观性，便于获得广告主的认可，还可以作为广告作品拍摄实施的样稿。

图 7-9　Arla 牛奶影视广告画面截图

此作品构思了一个小男孩练习跳高的故事情节，生动、形象、幽默、夸张地表现了 Arla 牛奶的功效，让人在捧腹之余对 Arla 品牌留下了深刻的印象。其故事情节是一个小男孩在练习跳高，连续三次都无法跳过基本的高度，小男孩十分恼怒，居然将粗大而又结实的标杆给弄弯后重新放在立杆上，这样小男孩完全可以从标杆弯曲的部位轻松越过。此时，画面插入一杯被迅速喝完的牛奶，暗示小男孩的力气如此之大源于牛奶。不过，令人捧腹的是，当小男孩对着标杆冲刺的时候，忽然向另一个方向跑去。这时，镜头中出现小男孩的父亲，拿着扫把向小男孩追去。

## 第四节　网络广告的文案创作

### 一、网络广告文案的特征

网络的最大特性就是其所具有的交互性和多媒体性。在这一点上，它给广告人提供了无限创意的空间，既可以选择一般印刷媒体所采用的文图混编的模式，也可以通过动画演示像电视媒体一样用生动的画面来吸引受众，还可以加入音乐元素，通过对受众的视听觉要素的整合刺激从而提升信息的传播效果。具体而言，网络媒体的特征主要有以下几点：

**1. 多媒体性**

互联网的存在是建立在无数台个人电脑连接的基础上的，它能够多方面、多层次地将信息整合发布，创造出了一种新兴的传播媒体形式。同时，广告投放商还可以随时获得用户的反馈信息，建立完整的客户资料。网民也不再只是被动地接受广告，而可以有选择地接受或对之做出反应。

**2. 及时性**

相对于一般印刷媒体和电视、广播来说，广告发布的及时性是广告投放商最为关注的问题，也直接影响着产品的销售情况。网络的自由链接的特性，使得互联网几乎成为了一个没有任何界限的广告发布媒体。人们可以在第一时间了解产品广告的内容，并做出相应的反馈。

**3. 广告效果的可预测性**

与传统的媒介广告到达率相比较，网络媒体上的广告测算要简单得多。受众对某一条广告的点击率，以及在点击后的实际购买率，包括受众查阅信息的分布范围和时间等，都可以通过网络服务器统计。实际上，网络广告最为关注的就是点击率，这一点正是影响网络广告文案写作的重要因素。

**4. 无限制性**

一般印刷媒体以及广播几乎都受到时间和空间的限制。比如：上海的读者不能看到北京晚报的报纸广告；电视广告不能在一天24小时都不停地播放。而在网络上，这些都不成为问题，无论何时何地，打开相同的网页，网络广告都能在受众面前及时出现。

## 二、网络广告发布策略及其文案写作风格

网络广告的发布策略基本有两种形式：定向传播策略与交互传播策略。根据其不同特点，文案的写作要求也有所不同。

**1. 定向传播的广告策略和文案写作风格**

定向传播是指对某些特定的目标受众进行有针对性的信息传播，而信息接受者也能够对信息做出回应等，此时，信息传播者又可以根据受众的反馈信息及时修正或调整信息传播的内容或方式，从而使得信息传播更具有实效性。

在互联网上，有些企业通过一些特定机构购买潜在消费者名单，利用电子邮件、电子新闻组等方式，向潜在消费者发布广告信息。这种做法与直邮广告比较相近。其好处在于针对性强，广告投入较少浪费，但如果运用不当，极易引起受众的反感，招致大量抗议邮件，甚至导致企业声誉受损。因而，准确选择目标受众，把广告发给希望得到有关信息的受众是这种广告策略成功的关键。

把生动的网络广告放在能吸引某些特定细分市场的站点上，对提高企业或品牌知名度非常有效。尽管网络广阔，但还是可以细

Q&A:

分成很多部分，这些细分的受众有特殊的兴趣与需要，给定向传播提供了更精确的传播途径。比如，一则关于跑鞋的广告放在提供与跑步相关的网站上，化妆品的广告放在女性网站上，会有较精确的到达率。

**2. 交互式广告策略与文案写作风格**

互联网突破了传统媒体单向传播的局限，为受众与媒体间的双向交流提供了可能。受众不再是被动的接受者，他们也可以发布信息，可以主动寻求自己所需要的各种信息，这种互动性使得传统媒介的发布者与接受者的主客体关系发生了置换，这就要求网络广告的发布者在进行广告文案创作的过程中切记要以目标受众为中心，根据目标受众的需求创作网络广告文案。

在各娱乐性、综合性网站上发布的图标广告、旗帜广告以及其他广告形式，可采用设置悬念或诱导性、号召性语言与形式，引发访问者的点击与参与。很多广告主运用网络广告并不满足于仅仅提升品牌的知名度，传播品牌形象，还希望能吸引受众进行更深接触，因而将广告与企业主页相链接，这就要求提高点击率。以此为目的的广告，在文案写作中就应注意设置悬念，不把信息说尽；或者设置参与性内容，引起访问者兴趣，拉近他们与品牌的关系。

有时，主动搜寻相关信息的受众会利用搜索引擎或门户网站的链接，而到达企业的主页。对于这些访问者来说，由于有明确的目的性，深入而详细的信息会有较大的影响力。

宝洁公司是较早认识到网络价值的大广告主之一。该公司不仅建立了几十个专题网站，而且通过网络广告与其他活动相配合，推出了“润妍”洗润发系列产品。该公司运用 Flash 动画制作技术配合新颖的创意表现形式，创作了“润妍”的网络广告，并选择了在综合门户网站、区域性门户站点、知名女性网站进行投放。据统计，由网络广告的点击而进入“润妍”品牌网站并成为其注册用户的人数近 15000。

通过独具创意的网络广告投放，宝洁公司达到了预期的广告目的及效果。一方面，提高了产品的知名度，增加了“润妍”品牌网站的访问量与注册用户数，另一方面，增加了线下推广活动（润妍女性俱乐部、润妍女性电影专场）的参加人数。达到一种从线上向线下的推广，成功创造了一个网络塑造品牌的典范。

## 三、网络广告文案撰写的基本原则

### 1. 语言要简洁生动

由于各网站对广告尺寸有一定限制，而且网络媒体也不适合长时间阅读，因而简洁、生动的网络广告文案才会有较高的注意率。至于深入的信息传播，可以通过吸引受众点击，连接到企业主页实现。目前，网上可供选择的广告位置有限，大多数只有图标广告，最常用的尺寸是 15 cmx2 cm。再次，访问者的眼睛很难一直盯着屏幕看，句子越短越好，一个句子十来个字，最多不超过 20 个字，太长了就会让访问者视觉疲劳，没有耐心看下去。

### 2. 注意语言与画面的配合

动画技术的运用为网络广告增加了不少吸引力，因而在一般的网络广告中，语言更应服务于画面，应充分利用动画技术所产生的视觉效果，利用字体大小、位移的快慢变化，来增加信息传播的趣味性和表现力，起到画龙点睛的作用。

### 3. 语言风格的适应性

由于网络可以根据不同兴趣爱好，把受众高度细分化，因而在针对目标受众诉求时，注意运用他们所熟悉的语气、词汇，会增强认同感。网络广告还可以借助热点信息来作为网络广告文案的宣传素材。

### 4. 语言形式由拟投放的网站决定

虽然网络无国界，但受众还是会受到语言的限制，因而要根据企业的传播目标选择站点，决定运用何种语言。不同国籍的受众，其文化背景也不尽相同，对广告文案的表现形式也会有不同的认知，所以应根据受众的文化背景、不同嗜好等来及时调整语言形式。

### 思考练习

1.请分别对印刷媒介、广播和电视媒介的广告文案进行分析和评价，并对其进行重新创作。

2.在创作文案的基础上，请对广告进行视觉表现的设计。

# 第八章

# 广告创意的表现形态

在对长期以来的广告创意实践的总结中，得出一些典型的、常见的创意表现的方式和方法。

**本章的学习目标**

- 了解基本的创意表现手法的种类
- 掌握广告创意表现的基本技巧
- 学会对广告创意进行多角度的演绎

台湾中华菱帅（Lioncer）上市，为与其他进口车的品牌形象相区别，从品牌“中华”这一名称所隐含的文化价值中找到了“家庭、亲情”的沟通点，走“本土、乡情”之路，“以真情上路！以感性煽情的方式去打动消费者的心弦”。

电视广告“爸爸的肩膀”篇：如果你问我，这世界上最重要的一部车是什么？那决不是你在路上能看到的。30 年前，我 5 岁，那一晚，我发高烧，村里没有医院。爸爸背着我，走过山，越过水，从村里到医院。爸爸的汗水，湿遍了整个肩膀。我觉得，这是世界上最重要的一部车是——爸爸的肩膀。今天，我买了一部车，我第一个想说的是：阿爸，我载你到处看看。中华汽车，永远向爸爸的肩膀看齐。

电视广告“爸爸的真车”篇：印象中，爸爸的车子很多，大概七八十部吧。我爸爸没什么钱，他常说：“买不起真车，只好买假的。我这辈子只能玩这种车！”经过多年努力，我告诉爸爸，从今天起，我们玩真的。爸爸看到车后，还是东看看，西摸摸，他居然对我说：“我这辈子只能玩假的，你却买真的！”爸，你养我这么多年不是假的，我一直想给你最真。中华汽车，永远向爸爸的肩膀看齐。

中华汽车随后又推出了“妈妈的皱纹”篇电视广告——世界上最长的路写在妈妈的脸上。“阿爸的肩膀是我的第一部车”。“阿妈的皱纹是世上最长的路”。“以真情上路”的策略和情感性的创意表现，使消费者普遍认为中华汽车的特色是“温馨家用车”。

## 第一节　晓之以理——示证形态

广告创意的示证形态，主要是通过示范与证实的形式，传达产品或服务的客观实际，带有情报、资讯的性质，摆事实，讲道理，晓之以理，使受众经过概念、判断、推理的逻辑思维的过程，理性、理智地做出决定和选择。主要是作用于消费者的左脑而起作用。一般是体现独特的消费主张（USP）。示证形态可以是人证、物证、言证、事证、验证、引证、印证、实证等。示证形态的创意，优点是直接，不转弯，清晰明了。但应该注意的是要经得起法律的检验，如《广告法》规定“广告应该真实”，“不得含有虚假的内容，不得欺骗和误导消费者”等。

### 一、自我示证的形态

从企业、产品或服务本身出发，将事实对消费者作明确的论理陈述，告知受众，使消费者可以判断出购买该产品和服务的好处，以此作为前提的诉求。注重传达企业、产品或服务的名称、特征、优势等信息，强调信息的告知与示范，所以这种创意方式也称为产品情报的诉求方式。产品或服务的本身的实际描述：包括产品的质量、性能、服务范围、内容、特点等，带有明确的告知性。多是从第一人称的角度出发——我是什么，我有什么特征，我有什么优势，我提供什么产品或服务。

### 1. 产品本身的功能优势

这个产品具有什么功能，给消费者什么样的具体利益。这一点在宝洁广告中表现得特别突出，产品的优点肯定是直线式的、清楚且明白地呈现，而且广告的每个部分都是为了服务于有效地传达产品优点这个任务。（图 8-1）

### 2. 产品的产地优势

有些产品的优势在于产地，如矿泉水、白酒、葡萄酒、水果等。包括产地的历史、文化、气候、地理等特征作为证实产品的优势的元素。

图 8-1 《护舒宝电扇篇》

《护舒宝电扇篇》电视广告，强调的是其卫生巾具有透气丝薄的底层，吹散闷气，带来清爽感觉。透了一口气，女孩子不再生气。

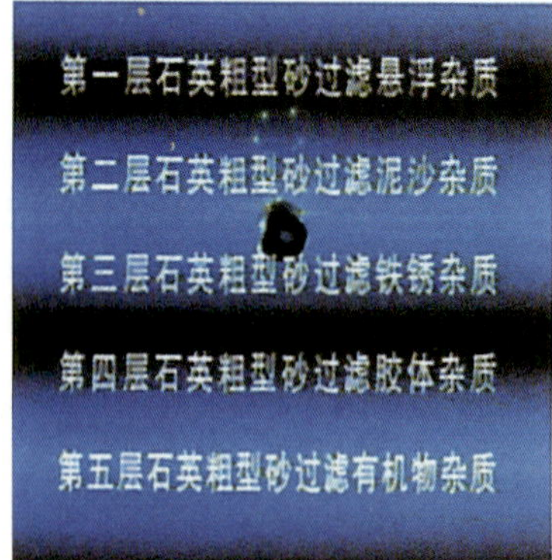

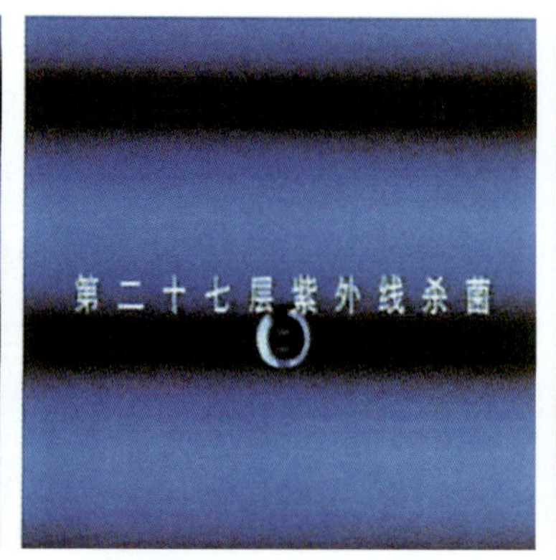

图 8-2 《乐百氏 27 层篇》

乐百氏纯净水《27 层篇》采用的是理性方式：27 层过滤的纯净水，取得良好的效果。

如农夫山泉以其产地为千岛湖作为广告创意的诉求元素。产地还包括原产国，如著名的德国的精密机械、法国的服装、意大利的皮具等。

**3. 过程的特征**

产品或服务的生产过程或服务过程描述应包括局部的过程或提炼的全过程等。（图 8-2）

## 二、用户示证的形态

用户示证也称为“用户群雕”，是通过换位示证—用户导向的方式，从消费者角度出发，用户示范与证实，现身说法，通过消费者的体验，去阐述产品或服务的特征、性能、优势以及消费者购买了产品和接受了服务所获得的利益。这是一种举例说明的方法（example），表现出真实感。

**1. 具体的用户证实**

是指通过实际的使用的具体的人物来证实产品或服务的优势特征，证人、证言的创意方式。是指名道姓的具体用户，可以是普通用户，也可以是特殊用户。指名道姓的具体用户可以增加广告创意的可信度，让消费者觉得是真实的，有根据的。

在广告创意中，使用用户示证，一定要注意有消费者的书面授权，并就授权的具体事项作明确的规定。比如只与用户签订了电视广告的使用合同，而将消费者的形象应用到户外或者是印刷媒体上，就会产生法律上的纠纷。

**2. 一般的用户证实**

是指通过一般的消费者的使用来体现产品或服务的优势以及带给消费者的利益。不是指

Q&A:

名道姓的具体用户，作为一般性的证实，一般性的例证。

因为普通消费者的形象与大多数购买者的心理距离接近，具有极大的代表性，是体现老百姓的想法，有一种“自己人的效应”，普通消费者的证实方法，可以表达出使用效果的普遍性。通过普通消费者的证实，也表达大家都应该使用。如百事可乐新一代，是想表达新一代的年轻人都应该喝这种饮料。（图 8-3）

如有的电视广告采用采访普通消费者的镜

图 8-3 《雅阁机长篇》

广州雅阁轿车以其卓越的性能，“演绎动感，创引时尚”，完美地实现人们移动的梦想，使其驾驭者充分领略驾驶的喜悦。其电视广告“机长篇”秉承着这一品牌理念，通过用户的角度来见证、体验和感受广州雅阁。广告选用了一个特别的用户——飞机的机长，一个在蓝天上飞翔的人。在他刚刚领略了空中飞翔的乐趣之后，走下飞机，开着广州雅阁轿车，领略陆上飞翔的愉悦，而许多愉悦恰恰是在空中飞翔所不可能体会的。如灵活、自由地选择自己的路线；遇到气流、风暴、闪电、雷鸣不会颠簸，同样平稳流畅；自由地打开天窗，放飞心情，与小鸟对话，与森林亲近；可以自由自在自豪地与家人分享喜悦。广州雅阁将飞翔的喜悦带到路上，而且更加精彩。

头，进入普通用户的家庭或者在公共场所询问他们对某品牌的看法，或者让他们出具实物来证实。

用户证实的广告创意，尽可能具有生活的真实感，有时少一些修饰会更加有效，尽量让场地、环境、人物表情真实、自然，如用户表达俚语、地方口音不够流利等。（图 8-4）

用户示证的形态的商业性广告创意特别要注意法律上的要求。我国《广告法》就对此有

图 8-4　先锋电视

先锋电视机的创意，一个刚刚买了先锋电视机的人，第一时间把先锋电视机安装在墙壁上，就坐在电视机的包装箱上，吃着快餐，急不可耐地看着先锋电视。在现实生活中，的确经常出现此类情形——刚刚买回来的东西，就马上打开，先睹为快，合乎情理，表达贴切。

一定的限制，如药品和医疗器械的广告就不得“利用专家、医生、患者的名义和形象作证明”，不得“使用国家机关工作人员的名义”，还有“不得使用党和国家领导人、警察、军人等名义”等。

## 三、事物示证的形态

这种形态以实际的发生的具体的事例、事件作为创意的内容。是物证、事证的创意方式，让事实说话，让根据说话。可以是突发性的事例、事件，也可以是一般性的、经常性的事例、事件。

如许多大件耐用消费品、高科技产品或服务、工业品等采用事物示证的创意形态。对严肃性的产品，不宜用不严肃的、夸张的表达方式，例如药品的广告，在法律允许的前提下，采用示证形态的创意。大卫 · 奥格威说：“好的成药广告给人一种严肃、认真的感觉。对于患者来说，身体不适不是什么开玩笑的事，承认患者患病的现实，才会受到他们的欢迎。好的成药广告要有一种权威感。在药品广告稿中不仅仅是买卖关系，而且含有医生与患者之间的关系。广告不应仅仅宣扬产品的优点，还应对疾病做出解释。应使患者感到学到一些有关病理方面的知识。不能炫耀，而令人生疑。处在病痛中的患者，渴望相信你能够有助于他。”[1]（图 8-5）

①大卫 • 奥格威著：《 一个广告商的自述》，黄建源，张瑞升译，中国环球科学出版社，第 144 页。

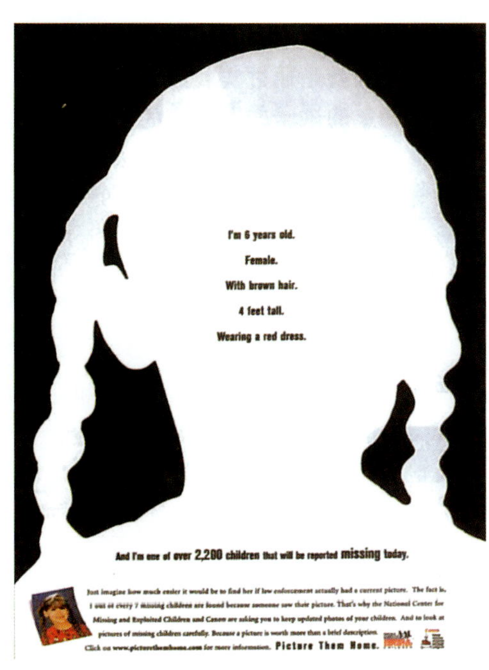


图 8-5 失踪儿童

如美国失踪儿童协会的平面广告，就是用事实来说话。“我今年 6 岁，女孩，棕色头发，1.2 米高，穿红色衣服……我是美国每天失踪的 2000 个孩子中的一个。再具体的概念描述都抵不上一幅照片，赶紧给孩子照张相，以备万一。”

## 四、科学示证的形态

这种形态通过实验或数据，用数字来说话，体现出科学的依据，来增强说服力和实证效果。有实验室的试验，有正面的实验，也有反面的佐证。“如果你引用确切的数字、确定的事实，他们会全盘接受你的说法。以钨丝灯为例，如果说它比其他的灯更亮，人们只不过会有一点印象，但说它的亮度是碳丝灯的 3 倍多，人们就会觉得你确实做过比较，他们便会对你的诉求照单全收。”①

高露洁牙膏就是通过实验比较的理性方式，说明使用高露洁，没有蛀牙。如总督牌香烟的广告语是：“两万颗细小的过滤凝气瓣”。

产品或服务的确与种不同，有明显的差异或优势，通过理性、科学的分析，消费者可以清晰做出明智的选择。

产品或服务没有什么特别的优势，但可以找到或发现一个特点或事实是消费者关心的，而又是竞争者所未提及的。

科学示证形态的广告创意要注意法律上的要求。我国《广告法》规定“使用的数据、统计资料、调查结果、文摘、引用语，应当真实、准确，并表明出处”。如药品和医疗器械的广告不得“含有治愈率或者有效率的”，不得“利用医药科研单位、学校机构、医疗机构……作证明”。

①霍普金斯著：《我的广告生涯·科学的广告》，新华出版社 1998 年 10 月第 1 版，第 155 页。

## 第二节　动之以情——情感形态

这种形态从感情、感性的角度，动之以情，诉诸感性，渲染情绪，强化气氛，从而引起消费者的共鸣，主要是作用于消费者的右脑而起作用。不讲道理只讲情感。一般是体现品牌的附加值，强化产品或服务的亲和力，更多强调品牌形象。人性是一个内涵丰富的主题，生命的新陈代谢、生老病死，人生的喜怒哀乐、悲欢离合，感情的相互交流以及对生活的追求等都构成了广告创意中极为广泛的题材。情感形态的创意方法的形式可以撷取一个生活情节片段，一个角度；或者是专注某一个细节的特写，一个特别局部的描述；或者是提倡一种生活方式，是超前的生活方式，也可以是回归一种生活方式等，营造或烘托一种感情、一种氛围、一种感性、一种情绪。在消费者的需要正从量的满足、质的满足上升到感性满足的今天，这就是消费的高层次需要，他们更需要表达拥有该产品所获得的心理价值，所以情感性的创意形态越来越发挥巨大的作用。有人甚至这么说：现代乃至将来都是一个过剩的消费时代，在一个相对富裕的社会里，消费者的目的，不再是只为需要而消费，而更多的是为消费而消费，为感觉而消费。

情感性的创意方法应用的情形与对象：

一般应用在快速日用消费品，如食品、饮料、化妆品、炫耀性消费品等，产品或服务本身并没有什么特别的差异。

消费者对产品或服务本身也没有特别的功能要求，消费者对产品性能或服务内容关注度不高，更多的是追求心理上的、精神上的感受、体验和满足。

功能已经为消费者所熟悉，没有再传播的必要。

竞争者都是采用理性诉求的方式，为了与对手拉开差距。

正因为快速日用消费品多采用感性的创意方式，而大件耐用消费品、高科技产品或服务，工业品多采取理性创意方式，所以当后者采用感性的创意方式，就与众不同。

### 一、表现爱情的形态

这种形态主要体现的是异性之间的感情如恋人之间、夫妻之间的感情。某个产品或服务在爱情中扮演着重要的角色，起着重要的作用，具有重要的价值。

荧屏上雪花纷飞，一身戎装打扮的周润发，英姿勃勃，和饰演新婚妻子的吴倩莲，在空军同胞的簇拥下，来到一架旧式的中国战机前拍照留念；接着镜头出现新婚夫妇一段短暂的甜蜜欢聚；剧情进入第三部分，周润发奉命驾驶战机赴前线杀敌，妻子站在铁丝网后，看着徐徐起飞的飞机，心里想着不知何年何月才能与丈夫重聚。这是香港电视播出的周润发为瑞士铁达时手表拍摄的广告连续剧，也称系列式广告。该广告剧情哀怨缠绵，加上中国东北长春市的实景，更衬托出本世纪三四十年代的战时气氛，颇有一番“不在乎天长地久，只在乎曾经拥有”的感人情怀，使观众深深地沉醉在剧情中，产生共鸣。随着广告的不断播放，铁达时手表的鲜明形象已在消费者中确立。

## 二、表现亲情的形态

这种形态主要体现家庭成员之间的血缘感情，有父（母）子之情，父（母）女之情，兄弟姐妹之情，以及跨代之间的亲人的亲情，如祖父（母）与孙子（女）之间，还可以扩大到家族成员之间的感情。如“学琴的孩子不会变坏”。（图8-6）

图 8-6　雕牌“后妈篇”

*雕牌牙膏“后妈篇”的电视广告通过一个小女孩对后妈的排斥到接受的过程，生活细节上的关爱，可以融化隔阂，沟通感情。该创意给雕牌牙膏赋予了一种浓浓的人情味。*

如爱立信品牌系列广告“父子篇”。事业有成的孝顺的儿子，他给老爸换了更大更先进的电视机，给老爸买了更方便的微波炉。他更知道老爸腰腿不好，买来按摩器等，希望老爸日子过得更舒服、更健康。但由于他工作忙、朋友广、应酬多，像以往一样，又不能留在家里陪爸爸吃饭。父亲怅然若失，儿子似乎有所察觉，但还是走了。父亲隔着窗户目送儿子的车子远去，面对着一屋子冷冰冰的电器，父亲脸上的表情显得更加悲凉。突然之间，儿子推门回来了，对老爸说：“我跟他们说了，今天我哪儿都不去，爸，我们先做饭，吃完饭后再陪您下两盘，很久没跟您下棋了。”此时，父亲露出了满足的笑容。字幕出现：沟通就是关怀。

又如美国贝尔电话公司的一支电视广告。电视画面上一对年老夫妇在饭厅里静静地吃着饭，忽然，房间里电话铃响，老妇人进去接电话，老先生在外边停下吃饭，侧耳倾听。一会儿，老妇人从房间里出来，默默无言地坐下。老先生问：“谁来的电话？”“女儿打来的。”“她有什么事？”“没什么事。”“那为什么从那么远的地方打电话来？”“她说她爱我们。”一阵沉默，两位老人泪水盈眶。这时，旁白不失时机地插入：“贝尔电话，随时传递你的爱”。这支广告一语破题，令人回味。

## 三、表现友情的形态

这种形态主要体现朋友之情、同学之情、战友之情、同事之情等。可以是长久的友情，也可以是短暂的友情。

通过友情的表达，传达产品或服务是友情的催化剂、链接带等，是沟通和强化友情的媒介。希望消费者在传达友情的场合，使用和购买该产品或服务。如“麦斯威尔咖啡，好东西和好朋友分享”。如很多酒类包括白酒、啤酒的创意就是传达友情的方式。（图8-7）

图 8-7　喜力“友情篇”

如 Heineken 啤酒的广告创意标题：“有些人你只和他一杯到底，有些人却是一辈子到底”“够交情，就不用表面文章”“对位才能对味”等就是以友情诉求的方式。

## 四、表现乡情的形态

这种形态主要体现故乡情，故乡一般是与童年联系在一起，与往事联系在一起，与过去的景物联系在一起，带有怀旧的色彩，怀念的风格。

乡情与故乡联系在一起，也常常与自然、环保、绿色、健康、纯洁等联系在一起，这种创意形态是突出产品或服务的上述某个特征。如台湾省青果运输合作社推广的国产水果的广告创意，就是以“乡土的滋味香又甜”为主题。

## 五、表现同情的形态

恻隐之心，人皆有之。这种形态主要体现的是对平凡的人、弱者的生活艰辛和苦楚的同情和关爱。如雕牌洗衣粉的“下岗工人篇”、丽珠得乐“男人篇”就是如此。（图8-8）

图8-8　丽珠得乐“男人篇”

丽珠得乐系列电视广告以养路工、教师、建筑工人、摄影师、货车司机、配角演员等这些常常被人们忽视的普通劳动者为主角进行诉说，饱蘸着感情。如演员篇：他是一个演员，虽然总是演一些小角色，但他依然痴心不改，苦苦求索。一颗颗新星不断从他身边升起。而他依旧还是个小角色，各种的酸、甜、苦、辣……他的欢乐与苦恼只有他自己知道，啊……男子汉！这是一个普通男人的生活轨迹。在许多人看来似乎男人就应该活得轰轰烈烈，所以在许多场合，平凡的他常常被忽略……据医学专家研究，生活压力大、身心过度疲劳的人易患胃病，而在众多的胃病患者中，男人占大多数。其实，男人更需要关怀，丽珠得乐。

## 六、表现人情的形态

这种形态主要体现对领导、老师等长辈的感情，是从社会角度演绎出来的感情，体现的是人情世故。我国素有“礼仪之邦”的美誉，人际关系在社会生活中占有很重要的位置。

广告创意通过表现人情的方式，可以提高品牌的亲和力，拉动人情消费的市场。如脑白金的送礼广告：“今年过年不收礼，收礼只收脑白金”就是典型的表达人情的方式。

## 七、表现 3B 之情的形态

这种形态表现的就是常常被提及的3B：baby（婴儿）、beauty（美女）、beast（动物）。

#### 1. 对动物或植物的感情

借用可爱的动物或植物，或者是博取消费者的怜爱和喜悦，或者是获得受众的注意和好感，或者为了更好地演绎诉求的内容，或者是构建自己的品牌个性的差异化等。（图8-9）、（图8-10）

图 8-9 Rolo 糖

Rolo 糖的电视广告创意：调皮捣蛋的小孩用 Rolo 糖招来了一头可爱的小象，当小象费劲地伸长鼻子，想接住 Rolo 糖时，小孩赖皮地把糖扔进自己嘴里，还做了个鬼脸。若干年后，小孩长成青年了，在一次庆祝会上，当大象列队通过青年身边时，一只大象甩出鼻子，狠狠抽了青年一下，真是“君子报仇，十年不晚”，这正是 Rolo 持久的魅力。

图 8-10 PHILCO

PHILCO 音响的电视广告：三只蚂蚁列队爬过地板，一会儿被挨个震回来了，它们再次爬过，还是被震了回来。不屈不挠的蚂蚁们继续爬过地板，这回不同的是第三只蚂蚁背了一片绿叶。顺着蚂蚁们的身影，可见它们爬到音响的音箱部位，第一只、第二只蚂蚁又被震走了，这机灵的第三只，很惬意地乘着绿叶被震走，跟开着一部滑翔机一样。这则广告充分体现了 PHILCO 音响的震撼效果。

如百威啤酒电视广告长期以来都是以蚂蚁作为模特，发展出一系列的广告创意作品。如“蚂蚁点火篇”“蚂蚁推石头篇”“蚂蚁大屏幕篇”等。

在我国的许多药品广告，由于不能出现医生和患者的形象，常常借助动物和植物来表达，希望消费者可以从中感受到药品的作用。

**2. 对儿童的感情**

爱怜之心，人皆有之。襁褓中的婴儿、儿童，天真、单纯、惹人喜爱，也有的产品本身针对的消费者就是以儿童为主体等。（图8-11）

图 8-11 立邦漆儿童屁股平面

立邦漆的平面广告，就是以儿童小屁股为载体，不仅色彩突出而且十分可爱。

图8-12 麦当劳"婴儿篇"

麦当劳的"婴儿篇"：一个摇篮中的婴儿、一扇敞开的窗户，随着摇篮的上下起伏，婴儿的表情呈现强烈的变化。当摇篮上悬时，婴儿流露出开怀的笑容，当摇篮下沉时，婴儿骤然哭泣，这样的情节周而复始。镜头转向开启的窗户，只见随着摇篮的起伏，可以看到窗外景象视野反复地在变化，当摇篮上悬时，透过敞开的窗户看到的是一片蓝天下麦当劳的店标。当摇篮下沉时，只留下一片蓝蓝的天，一切"真相大白"后，麦当劳的企业标识出现在屏幕上。

麦当劳的许多电视广告创意都是以儿童为对象。（图8-12）

麦当劳薯条电视广告"人与狗篇"：小男孩带着小狗遛达散步。小男孩一只手拿着一包金黄的麦当劳薯条，一只手拿一根薯条美美地吃着。小狗咬住小主人的裤脚，急不可耐。小主人取出一根薯条上下逗狗，小狗几次跳起来却不能得。小狗愤愤而去。小男孩躺在路边的躺椅上，悠闲自得地享受着薯条。突然间闻到难以拒绝的香味，小男孩被诱惑着寻香而至。一包薯条出现在小男孩的头顶上方。小男孩跳起来抢薯条，薯条却自然地往上缩，差一点点！薯条再垂下来，小男孩再跳，又差一点点。反复数次，小男孩筋疲力尽，望着香喷喷的薯条无计可施。画面转到薯条牵线的上端，小狗一只爪子拿着一包薯条，一只爪子捏着薯条的牵线，看着小主人窘态百出，不亦乐乎。

某番茄酱品牌的广告创意：孩子在家中不见了，夫妇二人急忙到各房间寻找，两人来到食品贮藏室，不禁被眼前的景象惊呆了，冰柜大开，孩子靠坐在地，正兴味十足，大口大口地吞食番茄酱呢，他的爱犬则坐在一旁，眼馋地张开嘴巴，乞求主人的一点施舍，可惜小家伙吃得正在兴头上，竟连父母推门进来也不曾察觉，孩子爸爸表情惊愕，担心儿子胀坏肚子，孩子妈妈却为儿子如此爱吃自己亲手买来的东西而高兴，示意爸爸暂不出声，让孩子再美美地吃上两口。这里既有儿童，又有动物。

**3. 对俊男美女的欣赏之情**

爱美之心，人皆有之。这种运用性感

的模特说服受众的方法也可以称为诉诸性感（Appeals to sex）的方法，也即一些人所谓的“美女经济学”，认为性感可以抓住眼球，性感可促销（sex sells）。罗丹说：“自然界中任何东西都比不上人体更有性格，人体由于它的力，或者由于它的美，可以唤起种种不同的意象。”

诉诸性感至少有三个方面的冲击力：

（1）性感材料可以增加对消费的注意，而注意是态度改变的必要条件。

（2）性感材料可以引起冲动，而在冲动条件下产生的愉悦感觉可转移到广告所推荐的产品上去，导致态度改变。

（3）通过广告中的产品、机构或所推荐的方法与性感刺激的联系，它们可以变得性感化，或带有性感因素。这种性感因素便可使产品、机构和方法更易于为人所接受。①

但是，也应该看到诉诸性感要注意的问题。防止运用的模特分散受众的注意力，从而忽视了品牌与产品本身；对老年人或传统人士要慎用；要避免受众误解为其他的事物等。

# 第三节　寓教于乐——戏剧形态

## 一、戏剧化的创意形态

**1. 情节的戏剧化形态可以提高接触率**

在认识世界的时候，人们已经有了太多源于过去的“经验”而形成了思维上的定式，如果是按照既定的思维惯性，消费者就会熟视无睹。戏剧性就是出现一个出乎意料的结局，打破常规的熟悉的发展轨迹，走向一个陌生的结果。这样就打破了旧有的定式，从而产生思维上的兴奋点，就消除了受众在信息接受上的麻木不仁。陌生化就是类似相声里面的“抖包袱”和德国戏剧大师布莱希特的“陌生化效果”（又称“间离效果”）。布莱希特在《小工具篇》里描述陌生化效果为：“陌生化的反应是这样一种反应：对象是众所周知的，但同时又把它表现为陌生的。”陌生化效果是吸引受众的重要原因。

百事可乐的一支电视广告：一酒吧里，一个人正在饮可口可乐，进来一个人要了一听百事可乐。前者把手中的可口可乐递给后者，后者迟疑一下，喝了一口后还给了前者。后者礼尚往来，将百事可乐递给前者，前者喝了一口后就不愿还给对方，再要还是不给。全景，玻璃的打碎声传出。这就像是一个室内剧，消费者会津津有味地看下去。

百事可乐的另一支电视广告“猴子篇”：在一个野外，一对年轻人在车拿出一瓶百事可乐，刚刚准备喝的时候被猴子一把抢去。他们急中生智，拿出了猴子最喜欢的香蕉抛出去，猴子接过香蕉就扔出了百事可乐。他们正自鸣得意时，发现猴子已经占领了他们的车，还是

①沃纳·赛佛林，小詹姆斯·坦卡德著：《传播理论起源、方法与应用》，华夏出版社 2000 年 1 月第 1 版，第 200 页。

要他们交出百事可乐，当他们好不容易把猴子引出了车后，才发现猴子拿走了车钥匙……故事高潮迭起，富有戏剧性。受众就不会产生视觉上的疲劳而视而不见。

戏剧有一个可爱的分支是喜剧，戏剧化可以使广告增加喜闻乐见的元素，提高受众的关注。特别是在一群平淡乏味的广告中，情节的戏剧化形态的广告创意会使受众的精神为之一振。如麦当劳鱼柳包电视广告“指挥篇”：一个穿黑色燕尾服的男孩手拿薯条在海洋水族馆前。男孩手中的薯条如指挥棒一般，鱼儿排列如乐队，和着乐曲的节奏极有韵律地翩翩起舞。男孩将薯条塞入口中。鱼儿们贪婪地望着少年的口袋，垂涎欲滴。男孩恶作剧地掏出鱼柳包。鱼儿大惊失色，四下里仓皇逃命，作鸟兽散。男孩耸耸肩，开始美美地品尝美味的鱼柳包。前面的优美、和谐与后面突如其来的惊乱形成了强烈的反差和戏剧性的效果，令受众忍俊不禁、开怀大笑。这就大大提高了受众对该电视广告的接触程度，不会一看到电视广告就迅速换频道。

戏剧化的表现形态在平面广告上，体现的是每则平面广告里面表达着一个故事性的情节，这样同样可以增强对读者阅读的欲望。

**2. 情节的戏剧化形态可以增强诉求点**

情节的戏剧化的表演，使产品或服务的特征得以淋漓尽致地展现出来，烘托和渲染了卖点，增强了卖点的感染力。（图8-13）

一支塑料装的酒广告：一个女高音一发声，玻璃杯破裂，再发声，玻璃瓶破裂。最后送来一个酒瓶，再发声，未破，发更高的音，瓶仍未破，女高音自己倒下了。这时一只手伸出捏一捏酒瓶，有弹性，原来是塑料装，不怕摔。这则广告把塑料装的酒在包装上的差异性充分地表现出来。

**3. 情节的戏剧化形态可以制造悬念**

一些情节的戏剧化形态，可以像连续剧的形式制造悬念，可以是单个创意本身制造出悬念，造成消费者的某种期待，从而提高消费者

图 8-13　咖啡面包店“追捕篇”

一架警用直升机正监视着一场快速追捕。我们看见警车紧追另一辆车穿梭在大街小巷。同时我们听见直升机在不断传递最新情况。“哦，看那，他又去那儿了。调头回华盛顿，我们有一队人在追他……好，等会儿，他正开进一个停车场……是一家 Dunkin’ Donuts 快餐店。”嫌疑犯开进一家 Dunkin’ Donuts 快餐店停车场，“吱”地来个急刹车，跳出车来跑进 Dunkin’ Donuts 店。警车也来个急刹车，一个警察跑出去追捕嫌疑犯。“嫌疑犯不在车里。好像他就到此为止了……”突然嫌疑犯拿着一杯咖啡和一只 Dunkin’ Donugts 快餐袋跑了回来。他又跳进车里。“等等，他们又开出去了……”然后警察跑出来——他也拿着一杯咖啡和一只 Dunkin’ Donugts 快餐袋！他又跳进巡逻车里，继续追捕。这是什么警匪片吗？不，这是 DUNKIN’ DONUTS 快餐店的电视广告。“不管这个上午多么疯狂，吃我们的硬卷面包、奶油乳酪和咖啡总还是有时间的。Dunkin’ donugts 快餐店。”

的持续性关注。这样也可以有利于把一个主要的诉求内容进行充分的展开。

如纽约Levy面包的地铁海报的广告创意：第一幅是红底色上一整片面包，第二幅是面包被咬了几口，第三幅只剩下面包皮，上面的广告词是“纽约/吃完/面包”。

系列化的悬念要有足够强的吸引点，否则达不到吸引消费者追踪关注的目的。

## 二、幽默诙谐的形态

诉诸幽默（appeals to humor）用轻松活泼、诙谐风趣的风格，非常巧妙地寓庄于谐的艺术构思，引起受众的兴趣，提高注意率，引发受众的思考，有助于受众对信息的再生（回忆）与理解，加强信息的影响深度与广度。恰如其分地缩短了广告与受众之间的距离，使广告讯息在轻松诙谐的气氛中传达到受众心中。在一些发达的国家，诉诸幽默的广告占电视广告的15%~20%。

### 1. 幽默表达活泼，引起兴趣

国外一种做成企鹅形状的塑料垃圾箱上写着：“我饿了，喂了我吧！”这对小朋友来说是多么生动有趣，多么富有吸引力，以致他们没有纸屑果皮要扔，也会到处找出来扔进去“喂”这只饥饿的“企鹅”，这比“请将果皮纸屑扔进垃圾箱内”效果好得多。

一则宣传某啤酒不用开瓶器的电视广告：屏幕上出现一位50岁左右的人，他轻而易举地拉开瓶盖，笑着对观众说：“今后不必再用牙齿了！”就在演员得意一笑的一瞬间，人们发现他掉了两颗门牙。这则广告带有灰色幽默形式，集趣味、人情味、幽默感于一体，很容易被受众所接受。（图8-14）

图8-14 麦当劳“少男少女篇”

如麦当劳炸薯条的电视创意：一个十几岁的男孩站在路边吃麦当劳法式薯条，他看见他的三个朋友向他走来。他并不想把薯条分给他们，于是迅速地把薯条藏进了夹克衫的口袋。他冷淡地和他们打着招呼。随后，他发现一个漂亮女孩向他走来。她对他微笑，他也报以微笑，并和她并肩离去。他注意到她有些冷，于是就将他的夹克衫披在她的肩上。他为自己感到骄傲。突然，他想起了薯条。于是他小心地伸出手去想把薯条从夹克衫里取出来。女孩并没有发现口袋里的薯条，她以为他想牵她的手，于是她伸出手拉住男孩的手。最后，我们看到一对年轻情侣手挽手散步的背影……他那只闲着的手臂放在身后，努力地够着薯条。

### 2. 幽默表达含蓄，避免反感

幽默广告最大特点在于含蓄，是适用、间接说出商品优点，含蓄表达诉求目的，避免了自卖自夸的方式给受众带来的反感。

美国的“蓝白红”啤酒，曾经使用过一

种幽默体广告。广告的标题是："在闷热的天气，你宁愿要什么？一部电脑，还是一瓶冰镇啤酒？"据说，美国"蓝白红"啤酒厂由于在电视和广播中使用了这则广告，使啤酒销量增加了百分之六十。

如某眼镜店的广告："眼睛是心灵的窗户，为了保护你的灵魂，请为你的窗户安上玻璃。"如某眼药水广告："滴此眼药水后，将眼睛转动几下，可使眼药水遍布全球。"娓娓道来，读后却又令人击节。某印刷厂的广告语，却显得颇为轻松，且极富幽默感："除了钞票，承印一切。"某理发店广告语："别以为你丢了头发，应看做你赢得了面子。"某餐馆的广告语令人捧腹："请到这里用餐吧，否则你我都要挨饿了!"

### 3. 灰色幽默的运用

如Wallis服装的广告创意：由于女性穿着Wallis服装过于有魅力，所以常常会造成"致人死命"，比如理发师在为客人剃须的时候，心不在焉，看着的不是自己的剃须刀而是旁边的穿着Wallis服装的女郎；比如巴士的乘务员在车马上就要穿过隧道的时候，还把脑袋伸出车外，眼睛注视着穿Wallis服装的女士……眼看一件件"致人死命"的事故就将发生。

1982年，在南斯拉夫举办的第四届萨格勒布动画电影节，放映了一部以蚊子为主角的广告动画片：银幕上出现两只用黑线条画出来的漫画蚊子，造型简单，表情夸张。右面的蚊子手里拿着手枪，恶狠狠地威胁左面的蚊子，逼得它胆战心惊，一副窝囊相。右面的蚊子更加得寸进尺，逼上前去，突然，左面的蚊子拿出一只DDT的瓶子，冷不防向右面的蚊子"哧"地喷去，只见右面的蚊子立即直挺挺地倒下，于是，左面的蚊子神气活现地向观众介绍DDT如何好，介绍完毕，它下意识地向自己也"哧"地喷了一下，于是也直挺挺倒了下去。

诉诸幽默的手法，在提高受众的注意力、提高受众对广告创意的记忆方面的作用要比说服受众改变态度或者改变行为更有效。在使用诉诸幽默的广告创意时，应该考虑幽默效果与产品或服务之间的关联性，否则就有可能使受众分心，成了为幽默而幽默，就成了单纯的搞笑。

幽默要做到意味深长，促人思考。当然幽默对广告而言不是一件轻而易举的事。俄国理论家别林斯基说过："幽默与其说是才智，毋宁说是天才。"但不可走向低级趣味，单纯逗趣，矫揉造作，一味引人发笑，追求噱头，反让人觉得庸俗、低级。

## 三、夸张的创意形态

这种形态是指通过形式、内容、关系的夸张，运用远远超出客观事物的实际，来突出产品或服务的过人之处，渲染某个方面，扩大表现，给受众留下深刻、难忘的印象。

### 1. 扩大型夸张

扩大型夸张是指在形式、内容上向大、高、多、快、强、长、重、深、广等方面的夸张。这可以更加突出产品特征。如一支巧克力的电视广告：一个老人在吃力地推车上坡，一位刚吃过巧克力的年轻人来帮忙，谁知力量太大，结果轻易把车推过山顶，直接推到山谷里去了。如Jeep车的平面创意，当Jeep车驶过公路，连大地都情不自禁地颤抖起来，公路旁的路基都发生了破裂。某牛奶品牌创意：电视厨艺节目的主持人在说明牛奶有解辣的成分。他先卖弄地吞下一只哈瓦那辣椒，并准备喝下一杯牛奶。突然台下伸出一只手将牛奶打翻，可怜的主持人一下子烧成一团灰。

### 2. 缩小型夸张

缩小型夸张是指在形式、内容上向小、低、少、慢、弱、短、轻、浅、窄等方面的夸张。如在强调产品的安静、节能、轻便等方面的利益上，常常采用缩小型夸张。通过极端的缩小化，使受众对此有强烈的印象。

### 3. 关系型夸张

关系型夸张故意地把时间关系、因果关系等进行颠倒与破坏。（图8-15）

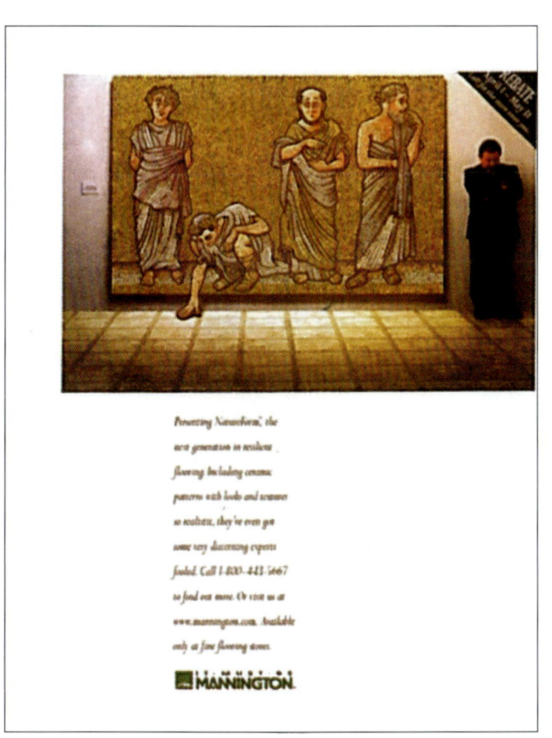


图 8-15　古人摸砖平面广告

如某地砖的平面广告，古画上的人物复活了，而且还忍不住蹲下来，用手去抚摩着现代的该品牌的地砖，还一边赞叹：“真不错，比我们那个时代的东西还要棒。”

夸张虽然是远远超出客观事物的实际，但不是虚假的，首先它在是一种合理的想象范围内，合乎情理，出乎意料。其次是消费者一看（听）就明白是在用夸张的手法。如白丽香皂：“今年20，明年18。”（图8-16）运用夸张的创意手法，要遵守《广告法》的要求，不得走向虚假，不得“使用国家级、最高级、最佳等用语”。

图 8-16　葡萄适

如葡萄适的创意：有一个标枪被掷到了月球上去了，夸张地说明了葡萄适可以补充能量。

## 第四节　移花接木——嫁接形态

### 一、晕轮嫁接的形态

也称为光环效应（glittering　generality）形态。将某种令人喜爱的、尊敬的、权威的人或者物与某个品牌的产品或服务组合、嫁接、联系起来，将前者价值转移到后者上，借前者的光，使后者更可被接受。

**1. 与光环的事物嫁接**

圣诞节前后，J&B 苏格兰威士忌酒在广告中借用了《铃儿响叮当》（Jingle Bells）这首歌，重点强调了歌名中的 J 和 B，似乎这支家喻户晓的老歌与他们的产品之间有什么亲密联系，使你在想起这支老歌的同时也想起广告的产品。（图 8-17）

图 8-17　C&A

欧洲著名的服装品牌 C&A，在阿根廷时上市时所做的创意，模特穿着的是巴黎艾菲尔铁塔、罗马斗兽场等，借这些著名、显赫的欧洲的标志建筑，表达了 C&A 同样也是欧洲著名、显赫的标志。

**2. 与光环人物嫁接**

如借用名人包括现在的名人与历史人物的名人广告，一是通过知名人士对产品的推介，将受众对名人的注意部分地转移到对产品的关注上来，使具有从众心理与崇尚名人心理的消费者关注产品，从而提高产品的关注度与知名度。二是利用目标消费者对名人的喜爱，希望消费者把这种喜爱的心理进行延伸，发生爱屋及乌的移情效果。三是通过名人的个人魅力，去强化产品的魅力，提升产品形象。如爱多 VCD 电视广告，借助以拼搏著称的成龙的形象和《真心英雄》歌曲，表达爱多的“努力”和拼搏：“在我心中，曾经有一个梦，要用歌声让你忘了所有的痛。灿烂星空，谁是真的英雄，平凡的人们给我最多感动。把握生命中的每一分钟，全力以赴我们心中的梦。不经历风雨，怎么见彩虹，没有人能随随便便成功。让真心的话和开心的泪，在你我的心里流动。”旁白、字幕：“我们一直在努力，爱多 VCD。”

耐克将篮球运动和自己的产品紧紧地结合在一起，成为一对近乎天然的关系。以美国 NBA 篮球运动员乔丹为代言人将耐克与篮球的关系内涵推向极致：卓越、力量、自信、挑战和不可战胜。耐克与篮球运动组合起来以后，篮球不仅仅是球，而是成为耐克品牌的象征，转化为耐克的品牌符号。优秀的组合式创意让产品生长在另外一个物体上来演绎产品自身所无法表现的个性。

名人广告的创意应该注意几个问题：

（1）名人在目标消费者中的知名度应该大于或者远远大于品牌或产品的知名度，否则花费巨资聘请名人就丧失了主要的作用。

（2）名人与品牌和产品特征要有关联性。名人只有名气和易被人记住是不够的，名人与产品的个性特征、形象气质上的对位，以及与消费者的崇拜点应能有效地进行结合。使用名人的策略的广告创意应该将两者有机、巧妙地对接起来。

（3）名人的拥戴者应该与目标消费者之间有很大的重合。两者之间的重合面越多越好。如果两者之间很少重合，那么这支名人广告是没有意义的。

（4）名人广告一般使用在知名度较低的品牌上，或者是在产品的市场导入期，这样就可以借助名人的高知名度去提高新品牌或新产品的知名度。

（5）运用名人广告要注意名人可能带来的负面的影响，一旦代言人出现不利的事件或传闻，就可能株连品牌或产品。

（6）名人广告中的名人作为推荐人必须是确实用过，并确实爱这个产品，这样其所作的推介才能经得起考验的，否则就是对消费者的欺骗，使品牌形象和名人形象两败俱伤。

## 二、组合嫁接的形态

组合嫁接将不同的事物组合在一起，是一种形式的张冠李戴，李代桃僵。可以是形式上的组合，可以是新旧元素的组合，可以是旧元素的新组合；可以是将具体的事物与抽象事物嫁接，借具体来表达抽象，使概括的事物具体化，使抽象的事物形象化；可以是将熟悉与陌生嫁接、将已知与未知嫁接等，借熟悉表达陌生，借已知表达未知，使深奥的事物通俗化；可以是陌生的事物日常化，也可以是日常事物的新鲜化，使消费者容易、直观地理解与接受产品或服务的特性。组合就像运用万花筒原理，将储存于筒子里的元素，进行不同的排列组合。

如强力粘胶的广告，为突出其强劲的粘力，不采用把人倒粘在天花板上的方法，而是把百事可乐和可口可乐的汽水罐粘合在一起。把两个势不两立和南辕北辙的东西紧紧拉在一起，更生动体现其强大粘合力。

先锋音响的平面广告运用了超现实的视觉组合的形式，在以帝国大厦为中心的高楼林立的纽约市，雄浑磅礴的瀑布在楼群间倾泻直下，令人宛如置身在一个神奇的都市的大峡谷之中，飞流直下的瀑布与挺拔高耸的大厦，在蓝天白云之中既梦幻般地融合又有强烈的反差。将林立的高楼与飞流的瀑布这两个似乎不相干的元素组合在一起，交相辉映，产生强大的冲击力，使平面作品拥有着动态的力量。

如轮胎的电视广告：一个人将电唱机的唱片指针移到一个正在转动的轮胎上，放在中间是小夜曲，放在 1/3 位置进行曲，放在周边是交响乐，分别表示平稳、防滑和爬坡性能。轮胎转动变慢时成慢调，变快时成快调。

如汽车安全气囊广告：一个建筑工人头戴安全帽，这时旁边的大楼落下一块砖，工人不知晓，再落，仍不知晓，结果落到那人头上时，安全帽上冒出汽车安全气囊。

如东芝 DVD 的平面广告，把东芝 DVD 与影剧院这两个元素组合嫁接在一起。表明“拥有东芝 DVD，等于把一个影剧院搬回家”。将不同要素进行组合，可以是将不同的感觉嫁接在一起，如将听觉要素与视觉要素的嫁接。可口可乐汽水“可口可乐，挡不住的感觉”。就是将不同的感觉要素进行嫁接，也就是“通感”的处理方式。

将不同的因果要素的组合嫁接，将一个事物的原因与另一个事物的结果组合在一起。这可以使受众产生新颖、意外、强烈的感受和印象。如你往地上丢一个垃圾，落到地上的是一只死鸟。

## 三、比拟嫁接的形态

比拟的形态有拟人和拟物的形式。把拟人（物）化的人或物的元素嫁接到产品或服务上面。拟人把物当做人来描写、表达与使用，赋予事物以人的形象、言行、思想、感情等，使事物人格化，使事物生动、形象和有亲和力等。

如喜力啤酒系列平面广告，就是把啤酒拟人化。以啤酒瓶为表现主体，虽然没有出现人，但谁都看得出是在讲述人生：“不急着躲雨的人，常常能看到头上的一片天”“酒虽然空了，心却是满的”“光喊人生沉重，何不放下心中的石头”。

法国“碧绿液”矿泉水远销美国和日本等国家。1989 年 2 月，美国食品卫生检验部门宣布，在抽样检查中发现一些“碧绿液”矿泉水含有超过规定 2 ~ 3 倍的苯，长期服用有致癌的危险。消息一时传出，影响巨大。这家公司宣布就地销毁已运往全世界的 1.6 亿瓶矿泉水，随后用新产品抵偿。此举使该公司的直接损失高达 2 亿法郎，但“碧绿液”销毁全部产品却是个特大新闻，消息传出后，“碧绿液”的知名度迅速上升。当“碧绿液”新产品上市的那一天，巴黎、纽约等大城市的电视屏幕上，观众看到了一只正在“哭泣”的绿色玻璃瓶，一滴矿泉水从瓶口淌出，犹如一滴眼泪。画外音是一个慈父般的声音：“不要哭，我们仍然喜欢你。”这则拟人化的广告创意，寓意深长、充满人情味，顷刻受到消费者的喜爱，而且大大挽回了负面影响。

公益易拉罐回收——一个易拉罐被丢进一堆易拉罐中（男：我回来了）。这些易拉罐在被集中、压缩（男：真累啊）。这些易拉罐在被淋水冲洗（女：洗一个热水澡舒服一下吧）。

随着“叮当”一声响，一只还未上漆的崭新的易拉罐精神焕发地重新出现（男：我终于活过来了）。

在我国的药品广告中，由于不能出现患者的形象，经常采用拟物的方法来表达药品的效果。

## 四、双关嫁接的形态

双关嫁接利用语音、语义或画面含义的条件，有意识地使语言或画面同时具有表面与内里两层或多层意思，将多种含义嫁接在一起，由表达里，由此达彼，既含蓄又贴切，可以使语言或画面风趣生动，大大增强广告创意的表达力。另外双关的手法可避免一些直露的自卖自夸，减少受众的反感。双关有谐音双关、语意双关、语画双关等。还可以利用事件、时机等进行双关嫁接。

**1. 运用多用含义进行双关嫁接**

如劳斯莱斯的平面广告就采用两个双关的手法。一是“每个成功的男人背后都有一个女人”这句俗语和它前面的“银天使”的标志形象。

标题：“每个成功的男人前面都有一个女人”。

我们永远主张平等，但在道路上例外。

因在道路上劳斯莱斯“飞刺”新系列无可匹敌。

其 6.75 升涡轮式 V8 引擎，专为歧视主义人士设计。

劳斯莱斯“飞刺”系列，专为以超越开始每一天的人士。

您的顾问。

您的助手。

您的广告代理商。

劳斯莱斯“飞刺”新系列。

6.75 升涡轮式 V8 引擎。

至此，您在路上的力量斗争宣告结束。

如奥妮百年润发洗发水选择周润发作为代言人，产品名与代言人名字双关（润发），达到良好的传播效果。

**2. 利用事件、时机等进行双关嫁接**

1990 年 7 月，伊拉克入侵科威特，打响了波斯湾战争。战争中最令人瞩目的莫过于频繁出现在各大媒体上的美国将军诺曼·史瓦兹考夫。1991 年 5 月间，美国各大报出现一幅令人动心的全版广告，诺曼·史瓦兹考夫将军身着野战迷彩服，右手指着你，神色凛然：“宣布为民众取得空中优势。”人们在诧异之后，才发现这是一位酷似史瓦兹考夫的美国谐星乔纳森·文德斯（Jonathan Winters）；而取得“空中优势”指的不是“沙漠风暴”的战争，而是美国西方航空公司机票打折 40% 的促销活动。

2003 年伊拉克战争爆发，统一润滑油就适时推出“多一点润滑，少一点摩擦”的电视广告。

如 TYLENOL 的创意，将莱温斯基的照片贴在克林顿的额头上，表达“TYLENOL，强力，专治剧烈头疼”。如邦迪创可贴，借用朝韩峰会的金正日与金大中的会晤，“邦迪坚信没有愈合不了的伤口”。

运用双关的创意手法重点在于，言表达里，含而又露，如果委婉曲折、深藏不露、含义晦涩，那么这种双关，只会把自己“关”在里面。

## 第五节　鉴别知晓——比较形态

品牌在某个方面与被比较的事物之间有明显的差异，而该项差异对消费者而言又是相当重要和有价值的。我们经常听到消费者说，有比较就有鉴别；不比不知道，一比吓一跳；不怕不识货，就怕货比货；货比三家等。

比较可以与一般事物比较，可以与竞争者比较，可以与自己过去的老一代产品或服务比较，当然这要在不违背广告法的前提下进行。

### 一、比喻的创意形态

比喻的手法（明喻、隐喻、借喻）就是对象与另外的事物有类似的地方，就用另外的事物来描绘要说的对象。本体——我们要诉求的对象，喻体——我们要嫁接的另外的事物，比喻词——类似点，两者之间的关联性。比喻就是把A事物当做B事物来表达，使A事物具有B事物的行为特征，这样受众就会更加生动、明确地理解和认识产品或服务的特征。如巨能钙的广告创意，如果人体缺少了钙，就会使骨质疏松，那样你的骨骼就像油条一样。利用骨骼与油条在形式上的类似进行比喻，使消费者很生动地体会到补钙的重要性与必要性，从而选择能够高效吸收的巨能钙。（图8-18）

一则公益广告：一个年轻人抽完烟，随手将烟头扔在地上，将地毯烧了个洞，工作人员将地毯掀起来，心疼地看着这个洞无奈地摇了摇头，然后一脸思绪地望着年轻人……一幅字

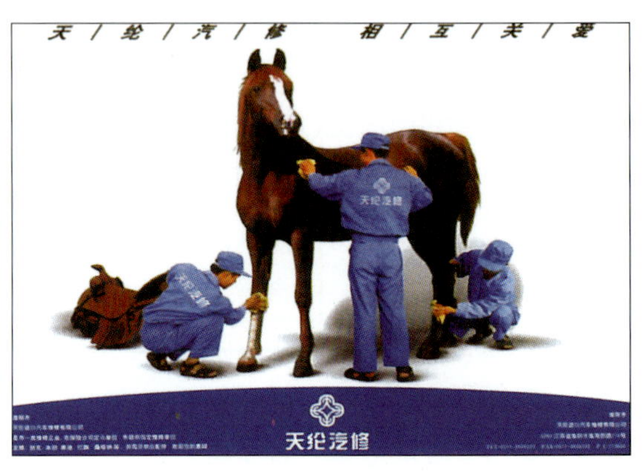


图8-18　修车为马

天纶汽车修理店的平面创意就是将马比作车，以三个员工拿着毛巾在细心为马腿、马蹄、马身进行擦拭，表现他们在汽车维修时的认真与细致的服务态度。比喻很贴切和生动。一个汽车修理店的广告创意能够做到这样，已经是很不错的了。

幕随即出来——“毁掉的不仅仅是地毯，还有健康。”这个创意巧妙地将香烟损坏了地毯，比喻着香烟也同样会损坏身体。

### 二、对比的创意形态

**1. 可以是与对手的对比**

“将近40%的宝洁广告是用结果对比的方式，呈现出对手与宝洁品牌的差异，可以消解读者心中的疑虑。”①

1983年美国温迪公司为人们熟知的“牛肉在哪里？”的著名广告，一个爱较真的

①查尔斯•戴克著：《宝洁的观点》，内蒙古人民出版社，第259页。

老太太，撕开面前的硕大的汉堡包，发现里面的牛肉馅只有指甲片大，对着镜头大叫："Where's the beef？"这就是抓住自己的汉堡包牛肉比竞争对手麦当劳多零点几盎司而大做文章，以致家喻户晓，大获成功，第二年销售额提高26%。（图8-19）

与对手进行比较，也包括与假冒伪劣的产品进行对比，可以通过包装、使用效果等对比，可以帮助消费者进行鉴别，更好地维护品牌形象，打击假冒伪劣的产品，净化市场环境，促进销售。

图8-19 花旗银行

Citibank（花旗银行）的平面广告创意：画面是一层层楼梯，"在绝大数银行你和这一层的人谈，然后他们和在他们之上的人谈。那些人再和别人谈。最后，你才能和你所需要的人谈。但在Pitt（匹特）Citibank（花旗银行），你从这里开始"。表明花旗银行服务的方便与快捷。

与对手进行比较，特别要考虑法律上的限制。如《广告法》第十二条规定"广告不得贬低其他生产经营者的产品或者服务"，第十四条规定药品和医疗器械的广告不得"与其他药品、医疗器械的功效和安全性比较"。

**2. 与相关事物的比较**

通过与相关事物的比较，形成反差，如大小的反差、高度的反差、声音的反差、动静的反差、虚实的反差、色彩的反差等，来反衬诉求的卖点和利益。

如美的空调将空调与芭蕉扇进行类比，芭蕉扇是世界上最安静、最省电的，美的空调是世界上次安静，次省电的。（图8-20）

图8-20 通用汽车

通用汽车广告创意：对大多数人来说，戒指是最心爱之物，而对一些人来说，最心爱的是通用汽车的钥匙，戒指只配做钥匙圈。

**3. 与自己的产品相同方面的对比**

与自己进行对比是法律上没有限制的。与自己的产品进行比较可以有两种方式：一种是纵向比较，如新一代的产品与过去的产品的比较，特别是新产品在性能、价格或者是性价比上有明显的可比之处的时候，可以增强说服力。另一种是横向比较，将自己不同型号、类型的产品进行比较，可以使它们的差异性更加突出，如将洗面奶的日用装与晚用装进行比较。如白加黑感冒药，将白天服的白片与晚上服的黑片进行比较“白天服白片，不瞌睡，晚上服黑片，睡得香。”

**4. 与自己产品不同方面的比较**

这种比较可以是自己的功能与价格的对比，说明产品的性价比高，也可以是其他方面的比较。如华凌冰箱的报纸广告，就是将自己的品牌与产品进行比较——“这台冰箱我用了10多年了，除了牌子越来越响，其他一切照样。”

## 三、排比的创意形态

排比创意是指将结构相似的画面或语言进行排列比较。按照意义的不同，排比形态的创意有三种方式：平行排比，递进排比，递减排比。这种表现方式环环相扣，步步加深，使消费者的认识层层深入，感觉步步强化，增强感染力和说服力。（图8-21）

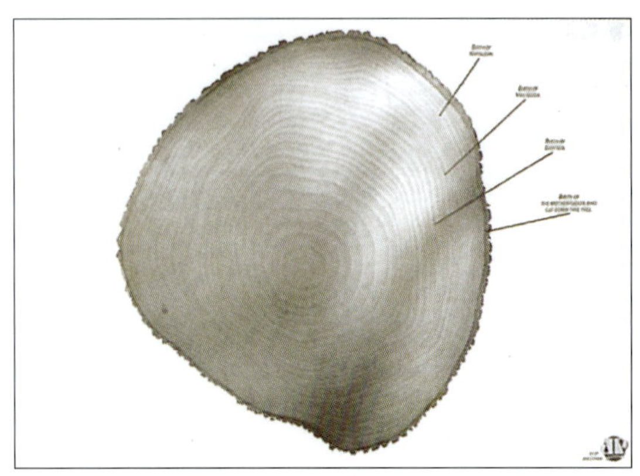

图 8-21 保护森林

呼吁停止砍伐森林的公益广告创意：一个被砍伐的大树的剖面上，从里到外分别标明“拿破仑出生”“梵高出生”“爱因斯坦出生”“砍伐这棵树的那个该死的家伙出生”。

**1. 平行排比**

平行排比将结构与含义都基本相似的画面或语言进行排列比较。

先锋音响的平面广告，画面空间被均分成方格，每一格中是不同性别、不同年龄甚至不同物种（包括动物）的耳朵，排列成生动有趣的节奏感，每个耳朵都具有专注的表情。突出“眼中的音响，耳中的画面”。这种排比的创意形态大大增强了先锋音响的感染力。（图8-22）

图 8-22 平安保险“地名篇”

平安保险“地名篇”，将我国不同地区的叫“平安”的地方及那里的人们平安的生活进行排列，推出“中国平安，平安中国”的主题。

**2. 递进排比**

递进排比是将结构相似的画面或语言，按含义由低到高或由轻到重的顺序进行排列比较。通过强度的递进，引导受众逐步去感受，循序渐进，最终领略到利益的充分。避免陡然的主张使消费者接受困难。

**3. 递减排比**

递减排比将结构相似的画面或语言，按照意义的由高到低或从大到小、从重到轻进行排列比较。（图8-23）

图8-23 美的空调冷静星“噪音篇”

美的空调冷静星的电视广告创意，首先展示的是与人们日常生活相关的噪音指数，工地噪音：90分贝；街道噪音：65分贝；图书馆噪音：45分贝；乡间夜晚：38分贝；美的“冷静星”：33分贝。声音层层减少，突出美的空调“33分贝”的超静特点。旁白：美的空调，原来生活可以更美的。

# 第六节 因果推进——破立性的方法

## 一、正面推导的方法

因为拥有了该品牌的产品或服务，就会出现什么样的好的局面，因为怎么样，所以怎么样。正向推导的方法在广告创意可以通过两步、三步、四步……这样一步步推出结果。

**1.正面因果顺叙**

因为使用了这种产品或服务，就会有什么样的利益，所以就出现了一个好的结果。因为有了A原因，就会出现B结果，因为有了B结果这个原因，所以就出现C的结果。表现形式

是：A→B→C。（图8-24）

**2.正面因果倒叙**

为什么会出现这样好的结果，那是具有这样的利益，是因为使用了这种产品或服务。

图 8-24　狗食品平面广告

如某狗食的平面广告，一只小狗拉着一个小孩向陡峭的悬崖飞奔，“这小狗哪来这般神力？如果你了解它吃的东西就知道为什么了。”这就大大增加了消费者的好奇心和兴趣，为什么会这样呢？

## 二、反面推导的方法

也称为破题解题的方法，不购买产品或不接受服务，就可能出现什么样坏的局面或不利的结果。常常是提出问题，然后解决问题。

**1.反面因果顺叙**

因为没有使用这种品牌的产品或服务，就会没有什么样的利益，所以就出现了一个坏的结果或问题。表现形式是：A→B→C。

**2.反面因果倒叙**

为什么会出现这样坏的结果或问题，那是没有这样的利益，是因为没有使用了这种品牌的产品或服务。表现形式是：C←B←A。

如步步高无绳电话“尴尬篇”，由于使用的是有线电话，所以在你在卫生间的时候，电话响了，你就会匆匆忙忙、狼狈、尴尬甚至摔了个嘴啃泥。这是因为你没有使用无绳电话，“用步步高无绳电话，哪会如此尴尬？”推出步步高无绳电话的方便性。“步步高无绳电话，方便千万家。”

某卫生纸的电视广告：一个人背影的下半部，一个小虫飞到此人的臀部，驱之又来，十分难堪，最后出现该品牌的卫生纸标版。

某品牌眼镜的电视广告：一个绅士来到公厕外，在男女标志前反复辨认，最后走进了左边的门里，紧接着传来一个女人的尖叫声，随着绅士仓皇而出的还有掷出来的手纸，这时候出现该品牌眼镜的标版。

某品牌感冒药：一个独身冒险者在一片茫茫雾野中被一群狼所包围，他立即点燃了篝火，吓退狼群。这时他脸上浮现一丝得意的微笑。谁知一不小心打了个喷嚏，火堆“噗”地被吹灭了，这时出现药冒药及其品牌。

“一个解决问题的广告，其问题应与消费者切身相关而且是产品解决方案的基础。千万不要犯了只重问题而忽略解决方案的错误。”[①]

①查尔斯·戴克著：《宝洁的观点》，内蒙古人民出版社，第245页。

## 三、恐吓推导的方法

这实际上是反向推导的方法的极端化表现手法。诉诸恐惧（appeals to fear）、威胁或激起观众的恐惧在大众传播中是一种常用的战术。就是表达没有使用该品牌的产品或服务，最糟的可能，或者出现什么样坏的结果、局面与问题。一些研究结果表明：中等程度的恐惧的信息会导致最大量态度的改变，诉诸最强烈的程度往往效果不佳，这说明恐惧如果过于强烈，就可能唤起某种形式的干扰要素，以致降低了说服效果。这也就是说诉诸恐惧与威胁过度，消费者就会产生逆反心理，唤起自我保护与信息抗拒的心理意识。

恐吓推导有三个要素：一是所描述事情其有害性的可信度；二是那种事情发生的可能性；三是所建议对策的有效性。消费者对其中任何一点的判断都可以影响其态度的改变，从而影响说服效果。如果消费者不相信（不太相信）所描述事情是有害性的，或者认为那种事情发生的可能性不大，或者对建议对策的有效性感到怀疑等，都会影响广告创意的接受。所以在恐吓推导的广告创意中，要把握好合理适度的恐惧程度，同时要对恐吓推导三个要素进行认真分析，才可以达到理想效果。（图8-25）

图 8-25　中兴保全

中兴保全家庭保全系统的平面广告创意：一个戴着手套的手，把画面上的每个家庭的门窗像抠纸片一样一一抠破——“在歹徒眼里，你家不过是窗纸糊的门。”面对这种可能发生的被害危险，你就需要中兴保全家庭保全系统。

德国一家保险公司广告：一名工人在屠宰厂上班。他的任务是给吊在钩子上的死猪贴上屠宰日期标签，然后推走。干了很多年之后，他换了几种工作，却总是出错，因为他手里只要一有纸，就总想贴出去，然后一推。他当装卸工人时，总在接过下一单据的时候，随手贴在刚摆放好的一摞箱子上，然后用力一推，所有箱子都倒了；他当检票员时，总是把验过的票顺手拍在客人的脸上，然后用力一推，推倒一地人。最后，他到博物馆看展览，门口就是一排珍贵的中国兵马俑实物，他手里接过验过的门票，又是“啪”的一下贴在了前面的一个兵马俑的脸上，然后就要开始推了。在这千钧一发之际，忽然电视屏幕定格了，出现了一个大大的“不”字，然后出现了一家保险公司的名字。这个广告的创意在于，每个人都可能有一些坏习惯，它们也许不会造成巨大损失，但在万万不该出错的场合，没有保险的后果是不堪设想的。

如某牛奶品牌创意：母亲劝孩子喝牛奶，孩子们要喝苏打水，他们说邻居的米勒先生就从来不喝牛奶。正在这时候，他们看到在花园干活的米勒先生的手臂突然断了。孩子们吓得端起杯子，大口灌起牛奶。

邓洛皮洛牌床垫的广告，占报纸两个版面的画面上是一条令人毛骨悚然的毛毛虫，边上有文字："这是一条吸血虫，喜欢床垫中的热气，也许今天就要与您共眠。"广告的主题是："邓洛皮洛牌床垫使用了一种不生虫材料。"这一惊人一吓，就使该产品获得惊人成功。

## 第七节　生活片段——生活形态

### 一、生活情趣的形态

人们在日常生活中感受到的生活情趣，如情调、品位、乐趣、体验等。

图 8-26　芬兰蒂亚伏特加平面广告

芬兰蒂亚伏特加的平面广告创意：夜晚，野外皑皑大雪，小屋里灯火通明。

今天是加莫·帕维 50 岁的生日。拂晓时分，他看看窗外，心想，原本在今天开个派对的计划看来要泡汤了。他的夫人说，刚下了这足足两米深的雪，即使是最铁的哥们也不会来。显然，他的夫人低估了朋友们的忠诚和加莫所贮的远近闻名的芬兰蒂亚带来的吸引力。"芬兰蒂亚，来自世界之巅的伏特加。"

如雀巢咖啡，通过阳台上的阳光，萨克斯的音乐、咖啡的飘香等，表现人们在雀巢咖啡中感受到的生活情趣。（图8-26）

### 二、生活方式的形态

广告创意倡导或表达一种新的生活的方式，一种价值观念，一种生活形态（life style）。这种创意形态是非常明确地针对某一类型的消费者，如时尚的年轻白领阶层，青春反叛型，体育爱好者等。（图8-27）

如"多喝水"品牌的广告语创意就是明确表达一种扮酷、前卫、散漫的无厘头式的生活方式。广告语是"没事多喝水，多喝水没事"。

### 三、生活价值的形态

广告创意表达社会认可成就感，成功感，自豪感，满足感，归属感。马斯洛把人的需要或欲望分为五个层次，由低到高分别是：生理生存需要，安全安定的需要，爱情感情归属的需要，受人尊重的需要，自我实现的需要。从物质的需要到精神的需要，从具体的需要到抽象的需要。特别是对高档的品牌的产品或服务，选择生活价值的形态的创意方式，使某一品牌成为某种高尚生活的象征，成为高尚生活的组成部分，这对品牌是极有价值的。

图 8-27　东润枫景

北京东润枫景花园系列创意表达了一种非常明显的悠闲、优雅的生活方式：“这里有生活，有艺术，有美，唯独没有压力”“我不在家，就在咖啡馆，不在咖啡馆，就在去咖啡馆的路上”“生命，可以浪费在美好的事物上”等。

## 第八节　传达意象——形境形态

形境（形象、印象、气氛）形态广告创意表达一种形象，一种意境追求意境高远或者神秘等，给受众感觉上的、象征性的印象，以此积累品牌的印记。

### 一、形象的创意形态

以塑造品牌的形象为主，强化品牌的魅力、个性特征，是符号的象征，具有鲜明的感性特征，需要时间的积累。

如万宝路，以粗犷的西部牛仔的人物形象打动许多消费者，成为男子汉自信的象征和符号。广告创意始终是在沟壑纵横的褐黄色的背景下，马背上的牛仔策马奔腾，粗犷不羁。

哈雷摩托的广告创意无论在山巅、在旷野还是在小屋旁、公路上，都散发着无拘无束、自在不羁的气息，如标志上的白头老鹰，翱翔长空，自由奔驰。与它庞大的体型，超人的重量，巨大的轰鸣，特有的骑士服和鞍囊、重靴……一起成为人们心目中的哈雷格式，成为雄壮威武的男子汉气概和魅力的形象象征。

有些企业或品牌在打造形象的时候，缺乏差异性的胆量与坚持的恒心。常常今年是亲和力的企业或品牌形象，明年又是科技感的企业或品牌形象，后年可能是众志成城的企业或品牌形象，结果是没有企业或品牌形象。

## 二、意境的创意形态

意境的创意渲染的是一种意念境界，给受众一种只可意会不可言传的感觉、意念、意境，增强感染力，表达一种氛围，有一种禅的味道，类似如意识流的形式。

如中国银行的企业形象系列广告，以意境见长，以意境取胜。这一系列广告有“高山篇”“江河篇”“麦田篇”“竹林篇”。广告创意似乎与中国银行没有多少关系，又好像有些关系。如果问你到底有什么样的关系，你一时半会也说不出个所以然。但你分明体会到一种意境，感染到一种气氛。

如“高山篇”，在一片雄奇而秀丽的山川景象之中，出现了“止，而后能观”的字幕。一位白发老人立于天地之间，观望着大自然的变化，接着，他继续踏上他的征途。在此时，旁白响起：在追求智慧的里程中，永远是山外有山。随着在山川中老人的背影逐渐远去，中国银行名称与标志徐徐出现。

“江河篇”：在蔚蓝的天空下，小女孩面对滔滔江河唱着童谣，“小河弯弯，江水蓝蓝，穿过原野，穿过山冈；小河弯弯，江水蓝蓝，流呀流呀，千百里长”。出现“止，而后能观”的字幕。夕阳下，波光粼粼的江水，循着九曲回肠的河道静静地流淌着，河流将我们带到夕阳下如镜的江面，一叶轻舟徐徐泛过，“源远流长”的字幕过后，小女孩愉快地沿江归家而去。中国银行名称与标志徐徐出现。

“麦田篇”：以黄昏的天幕下，辛勤农民的侧面剪影，出现“止，而后能观”的字幕。接着，农民仰天长啸。他走在金黄的麦浪里，出现字幕“丰饶”。他走到麦田中央，不停地低下头，像是与麦田在对歌，唱一句，就幸福的闭目，像是在等待和聆听麦田的回应，此时，出现字幕“勤奋”。镜头拉远，他傲然屹立与天地之间，被丰饶肥美的麦田遮去了下半身，字幕“富而不骄”出现。随着农民的呐喊和在空旷中的回音，延绵天际的麦田波涛滚滚，中国银行名称与标志徐徐出现。

“竹林篇”：镜头特写一座竹林，出现“止，而后能观”的字幕。一位女子在竹林中冥想、漫步。相继出现“竹动”“风动”“心动”的字幕。“有节，情意不动”。中国银行名称与标志徐徐出现。

如日本的日产“无限”（Infinity）轿车在美国上市时，推出的电视广告就是以抽象的、很有哲学意味的表现手法，以自然景观为主题，如一片朦朦胧胧的垂柳，雨丝斜飘的池塘，三块并立的岩石，原野、森林、鸟群、大海、溪流等仅有自然的声响如流水声，从头到尾没有出现车子，没有出现广告语，只有旁白：“在日本，所谓豪华是指一种多彩的自然感觉，而所谓的美是一种密切的个人关系，而在这里，一种豪华的新观念已经出现——Infinity”。强调人与自然的和谐，给人以虚无缥缈的神秘感和想象力。广告播出后，引起了消费者的极大关注与好奇。

## 三、意识形态的形态

与传统的创意形式如编一个故事将商品或品牌融入或者去诉求商品功能特性的相区别，意识形态的形态没有产品的物理功能的表达，没有完整性的故事情节。脱离商品本身的物的价值，强调“影像就是商品”。广告要销售给消费者的将是一种象征性领域的价值、审美价值、一种文化标记，一种视觉感觉，引起观众的话题和关切。

中兴百货“政治篇”：服装就是一种高明的政治，政治就是一种高明的服装。当ARMANI套装最后一粒扣子扣上时，最专业而令人敬畏的强势形象于是完成。白衬衫、灰色百褶裙、及膝长袜、豆沙色娃娃鞋，今天想变身女孩，看见镜子里身上的华丽刺绣晚装，于是对晚宴要掠夺男人目光并令其他女子产生妒意的游戏胸有成竹，仅一件最弱不禁风的丝质纽肩带衬衣，就会是他怀里最具攻击力的绵羊，衣服是性别，衣服是空间，衣服是权力，衣服是表演，衣服是手段，衣服是展现，衣服是揭露，衣服是阅读与被阅读，衣服是说服，衣服是要脱掉，衣服就是一种高明的政治，政治就是一种高明的服装。

中兴百货“书店篇”：到服装店培养气质，到书店展示服装。有了胸部你还需要什么？脑袋。衣服，衣服是这个时代最后的美好环境。不安的人们居住在各自的衣服里寻求仅存的保护与慰藉。有了胸部之后，你还需要什么？脑袋。到服装店培养气质，到书店展示服装。

中兴百货“森林篇”：衣服，衣服是这个时代最后的美好环境。他觉得这个城市比想象中还要粗暴。她觉得摔飞机的几率远大于买到一双令人后悔的高跟鞋。他觉得人生脆弱得不及于一枚A型流行感冒病毒。她甚至觉得爱人比不上一张床来的忠实。人们居住在各自的衣服里寻求仅存的保护和慰藉。毕竟在世纪末恶劣的废墟里，衣服会是这个时代最后的美好环境。

如贝纳通（Benetton）推出一系列的以批判种族、宗教和反映艾滋病、难民等社会问题为题材的广告创意，如“脐带相连的初生婴儿”“燃烧的汽车”等，很少有对自己的时装产品特征的表达，也没有一个与产品有关的故事，但具有很高的话题性。

无论中兴百货还是贝纳通（Benetton）推出的广告创意，赞成与反对的都同样强烈。

## ? 思考练习

1.请使用三种创意形态去表现同一个产品和服务，创作三支不同方式的电视广告。

2.请使用比较形态和解题形态，创意一组以保护水资源为主题的系列平面广告。

# 第九章

# 广告创意的流程

一支好的广告创意的诞生和发展，有着一个科学的流程，以确保创意思维在一个正确的轨迹上前进。

**本章的学习目标**

- 了解广告创意的作业的基本环节
- 明白创意简报要求与撰写格式
- 重点掌握创意发展的点线面
- 熟悉广告创意的产生过程
- 初步认识到创意测试的作用与方法

如宝洁的得宝多用纸巾的系列广告创意，表现的是日常生活中，在大庭广众、众目睽睽之下，随时随地会出现一些意想不到的意外，这些意外发生后，你会用到纸巾。但如果你不是使用得宝多用纸巾的话，纸屑会使你尴尬万分。得宝多用纸巾因为增加了柔韧素，使用后不会留下纸屑，所以也不会留下尴尬，即使有意外发生也没有关系。这个案例的创意核心概念点始终锁定在“消除尴尬”，创意主题线是“得宝多用纸巾，纸屑走开，尴尬拜拜”，创意演绎面是一直从不同的日常生活中的众多意外情景发展下去的。

## 第一节　广告创意的作业环节

在考虑广告创意的流程时，应该简要了解广告流程。

第一步——市场部，向策略人员提供市场信息：市场状况、竞争对手、消费行为、消费心理、使用模式等。第二步——客户部（AP部或策划部），通过对市场信息的分析与客户的沟通提供广告创意的策略：广告目标、市场细分、目标受众、品牌定位（产品定位）等。第三步——创意部，提交创意概念、创意主题、创意表现等。第四步——制作部，进行平面广告的完稿，电分输出打样；电视广告制作，广播广告的制作等。第五步——媒介部，制订媒介策略，进行媒介投放与媒介评估等。有的广告公司将客户部与策划部分开，也有的公司将创意部与制作部合并统称为创作部，还有的公司将市场部与客户部或媒介部合并等，不一而足，以上只是一般流程。

### 一、策略部提出创意简报

策略部的策略人员在综合客户方面信息、市场调研部门提供的信息的基础上，进行策略性思考，提出创意策略，一般是用创意简报的形式。

策略部（account plan），也称为AP部，也有的公司叫做策划部。还有的公司没有专门设立策略部，直接由客户部的AE人员提出创意策略。但一般确定创意策略的AE人员是较资深的客户服务人员。

不同的公司或不同的策略人员提供的创意简报在程度上有很大的区别。有的创意简报只是提供背景材料，如企业、品牌、产品、市场等资料性的内容；有的创意简报还进一步提供创意目标、创意方向、创意要求等。

### 二、创意部提出基本创意

创意部根据策略部的创意策略进行创意，形成创意的核心概念、创意主题、创意表现等。创意部一般由文案人员与美术设计人员这两大群体构成。大部分的创意小组由一个撰文与一个美术指导形成一个搭档。以前一些公司的创意，先是由撰文写好文案特别是主题口号或者是标题，然后再交给美术指导进行设计或构图。现在常常是将撰文与美术指导一起进行创意，因为撰文也可能会提出好的设计意念，美术指导也往往有好的文案想法，而且两者在一起碰撞，你来我往，互相抛砖引玉，会激发出好的创意。

如果是一场大的广告活动，一般会由创意总监与若干个创意小组一起进行创意，会形成一个整体创意系列，如传播主题、电视广告创意脚本、系列平面广告创意、广播广告创意，以及终端、展示、户外等创意草案。

创意人员有了创意思路后，比如平面广告有了标题与视觉构想，会形成一张草图或者效果图；电视广告创意形成创意脚本等。然后由电脑工作室、摄影工作室和制作工作室等去开始创意表现的执行。创意表现的执行详见第八章。

### 三、创意的双漏斗模型

模型是一个两端开口的漏斗，在第一个宽阔的入口倒入事实、数据等众多的信息，进行策略性思考，形成诉求点、主张，然后进入一条狭窄的管道，并产生创意，接着张开第二张“嘴”，通过媒体传播出去，与目标对象接触。通过理性形成诉求主张，通过想象力形成创意。

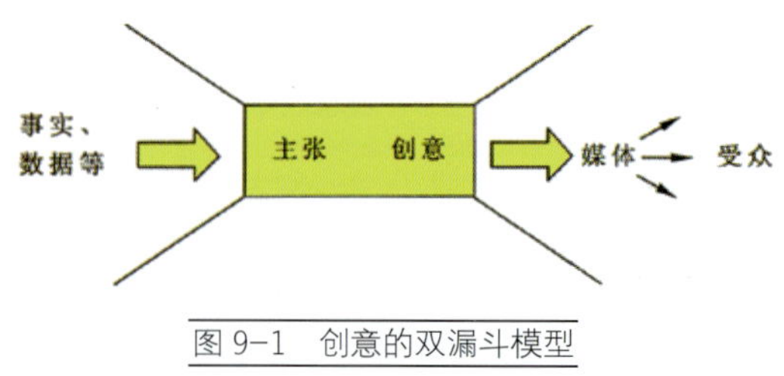

图 9-1 创意的双漏斗模型

一般是客户部门或策划部门在事实与数据的理性分析的基础上，提出初步的创意策略，创意部门进行创意构思，并通过电脑、制作部门进行工艺上的处理。

平面广告创意流程：

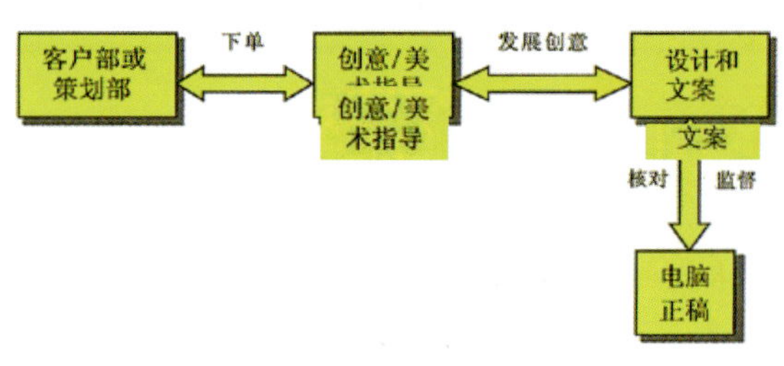

图 9-2 平面广告创意流程

电视广告创意流程：

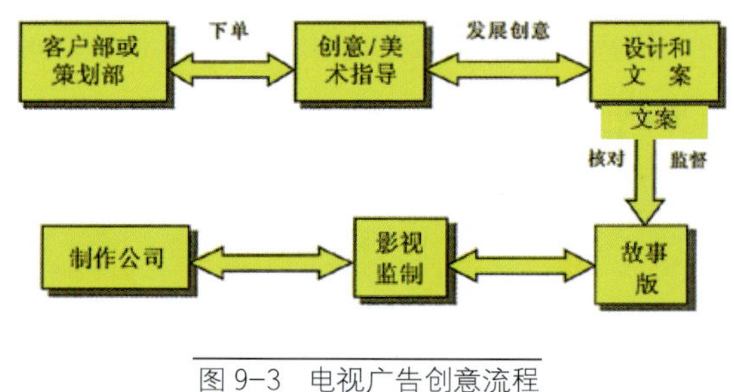

图 9-3 电视广告创意流程

## 第二节 创意简报的提出

客户部门或策略部门形成了广告策略之后，为了使抽象的策略在广告文案与表现设计之中得到充分地、准确地、一致性地、具体地体现，就需要有创意简报的形式来引导和规范。

### 一、创意简报的要求

（1）简：创意简报是给广告公司的创意人员——文案与美术指导的创意指引，所以要尽可能简洁，一般只讲结论，无须论证。事无巨细的太多的描述，会产生三种负作用：其一是可能把主要的要求淹没；其二是可能把创意人员的注意力吸引到无关宏旨的细节上；其三是可能使创意人员觉得AE已经把创意做完了，自己没有创意空间了，从而产生抵触情绪，磨灭创意人员的积极性与创造性。

（2）报：创意简报一定要把传播策略翻译成创意策略大纲，对创意有明确的方向指引与告知。否则，就是知情不报，或者是报得不对，报得不明。特别要注意两种情况：有些创意简报写得十分含糊，创意人员看后一头雾水，看完后还是方向不明，不知所云；还有些创意简报写得太抽象，全是大道理，成了放之四海而皆准的东西，创意人员从中得不出多少有实质性价值的信息。

（3）准：创意简报决定了整个创意的策略与方向，如果创意简报本身写得不准确，误导创意人员向着一个错误的方向奔跑，就会全功尽弃。一般写创意简报的AE人员是一个资深AE，把整个广告策划缩写成一两页需要一定的功力。如果说创意倾向艺术性，那么创意简报就明显倾向科学性。

好的创意简报既明确了创意方向与要求，又给创意人员足够的发挥空间，还可以启发创意人员的思路。

在实际工作中，创意人员常常会提出，创意简报束缚了自己。纪律是创意的必需品，天马行空是很自由，但是如果它在空中没有指南针，就会像无头的苍蝇瞎转，而且也没有办法落地。

## 二、创意简报的内容

创意简报就是把创意策略用准确又简洁的语言通报给创意人员。是创意人员依照创意策略行事，与创意策略协调一致，才可以使创意发挥固有的效果。见表9-1～表9-4。

创意简报一般所涉及的方面如下：

（1）市场状况的简述——市场的基本走势与状况。不要写诸如“竞争十分激烈”这样的空话。列出主要的直接竞争对手和间接竞争对手及其表现、本品牌在市场上的状况、市场的机会点与问题点。

（2）目标消费者的概况——目标消费者的社会特征、消费心理和消费行为。消费者用它做什么以及怎样使用。

（3）产品（服务）优势——有那些优势，最大的优势或特点是什么，最好按其重要性进行排队。也可以说明该产品最大的弱点是什么。产品（服务）定位即在消费者心目中的位置。

（4）亟待解决的广告问题——本次广告需要解决什么问题。比如说是要使消费者知道换新包装了或增加了一个新功能。

（5）广告目标——本次广告要实现的任务或要达到的效果，如传播效果、销售效果。如知名度提高多少个百分点，消费者在广告投放前后的态度差异等。

（6）利益承诺——广告提供给消费者什么样的利益与承诺可以促进消费者改变态度，产生购买行为。

（7）承诺支持——有什么样的信息可以支持以上的利益承诺，而且消费者可以相信这些支持点。

（8）品牌描述——品牌的历史回顾，广告要表现的品牌特征或者品牌个性的什么方面，广告要考虑到的继承的品牌资产或以前广告的元素。

（9）广告格调——广告输出的基调。是时尚的还是传统的，是科技感的还是人情味的，是强调冲击力的还是强调亲和力的。

（10）法律与道德规范上的考虑。

（11 ）媒介和预算上的考虑。

（12）广告内容——综合上述的说明，简要说出本次广告要想表达的主要内容。

当然对一些简单的创意作业，诸如一则招聘广告的创意之类，其创意简报就没有必要涉及这么多因素。

**表9–1　创意简报**

| 客户名称 | 品牌 |
|---|---|
| 1.广告必须面对的机会点与问题点？ | |
| 2.我们是要与谁说话？ | |
| 3.广告播出后要让他们做什么？ | |
| 4.什么样的信息有助于这种反应？ | |
| 5.广告应该表达品牌个性的什么方面？ | |
| 6.有媒介或预算上的考虑吗？ | |
| 7.还有其他方面的提示吗？ | |
| 书写人： | 日期：　年　月　日　时 |
| 批准人： | 日期：　年　月　日　时 |

**表9–2　创意简报**

| 客户名称 | 品牌 |
|---|---|
| 书写人： | 日期：　年　月　日　时 |
| 1.为什么要做广告？ | |
| 2.我们在与谁交谈，我们对他们有哪些洞察？ | |
| 3.在广告投放后，我们希望他们想什么？做什么？ | |
| 4.USP是什么？ | |
| 5.USP的支持点是什么？为什么消费者会相信？ | |
| 6.促进（品牌个性或主张的真正动人之处是什么？） | |
| 7.控制（品牌个性或主张、客户、法律等限制的不可动摇之处？） | |
| 8.媒体如何帮助这个创意变得活跃起来甚至让人惊奇？ | |
| 批准人： | 日期：　年　月　日　时 |

**表9-3 创意简报**

| 客户名称 品牌 | |
|---|---|
| 1.市场状况和品牌回顾 | |
| 2.产品特色或品牌个性 | |
| 3.延续的资产（以前的主题、音乐、图像等） | |
| 4.问题点 | |
| 5.机会点 | |
| 6.目标受众 | |
| 7.受众目前的看法和做法 | |
| 8.广告后受众的看法与做法 | |
| 9.广告提供的利益点 | |
| 10.广告提供的支持点 | |
| 11.广告涉及的道德法律等要素 | |
| 12.广告策略还缺乏的信息 | |
| 13.客户的特别要求 | |
| 14.小结：广告想达到的效果 | |
| 书写人： | 日期： 年 月 日 时 |
| 批准人： | 日期： 年 月 日 时 |

**表9-4 创意简报**

| 客户名称 品牌 | |
|---|---|
| 1.广告的主要目的是什么？ | |
| 2.问题和机会点是什么？ | |
| 3.希望的效果：通过广告获得消费者什么样的反应与行为？ | |
| 4.向谁广告？ | |
| 5.消费者目前对产品的看法？ | |
| 6.对说服有效的资料有哪些？ | |
| 7.品牌形象上的考虑是什么？ | |
| 8.媒体和预算上的考虑有哪些？ | |
| 9.其他 | |
| 书写人： | 日期： 年 月 日 时 |
| 批准人： | 日期： 年 月 日 时 |

# 第三节 创意概念

## 一、创意概念是核心诉求点

创意概念的实质——从围绕品牌的产品或服务的市场要素中，解决“说什么”的关键词，是产品的特性与消费者所需求的利益的一致性的交叉点，是整个广告运动的核心诉求点。

**1. 创意概念来自市场分析**

创意概念的产生必须在明确广告目标、明确品牌形象、明确产品或服务的定位、明确目标消费者、明确竞争者等的基础上，对其进行深入的了解，广泛地搜集其信息，深思熟虑，进行反复的酝酿，初步确立基本的核心诉求点，所以创意概念具有很强的策略性。

如2000年广东移动通信作为从广东电信中分离出来的新公司，急需改变以往在消费者心目中的国营老企业、垄断地位、服务态度差劲、以老大自居等恶劣印象，重新树立和塑造一个新的企业形象。这一新的企业形象应该面对市场竞争的新格局，是真诚服务、具有亲和力、新兴的朝阳企业。所以企业形象广告的创意概念必须围绕着“真诚服务，具有亲和力，新兴的朝阳通信企业”这一核心诉求。

比如说TCL美之声无绳电话作为市场上的后来者，在对众多要素的分析中，由于步步高无绳电话的强势的广告推广，“步步高无绳电话，方便千万家”的广告语广为人知，使步步高无绳电话有了极高的知名度，而且对无绳电话与传统的有绳电话相比的方便优势有了认识与接受。步步高在无绳电话被市场接受之后，还在诉求方便这一无绳电话的共性。消费者在调查中，对使用无绳电话时，“接电话是方便了，但对一些无绳电话的听话时的掉话”“噪音干扰大、声音不够清楚”“有时听起来费力”“对方要重复多次”等有很大的抱怨。TCL美之声无绳电话广告创意概念轮廓就基本出现——不仅是方便，而且听话时的不掉话、噪音干扰小、通话声音清楚，听起来不费力，对方无须重复多遍。

如广州本田雅阁1999年上市，当时在我国的绝大多数轿车都是国际市场上的旧车型，有的甚至落后几代，消费者特别是中高档轿车的消费者迫切希望有更先进的轿车出现。而广州本田雅阁1999年上市的是1998年的北美版的改进，无论是外型设计、发动机技术还是环保技术等都是当时世界的先进水平。所以广州本田雅阁上市的创意概念要体现这一明显的差异性。

如米勒啤酒原来的创意概念是“乡村俱乐部的啤酒”，并以此展开创意表现。但市场调研表明，在美国乡村俱乐部里，啤酒的饮用量并不大，80%的啤酒是由30%的、年龄在18到34岁的处于社会中下层的蓝领阶层的消费者在歇闲时间消费的。所以原来的创意概念显然不合时宜。

如金正DVD上市广告创意，当时许多生产VCD的企业都在准备推出DVD，但是都不敢自己第一个去推广，要么害怕失败了，做了“先烈”；要么是怕为他人做嫁衣裳；要么怕消费者不认同DVD这种新产品；要么是不知道从哪儿切入市场，而且产品还没有上市就已经是高度同质化等。所以都在耐心地等待着。金正DVD要率先上市，而且避免成为“先烈”，必须要使消费者认同DVD这种新产品，而且是金正DVD。

**2. 创意概念挖掘方式**

创意概念一般可以从产品、市场、消费者、品牌这四个方面进行挖掘。创意概念可能是四者的提炼，也可能只是表达其中的某一点或两点，但一定是核心竞争力的浓缩。

一是产品或者服务定位的关键词，如美国的七喜汽水面对可口可乐与百事可乐的霸主地位，将其定位为非可乐，那么其创意概念自然就是——nu-cola。如美国艾维斯（Avis）出租车公司面对最大的赫兹（Hertz）出租车公司将自己的定位为出租车中的第二，那么其广告创意概念就是——第二。

二是对消费者利益承诺的关键词，如20世纪60年代，德国大众的甲壳虫轿车在美国市场的广告创意的概念就是一个字——小。

三是对市场特征提炼出的关键词。特别是针对新企业的诞生、新产品的上市、市场竞争中出现的新特征等。

四是品牌形象的个性的关键词。如万宝路的广告创意概念就是其品牌形象个性的关键词——“男人”。如可口可乐的广告创意概念就是其品牌的核心个性——“快乐”。

**3. 创意概念的作用**

创意概念是广告创意原子弹的核，广告运动是通过这个核去爆发与辐射出去。创意概念是传播的切入点，是整合传播的内核。创意概念有品牌在一个阶段的核心概念，某个产品在一个阶段的核心概念。创意概念一旦产生，就要求广告表现在这一段时间内，都要围绕着它去体现，以确保广告的累积效果和整体的形象。许多品牌广告创意，就每一件单个的广告作品而言，也许创意并不差，而结果却不理想，其中很大的原因就是缺乏创意概念而四分五裂。

**4. 创意概念的注意事项**

创意概念要建立在市场基础上，一定不是空中楼阁。

创意概念要明确体现核心竞争力。

创意概念要具有独特性、差异性。

创意概念要明确符合品牌个性。卓越的创

Q&A:

意概念应该是对品牌形象有贡献。

创意概念一定要围绕广告目标，否则就是南辕北辙。

## 二、创意概念的提炼

通过对品牌、产品、消费者、竞争者等众多市场要素进行综合分析、归纳比较，发现市场机会，发现产品卖点，发现产品的竞争优势，产品或服务的核心竞争力，品牌的产品或服务的定位等，得出的是一些结论，一些看法，一些数据，一些认识，一些见解，也就是说有了创意概念的印象，有了创意概念的轮廓。

这个轮廓是不够清晰的，是带有大体上的朦胧感的，或者细节上又很具体，是带有描述性的；是许多生活化的，或者是很技术性的，还必须对此进行提炼，得出清晰的创意概念。提炼创意概念需要有创意，而且还是一个大创意。不仅要有策略性的思维，更要有创造性的思维。

广东移动通信的企业形象是将“真诚服务，具有亲和力，新兴的朝阳通信企业”这些诉求要素更加具象化、清晰化，形成明确的创意概念：“用心沟通”。

TCL美之声无绳电话将“不仅是方便，而且听话时的不掉话、噪音干扰小、通话声音清楚，有时听起来不费力，对方无须重复多遍”创意核心诉求轮廓提炼为创意概念，就是两个字“清晰”。将声音清晰作为诉求点、核心竞争力，作为广告创意的关键词。

广州本田雅阁上市广告将“外型设计、发动机技术、环保技术等都是当今世界的先进水平”作为核心诉求，提炼出来的创意概念是“世界同步”。

金正DVD广告将创意概念锁定为“成熟”，告诉消费者，虽然金正是第一个上市的，但是是成熟可靠的产品，而且购买和享受DVD的时间已经到了。

米勒啤酒的创意概念重新明确为——“米勒时间”。“米勒时间”这一创意概念一推出就获得巨大的成功，一直使用了十年之久。

有些产品或服务在研发的时候，就有了明确的概念，如核心竞争力或者性能特征、包装特色等，只有稍加提炼就可以了。如海尔小小神童洗衣机是一种体积小、功率小、耗电少的洗衣机，主要针对夏天人们穿的衣服少但又需要每天换衣的情形。如果夏天换下来的衣服不在当天洗，既不卫生又会损坏衣服，如果每天都用普通的洗衣机去洗，既耗水又耗电，所以小小神童洗衣机的核心概念是“夏天即时洗”。

创意概念提炼出来的形式是多种多样的。

创意概念是从不同角度表现。如前面已经提到的，可以从品牌、产品、竞争者、消费者

Q&A:

承诺等不同方面去分析、挖掘、提炼。广东移动通信的企业形象“用心沟通”的概念、TCL美之声无绳电话“清晰”的概念、广州本田雅阁上市的“世界同步”的概念、金正DVD上市的“成熟”的概念、“米勒时间”的概念都是在市场要素综合分析的基础上，进行策略性、创造性的提炼。

（1）可以是完全创造或者说是“杜撰”出来的，也可以借用的，改装的。如海尔的“手搓式”洗衣机，就是完全创新的概念。如飘柔的广告创意概念是“自信”，“自信”是既有的词语，只是飘柔在洗发水品牌中，最先提出了，而且进行了长期地、充分地演绎。

图 9-4　出前一丁方便面的海报

出前一丁方便面的海报，画面上只有一个弹弓，而弹弓的弦是出前一丁方便面的一根面条。没有任何说明性文字，但广告创意人员一眼就可以看出创意概念，受众一眼就可以看出其核心诉求点——面筋道，出前一丁方便面筋道，有弹性。

（2）可以是在广告主题或创意表现中出现的，如雕牌洗衣粉的创意概念是“实惠”，就十分明确地在广告创意中表现出来了。也可以是不出现的而隐含在其中的，但消费者可以从中明显地感受得到。如出前一丁方便面的海报。在现在的营销中，概念营销是一种重要的形式，所以在广告创意中，创意概念多在创意表现中直接表现出来。（图9-4）

（3）可以是一个相当长的时间使用的，也可以是在一段时间内使用的。一般说来，从品牌形象角度出发的创意概念，使用时间会比较长期，二从产品、市场和消费者角度出发的创意概念，坚持的时间相对较短。如百事可乐的创意概念是“激情、音乐、永不满足”，是从品牌形象的个性中发展出来的，所以百事可乐的广告创意在相当长的时间里都在坚持。金正DVD上市的创意概念是“成熟”，这个创意概念就是在上市阶段使用的。

## 第四节　创意主题的确立

### 一、创意主题是创意概念的延长线

创意主题是将创意概念背后的策略思路传达为一个主题思想，这一中心思想是对该品牌形象最主要的个性特征、产品或服务的定位或主要卖点和消费者的核心利益的概括性、生动性表达。创意主题可以是同时包含了以上要素，也可以是表达其中的某一个或两个要素，这要视具体创意概念的情况而定。

创意主题一般以主题口号的形式出现，可以是产品广告语，可以是品牌口号，也可以是阶段性推广口号，如上市阶段的推广口号，促销阶段的推广口号。广告口号是表达产品或服务的主信息，既是对创意概念的发挥，又是对创意表现的浓缩。在整合传播中，创意主题发挥着巨大的作用，体现整个广告创意的精髓，“从人类传播史来看，自从语言诞生之后，任何新的传播媒介都只不过是语言的延伸和补充。从语言哲学层面来看，语言既是思维的工具，又是思维的表达。”[①] 广告语统帅着整体创意的中心思想。

创意主题是创意概念的延展、放大化、形象化，把创意概念通俗易懂、新颖独特地演绎、延伸、表达和发挥出来。通过创意主题，把概念性的东西变成口语化的、形象化的东西，受众对该品牌的卖点、定位或个性有更具体的、明确的认识。

广告创意主题同时也是对创意概念的利益性的演绎，消费者可以从中感受到对自己的物质或精神上的利益。是将创意概念演进为消费者可以初步触摸到、领略到的价值。

创意主题应该是一个大创意（big idea）。这个大创意有着丰富的内涵，可以从多个途径展开，可以衍生出系列创意，可以激发众多的广告实施行动，可以通过多种形象，同时又保持了创意本身。如报纸广告的标题可以说是对创意主题的演绎。

创意主题可以规范与贯穿整个广告活动。每一个单独的创意作品应该是整体广告的一个组成部分，所承载的信息都是从不同方位诠释广告主题；每一次广告都成为整个广告活动的一个阶段。

创意主题是广告创意的灵魂，没有一个正确的广告创意主题，就不会有成功的广告。

### 二、创意主题的发挥

如何将创意概念发挥成一个优秀的创意主题口号，是一件非常有难度的创意工作。有了一个好的创意概念，并不完全等于就有了一个优秀的创意主题，撰写创意主题口号或广告语是广告创意人员最费神的事情之一，常常撰写

①朱月昌著：《广播电视广告学》，厦门大学出版社 2000 年 7 月第 1 版，第 271 页。

了几十、几百甚至上千条，也难有创意总监或客户满意的，而从客户满意到消费者和市场认可更是不容易。

如美国艾维斯（Avis）出租车公司将自己的定位为出租车中的第二，广告创意概念就是——第二。那么如何放大和发挥“第二”的价值呢？如何使消费者感受到“第二”给自己的利益呢？第二本身并不一定就是好的，甚至更可能是不足的，如没有第一实力强、没有第一的体面等。艾维斯（Avis）的创意主题口号是“我们排名第二，所以更加努力”。这种演绎就不仅可以获得消费者的同情，也可以使消费者联想到其服务态度更好。

广东移动通信的企业形象“用心沟通”的概念发挥为“广东移动，沟通从心开始”。“沟通”是企业的性质也是消费者的需求，“从心开始”体现真诚服务和亲和力，“从心开始”还有“从新开始”的含义，体现新成立的、朝阳企业特征。广告一经推广，就产生了理想效果，达到广告目标。

TCL美之声无绳电话的广告创意“清晰”的概念，演绎成为“方便谁都做得到，声音清晰更重要”，引起了消费者和竞争对手的高度关注。

海尔小小神童洗衣机将“夏天即时洗”的创意概念，推广出来的创意主题是“小小神童即时洗，夏天洗衣好轻松”，掀起了小型号洗衣机的消费热。

广州本田雅阁将“同步”的创意概念演绎出来的上市主题口号是：“起步，就与世界同步”。这句广告主题口号表明：广州本田汽车有限公司的成立，是一个高水平的、与世界汽车水平同步的汽车公司在中国起步了；广州本田雅阁汽车是世界最新的车型，高起点，当你驾驶着广州雅阁，车一“起步”，你也就与世界同步，就与世界潮流在同一个地平线上。起步，就与世界同步，给广州本田一个世界级的企业形象，给广州雅阁一个高档次的品牌形象，给消费者一个高品位的用户形象，一举三得，起到了巨大的品牌效应和社会效应。

金正DVD将“成熟”的创意概念，演绎出来的上市主题口号是“苹果熟了，金正DVD”。口号推广出来后，使金正DVD的品牌形象与销售业绩实现了双丰收。

“甲壳虫”轿车将创意的概念——“小”，发挥成广告主题就是——“想想小的好处（Think Small）”。农夫山泉将其“天然水”的核心概念发挥为“农夫山泉有点甜”。

广告人将卓越的创意主题口号称之为广告金句，由此可见创意主题口号的含金量：

（1）是对创意概念的通俗性表达，通俗易懂，一目了然。

（2）是对创意概念的用户利益的描述，能够引起消费者的购买欲望。

（3）是对创意概念的生动形象化，新颖独特，引起受众的注意。

（4）是对广告运动的统揽，要有可持续发展的空间，具有延展性。

（5）是对企业形象和品牌形象的延伸。

许多广告创意的主题是明确说出来了，我们称之为广告口号或广告语，是有一条明线。有些广告主题是没有明确说出来，是一条暗线。但广告活动是围绕着一个主题思想展开的。

## 第五节　创意表现的演绎

### 一、创意表现是创意主题的发展面

将由创意概念延伸出来的创意主题这一主线发展为一个面，这是整个广告创意与受众的接触面。也就是将创意主题“翻译”成多种感觉的符号，如视觉符号、听觉符号等。使创意主题演绎为更加具体的、丰富的、有感染力和表现力的文案、图像、声音等，然后通过媒体发布出去。

图 9-5　广州奥林匹克花园

广州奥林匹克花园首次将居住和体育有机地融合在一起，体育设施星罗棋布，球馆种类齐全，被国家体育总局授予“阳光健身工程”称号，还请来了李永波和伏明霞担当名誉园长等。人们在物质满足的情况下，越来越关注健康，所以越来越爱好体育运动。生命在于运动，“请人吃饭不如请人流汗”，通过对市场要素的综合分析，提出“运动小区”的概念，“运动就在家门口”。然后要做的工作就是围绕“运动就在家门口”发展出创意表现。从多方位演绎创意主题，告知消费者住在奥林匹克花园，拥有方便的运动条件、良好的运动氛围，你会情不自禁地参与运动、爱好运动。运动带来健康，不仅是身体的健康，而且是心理的健康；不仅是自己的健康，而且是全家的健康。

如果说将创意概念演绎为广告主题是第一次编码，将创意概念演绎成为主题语言符号是第二次编码，将创意主题演绎成创意表现是第三次编码，不断把无形的变为有形的，把抽象的变为具体的、直观的、形象的。一次比一次更形象，更广泛，是从一个点到一条线，到一个面。一般的创意流程就是以创意概念为圆心，围绕创意概念，以创意主题为直径，是通过思维向外辐射的，进行多方位的创意表现，一层层向外展开。最后形成一个同心圆的形式，这个圆圈是创意表现。将创意概念演绎到报纸媒体上的报纸广告，演绎到电视媒体上的电视广告，演绎到广播媒体上的广播广告，演绎到杂志媒体上的杂志广告，演绎到网络上的网络广告，演绎到户外上的户外广告，演绎到终端的POP广告等。这些具体的创意作品都应该是在同一个面上去发展。（图9-5）

如米勒啤酒在创意概念“米勒时间”的

基础上，进行具体、形象化的发挥——“米勒时间，在你完成任何事情之后，不论是一天的辛勤捕鱼之后，或是演奏摇滚乐之后，都应该用米勒啤酒来奖赏自己一番”。这样“米勒时间”就成为可以自己感受得到的时间：快乐时间、消闲时间、自我时间、放松时间，是你每天盼望的时间，是一天中的欢乐时光，米勒时间成为美好时间的代名词。米勒时间也具有着自我奖赏、自我珍爱、自我肯定、自我放松、自得其乐等含义和意念。

## 二、创意表现的关键视觉

主题画面是对创意概念或创意主题的更加形象化的表达，是广告活动的关键视觉，是以后众多广告视觉的代表作。大部分优秀的广告活动的广告表现，在一段时间里都可以浓缩出

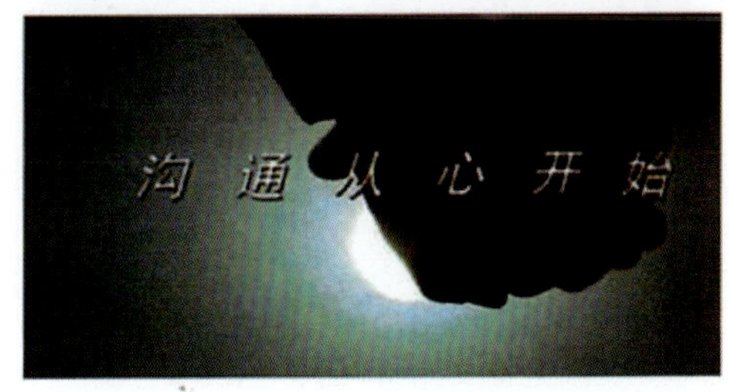


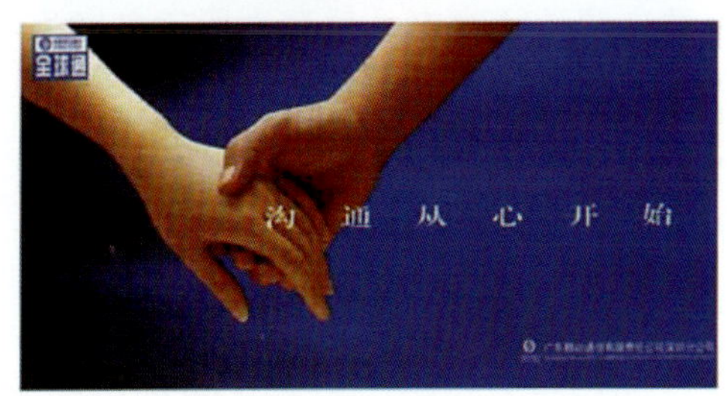


图 9-6　广州移动“沟通从心开始”

广东移动在“沟通从心开始”的创意主题的指导下，发展出来的关键视觉——“牵手”。电视广告是儿童在牵手，贯穿电视广告的主题曲改自著名歌曲《欢乐颂》。歌词：能不能对你说，我心中的希望，听我的声音飞翔，到远方……啊……我想知道海那一方拍起浪花什么样，我想知道……让我牵起你的手，在世界那边我的朋友……就是这样，请牵我的手，就是这样……旁白：沟通从心开始，中国移动通信。平面广告是成年人在牵手，在单纯的蓝色背景上，两只牵着的手，似乎形成一颗心。

一个单一的“关键视觉”，成为全部视觉的总和。将广告创意概念或者将文案已经创作出来的创意主题口号发挥为一个核心的主题画面，也是令许多美术指导头痛的一件事。创意指导常常面对一堆平面广告作品，却从中很难找到一个可以代表核心创意的画面，从而可以将该作品延展到户外广告、海报等上面去。

有些品牌的创意主题主要是通过主题画面来表达的，如从1954年开始，万宝路的广告主题就是粗犷的西部牛仔的形象，虽然万宝路的主题口号是“这里是万宝路的世界”。但万宝路的世界是什么样的呢？还是要通过画面来感受，无论是印刷广告、电视广告还是户外广告，都表达出西部旷野上粗犷的西部牛仔的形象。（图9-6）

在创意主题的设计上，要考虑使用怎样的口号，表现什么样的主题风格，要不要使用代言人，如果要使用代言人是使用明星还是使用普通人等。这些关键性问题必须确立。

创意主题一经确立，就有大量的创意表现的工作，创意表现的好坏直接决定了广告的效果。再好的创意策略、创意概念、创意主题，如果没有优秀的创意表现出来，同样是事与愿违。卓越的创意表现可以达到事半功倍的效果。如何实现卓越的创意表现，在《创意原则》与《创意形态》中，有具体的论述。

## 三、创意表现注意要件

（1）创意表现不能偏离创意主题。离开了主旋律，特别是在创意展开过程中，涉及的人员增多，有文案、平面设计等，涉及的方面增加，有平面创意、电视广告创意、广播广告创意、展览展示的三维空间的设计等，就有可能出现偏离主题、各吹各调的现象。许多创意人员对创意表现的主题理解得不够，就会出现创意本身很不错，但是不符合主题要求，文不对题。

（2）不能忽视创意执行的精度。一个好的创意意念，如果执行不到位，就会造成创意流失，使效果大打折扣，甚至面目全非。

（3）不能违背广告法。广告法明确禁用的文字、画面、人物、建筑等必须放弃，医疗器械、药品、保健品、食品等行业的广告法规，广告人员必须牢记。

（4）不能侵犯知识产权。使用没有授权的光盘资料，或者随意扫描资料，电视广告和广播广告的音乐如果不是自己作曲，那么选用的音乐一定要购买版权。

## 第六节 创意产生的过程

无论是创意概念、创意主题还是创意表现，都是广告创意的组成部分，广告创意特别是优秀的创意，一个令人叫绝的创意，一个引起市场轰动的创意，一个使消费者为之心动的创意，是怎么产生出来的？有没有规律可循？多少年来，见仁见智，莫衷一是。虽然有人坚持“不可知论”，认为所谓规律就是桎梏，经验就是陷阱。但是。从根本上看，还是应该肯定“可知论”，在总结许多优秀的创意产生的过程中，可以发现一些值得借鉴的、参考的宝贵的东西，特别是对开始进行广告创意的人员来说，是有价值的。只是在实际工作中，应该灵活运用，“运用之妙，存乎一心”。有人说是在坚持中进行颠覆，这其实对所有的规律都是适用的。创意产生的过程可以分为四个生命周期：创意潜伏期、创意导入期、创意成长期、创意成熟期。

### 一、创意潜伏期

#### 1. 平时素材的积累

间接素材就是与创意的产品或者服务没有直接关系而在平时累积的材料。素材的平时从书本知识与生活知识这两方面获得的素材。书本知识包括所有的从书本上学习得来的知识，除了许多理论知识外，还有如诗经、唐诗、宋词、元曲、童话、神话、史书、俚语、方言、谚语、小品、笑话等方面的知识。生活知识就是我们在日常的社会生活和个人生活中获得的各种知识，往日的故事，童年的歌谣，青春的梦想……学习、工作、购物、游历……尴尬、误会、惊喜……邂逅、失约、重逢……喜怒哀乐，一草一木，一事一物，一情一景等等。创意不是从真空来，到虚无中去，而是生活中来，到生活中去。广告创意人要时时有一份留心，留心身边的；要始终保留足够阅读量，阅读自然之书、阅读社

图 9-7 网络安全技术

网络安全技术公司的平面广告创意就是取材小时候考试递纸条被老师发现的故事，“自从小时候考试时互递条子被逮个正着，我们便一直致力于发展一套信息安全技术。有了更为安全的保密性，我们才会少一些麻烦”。

会之书。闭目塞听、深居简出、安坐帷幄是与创意之燃烧南辕北辙的。只要我们留意，生活中的分分秒秒都充满着创意的素材，生活中的方方面面都闪烁着创意元素。詹姆士·韦伯·扬曾说：所有我认识的优秀广告创意人员都具备以下两种人格特质。第一，由埃及葬礼习俗到现代艺术，太阳底下没有什么事是不新鲜的，生活中的每一层面都吸引他们。第二，他们是对各种领域都广为涉猎的人，因为广告人就如同母牛一般："不放牧（浏览），就没有牛奶（收获）。"[①]（图 9-7）

**2. 创造性思维的训练**

优秀的创意，不仅要注意素材积累，还需要创造性的理性。创造性的思维方式才能使平凡的生活元素成为创意的燃素。没有氧气，缺乏创造性思维，再多的元素都会被窒息在旧的思维模式的桎梏中。创造性思维不是对天赋的依赖，更主要的是来自思维训练。经常会有人说某某没有创意，多半不是先天的智力的原因，而是由于后天形成的单一的惯性思维。创意人员平时要有意识地进行创造性的思维训练，除了横向思维、纵向思维，还主动训练自己的逆向思维、跳跃性思维、换位式思维、交互式思维等。如对某个事物，进行非对称性、非理性、非惯性、非逻辑性的思考。我国传统的教学模式侧重于知识的教育，但 1999 年的高考作文题：《假如大脑可以移植》，这种题型的设计有别于以往，获得社会各界的一致好评。这关键在它能考查出学生的想象力、创造力，打破了以往学生"死读书"、"读死书"的应试模式。日、美等发达国家在很早以前就非常重视对学生创造力的培养。日本有各种创意、创造学校几百所，日本学生的创意课几乎是必修课。东京、大阪电视台经常开展"一日一创"活动。早在 20 世纪 60 年代，美国就已经在中学里开设"问题解决课"。很难想象，人类如果没有这些伟大的创意，也许到现在仍处在野蛮的蒙昧时期，整个人类的生活绝没有现在这样的灿烂多彩。[②]丰富的想象力是创造性才能的一个重要标志，是孕育形象，进行创意的基本条件，是进行创造的重要前提。可以说，想象力是创造力的翅膀。黑格尔也曾说过："如果说到本领，那么最杰出的艺术本领就是想象。"[③]

古人说"诗的功夫在诗外"。同样，优秀创意的产生，更多依赖于创造性思维的训练。（图 9-8）

图 9-8　泰特艺术馆

①詹姆士·韦伯·扬著：《广告传奇与创意妙招》，林以德等译，内蒙古人民出版社，第 17 页。
②艾·里斯著：《广告攻心战略——品牌定位》，刘毅志译，中国友谊出版社，1991 年版。
③黑格尔著：《美学》（第 1 卷），人民文学出版社 1958 年版，第 346 ~ 348 页。

泰特艺术馆的招贴，告诉观众泰特艺术馆对你的思维大有帮助，上午十点开馆，“上午十点，开启思维之门”，参观泰特艺术馆之后，豆芽在你眼中都会成为天鹅。

## 二、创意导入期

直接题材的接受。为了得出一个优秀的创意，广告创意人员应该做许多“功课”，特别是与品牌、市场、产品、目标消费者等直接的题材的了解、收集、感受等。有人说创意是用“脚”想出来的，但创意又何尝不是用“手”想出来的。

### 1. 用“脚”去接受直接题材

可以走访企业，对产品或服务本身进行透彻地研究，可以了解研发人员的研发思路、名称的由来、研发的过程、技术特征、为什么要研发这个性能等。如霍普金斯提出将喜力滋啤酒的生产过程始终处于纯净状态作为核心创意概念。他在描述其过程时，是这样说的：“我去过一个酿酒学校，学习酿酒知识，但这对我一点帮助也没有。接着我又研究了一回酿酒工艺，我看到在厚玻璃板的屋子里，啤酒从管子里滴出来。我问他们为什么要这样设计，他们说这些屋子里的空气过滤过，这样啤酒可以在纯净的环境中冷却。我看到巨大的过滤器里装满了白木浆，他们给我解释那个装置是如何过滤啤酒的。他们又给我演示怎样清洗水泵和管道（一天两次，以防止细菌污染），如何用机器把所有的瓶子洗 4 遍，他们还给我看自流井。其实他们的工厂就在密歇根湖边，但他们还是要从 4000 英尺深的地下取纯水。他们给我看酿酒的大缸，啤酒在运到销售点之前在这里要存 6 个月。他们带我去看实验室和他们最早的酵母。那是经过 1200 次实验才得到的最好口味，所有用于酿造喜立滋啤酒的酵母都来自最初的那块酵母。”①

可以走访消费者，是谁在使用，是怎么使用，为什么使用，使用的环境，使用的方法，使用的过程，消费者满意的地方与不满意的地方，为什么满意或不满意，记住消费者的表达的用语与表情。霍普金斯说：“在为一种剃须膏做广告之前，我们访问了 1000 位男士，希望了解他们最想从剃须膏中得到什么。”②

可以从市场信息、竞争者的用户、竞争对手发布的广告等信息中挖掘它们的策略、竞争力、弱点等，与竞争对手相比，有什么短处，有什么长处，核心竞争力在哪里，做到知己知彼。如竞争对手的用户对产品或服务的看法，他们欣赏什么，抱怨什么等。

可以走访经销商、销售代表、商场营业员等，了解他们对行业和同类产品与替代性产品的意见与建议等，了解消费者在购买现场的行为与心理特征。如商场营业员会告诉你，买减肥产品与买感冒药，消费者在购买时会有什么样的区别。

### 2. 用“手”接受直接题材

创意人员除了要对客户部门提供的创意简报进行认真的研讨外，还应该对市场部门提供的市场数据进行深入的研究，如行业动态、行业特征、市场调查数据等，虽然这些数字十分枯燥，但对宏观地认识与把握市场是有帮助的。

还应该勤动手收集、阅读相关的资料，从外围、从侧面增加对产品或服务的认识。如进行冰箱的创意，可以阅读生物保鲜的有关知识，

①霍普金斯著：《我的广告生涯·科学的广告》，新华出版社 1998 年 10 月第 1 版，第 72 页。
②霍普金斯著：《我的广告生涯·科学的广告》，新华出版社 1998 年 10 月第 1 版，第 223 页。

了解生物的保鲜期等。如房地产广告，可以阅读园林知识，以及环境学的知识等。这些资料包括专业的杂志、专业的书籍、专业的报纸等。由于广告创意人员常常接触到的是不同的产品或服务，可能有的产品是以前从未接触过的，必须对这方面的基本知识有一个启蒙；即使是以前接触过的产品或服务，了解专业的杂志、专业的书籍、专业的报纸，也可以帮助了解目前的动态。“临时抱佛脚”是很有必要的。霍普金斯说：为了做一个不带咖啡因的咖啡广告，他看了上千份科学论文；为了做一个牙膏的广告，他查阅了无数像故纸堆一样枯燥乏味的科学读物。他深有体会地说：“天才的表现需要依靠艰苦工作的承受。一个广告人如果不能卧薪尝胆地苦读，他永远都不会有什么进步。”①

## 三、创意成长期

信息和思维的碰撞。在做上述“功课”的基础上，进行信息、思维的碰撞。有人说：真理是碰撞出来的，其实创意也是碰撞出来的。创意是将不同的信息进行比较、归纳、分析、综合、嫁接、推理等的思维结果。

### 1. 个体的碰撞

就个人的创意而言，其实有些时候，将产品或服务的信息与平时积累的素材进行碰撞时，就可能出现了某些创意的火花。也就是说一接触到创意简报，就与过去的素材发生了关联，产生了联想，引发了创意构思。在走访过程中，在阅读市场数据、相关专业的资料的时候，很可能随时都有创意的火花冒出来。

### 2. 群体的碰撞

就群体而言，创意小组的创意会议，更是多种信息、想法的相互碰撞。有的称为“创意碰头会”或者“创意风暴会”等。鼓励创意人员畅所欲言，从不同角度、立场、方式等上面，广泛地发现不同意见，这样才可以起到相互启发、相互激荡的效果。不要批评或抑制不同的意见，只有这样，才会创造更多的碰撞机会和可能。众人拾柴火焰高，这就是说创意小组是在某种程度上把每个人的阅历、角度、思维方式进行相互碰撞。差异性越大，碰撞就越强烈，出现新奇的、令人兴奋的点子的机会就更多。

### 3. 感性与理性的碰撞

优秀的创意最后的确立，一定是在创意策略的基础上，创意策略是理性的，创意表现是形象的，即使创意表现是理性诉求方式，也是运用的形象化的表现形式。所以从创意的确立角度上看，创意是感性与理性的碰撞。创意始于疯狂成于理性。创意是组装感觉，激发灵感。灵感不是幽灵，而是丰富感性的素材与创造性的理性思维撞击的产物。要想使感性之思维与理性之思维撞击，就像是刀与石的交锋。如果没有这种撞击，再丰富的素材和题材都会归于沉寂。（图 9-9）

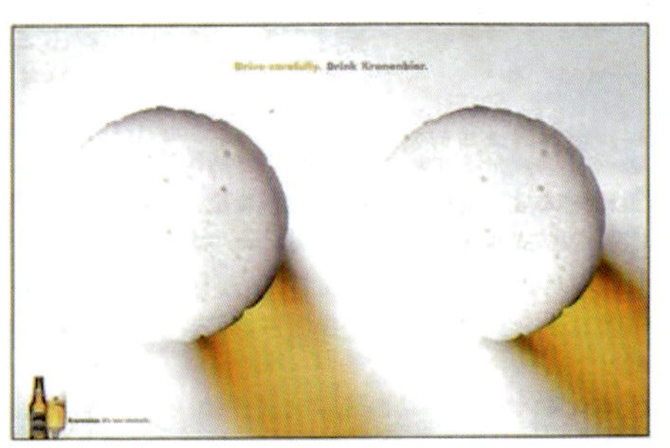

图 9-9　非酒精啤酒双安全气囊

①霍普金斯著：《我的广告生涯·科学的广告》，新华出版社 1998 年 10 月第 1 版，第 223 页。

Kronenbier 啤酒是一种非酒精啤酒，这是产品的特征，那么喝这种啤酒有什么好处？消费者有什么利益？它抓住了"喝了咱的酒，你照样安全驾车"，文案的创意很具公益性，很有亲和力："Drive carefully，Drink Kronenbier。"视觉创意是两只倒了满满的Kronenbier 啤酒的杯子，丰富的泡沫像汽车上的双安全气囊。情理之中是理性，意料之外是感性。

## 四、创意成熟期

创意有了基本的思路，初步的胚胎，还需要进一步的挖掘、发挥、修正、打磨、论证，包括进行创意的测试。这一阶段一般有更高职位的创意人员参与。大致会从两个方面进行完善，一是对初步创意的策略性的考究，是否符合创意策略，是否要进行策略性的微调，以便使创意的方向性更准确。二是对初步创意的表现力的完善，比如在冲击力、形象性、通俗性、关联性等方面进行更进一步地强化。

在创意成长期，主要是做为初步创意加分的工作。比如说，初步创意可以打 70 分，如何通过以上两个方面的工作，使其最后得到 80 分或者 90 分。

在创意成熟期，需要集思广益，兼听则明。必要的时候进行创意的测试，以保证初步创意真正走向成熟。

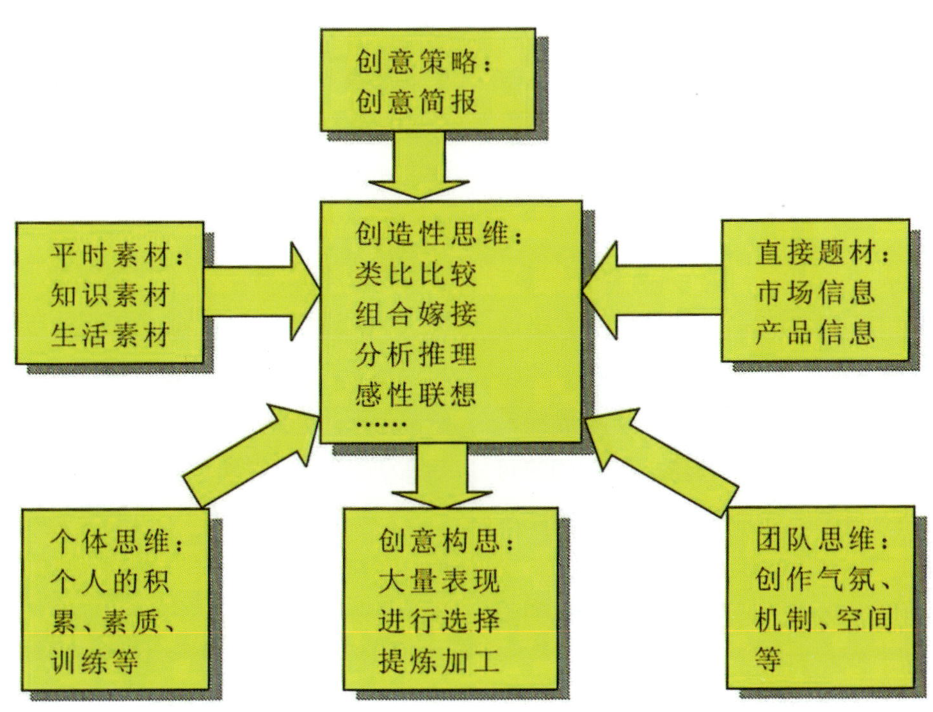


图 9-10　创意产生的模型

# 第七节　创意的测试与评估

## 一、创意测试与评估的意义

创意测试与评估包括前期、中期与后期的测试与评估。

人们在评价广告效果时，常常会提到这句话：我知道有一半的广告费是浪费了，问题是我不知道哪一半是浪费了。对广告创意进行测试与评价，我们可以发现广告创意中的问题所在，发现问题就是完成了解决问题的一半，就可以提高广告创意的水平，这是减少广告费浪费的重要手段之一。所以广告创意的测试与评估甚至广告效果测试与评估中的一个核心的部分。

广告的测试与评估一般分为两类：一是广告创意的效果。二是广告媒体的效果。广告创意的效果与广告媒介效果是相互作用的，卓越的广告创意也可以提高媒介效果，如在收视率相同的一个电视广告时段，播放频次相同的两支电视广告，卓越创意的电视广告就一定比没有创意的电视广告的实际到达率高出很多。本书就广告创意的效果分析上，不涉及媒体的收视率、到达率等媒介效果问题。

**1. 创意核心元素测试和评估的必要性**

主要对创意的核心概念、广告主题（广告语）、诉求主张等关键性要素进行测试。这类测试也称为文案测试，这些要素是否成立关系到整个方案的命运。如果这些要素不成立，后面大量的表现工作就失去了意义，只会劳民伤财。这类测试侧重是创意的策略性测试，考察创意核心元素是否偏离了方向。

特别是当广告创意人员在上述问题上存在分歧、意见相持不下、难以统一的时候，或者创意人员对上述问题没有把握、心存顾虑的时候，进行测试就更有必要，一来可以对此进行评估，二来可以节省反复讨论的时间。

**2. 创意表现的接受性测试和评估的必要性**

创意的测试还可以包括对创意表现的测试。如对平面广告、电视广告、广播广告、户外广告等的创意表现进行测试。

通过测试，可以帮助广告创意人员进行选择，找到选择的依据，避免主观性与随意性；可以帮助广告创意人员进行修改与完善，发现缺陷与不足，可以提高创意水准；可以避免广告活动的失败，提高成功率。

对广告创意进行测试虽然要花费一定的时间与费用，但比起广告活动的失败所造成的后果，无疑是最经济的。

创意作品的测试，主要是消费者的接受性测试，考察消费者对创意作品的接受程度，如作品是否引起消费者的注意力，是否易读，从中可以认知什么，看完后能够回忆什么或记起多少，创意有多少说服力或消费者对该品牌的产品或服务的态度上有什么样的改变以及改变了多少，消费者是否产生购买的行为等。

当然创意作品的测试除了着重于表现的接受性的测试外，也要有策略性的测试，但一般来说，有了创意主题的确定以后，创意总监基本可以把握好创意作品的策略性，还可以按照创意简报去把握创意作品的方向性。

**3. 创意阶段性测试与评估的必要性**

通过测试与评估，创意人员、客户人员与广告主可以真实地了解前一个阶段的广告创意在注意力、吸引力和注目度等接触方面，在消费者精读率、回忆率等认知方面，在强化消费者倾向性、认同度、好感度、接受度等态度方面，在购买人数、品牌变更、销售促进等的行为方面，在品牌个性、品牌关系、品牌亲和力、品牌联想等品牌贡献方面达到一个什么样的水准，有哪些方面的创意是不够需要提升的，哪些方面存在问题是需要调整改变、纠正和放弃的，哪些方面是有效并需要在下一个阶段坚持的等，从而提高可以进一步广告创意的水平，发挥广告创意的效果，提高广告的投入产出比，减少广告费的浪费都具有极大的作用。

广告创意阶段性的测试与评估可以与广告创意前期效果测试相对照、比较并相互呼应。这样也可以进一步提高与修正广告创意前期效果测试的方式和方法。

## 二、创意测试与评估的指标

**1. 创意核心元素的测试与评估指标**

（1）是否与广告目标具有一致性。是否体现并可以帮助实现本次广告活动的目标。

（2）是否表达了对目标消费者的承诺。消费者是否从中看到、感受到利益。

（3）是否明确了目标消费者的地位，是否能够从中看到谁是目标消费者。

（4）是否体现了产品的差异化的核心竞争力。

（5）是否表达了品牌个性与价值。

**2. 创意表现的接受性测试与评估指标**

（1）注意度测试与评估。

注意度测试与评估考察是否能够引起消费者的注意和关注。考察广告创意在刊播时，被消费者注意的程度，对消费者有接触上的吸引力，能否抓住消费者的眼球，也就是广告创意被消费者注目的程度。包括注目率、阅读率、视听率、精读率等，是广告创意真实的到达率，而不仅仅是媒介的在理论上的一般到达率。

一是通过出示作品的确认方法，拿出广告创意作品，让受众一边看作品，一边确认。可以对不同的内容进行逐个评估。

二是通过不出示作品的再现方法，如电话调查的方法，只提供品牌的名称，让受访者去回忆内容。

（2）易读性测试与评估。

易读性测试与评估考察广告创意是否能够被消费者所理解以及理解的程度和难度。消费者通过广告创意，对品牌的产品与服务的诉求内容是否可以清晰地、正确地认识与理解；能否容易通俗理解，要在多长时间里才可以理解；消费者是否明白其中的含义，是否有不解或费解；理解是否有偏差或造成误解等。也就是说在广告创意中的编码，目标消费者是否可以容易地解码。通过易读性（readability）、易听性（hearability），来测试受众对广告创意的理解难度指数，如句子的长度、词的难度、受众认知背景（文化与经验）程度、创意组织结构（如目录、标题、图、表格、格式、颜色、背景）等受众理解。

（3）认知性测试与评估。

认知性测试与评估考察广告创意对消费者认知的改变程度。这是在消费者已经实际接触、注意到了广告创意的前提下，对广告创意印象的程度评估。消费者能够回忆到得的广告内容，包括对产品名称、诉求口号、功能、利益、企业或品牌、代言人、关键性画面等。消费者对此有什么样的了解、理解与认识上的变化，消费者是否正确地了解，了解增加了多少，是什么样的认识和多少认识元素被消费者储存到了记忆里面。前者是质的问题，后者是量的问题。认知的评估可以分为辅助回忆方法与无辅助回忆方法两种形式。

**表9–5　受众接受程度调查表**

| | 注意等级 | 评估内容：广告语 | 评估内容：广告画面 | 评估内容：其他 |
|---|---|---|---|---|
| 1 | 没有看过 | | | |
| 2 | 似乎看过 | | | |
| 3 | 粗略看过 | | | |
| 4 | 认真看过 | | | |

（4）记忆度测试与评估。

记忆度测试与评估考察消费者在接触到广告创意后，能够记忆多少，记住什么，能在多长时间里保存在记忆里等。回忆是衡量广告效果的重要因素，如果消费者记不住品牌名称与广告传达的主题信息，消费者在接触创意之后就荡然无存，那么要说服消费者去购买，肯定是一厢情愿的。

（5）倾向性测试与评估。

倾向性测试与评估考察广告创意对促进消费者态度的改变的程度。这是对消费者在接受到广告创意之后，在信任度、好感度上的倾向性的变化作出的评估。这里有质变与量变的两种态度的变化，如从不喜欢或不太喜欢到喜爱或非常喜爱，这就是质的变化，从比较喜爱到更加喜爱，这是量的变化。将消费者在接触该广告创意前后的态度变化、差异作为效果。消费者对广告创意是青睐还是反感，对品牌的产品或服务是认可还是排斥，这类调查执行起来操作难度大，工作量也大。其简化的方式是在广告刊播后，调查看过该广告创意的与没有看过该广告创意的，将两者的差作为参考效果。以上要素能否吸引消费者的兴趣，产生购买的欲望和购买行为。消费者是否会产生诸如“有意思”“很不错”“是个好东西”“让我忍不住想试一试”等反应。

（6）促销力测试与评估。

促销力测试与评估考察广告创意对消费者购买行为的作用、对销售促进的作用，或者是对利润增长的作用。如果是DM广告，广告创意对销售促进的作用是很容易评估的。其他类型的广告评估促销效果就十分困难。因为首先评估广告的促销效果就是一件不容易的事，有很大的难度。评估广告本身的促销效果有时间要素上的影响，广告有一定程度的滞后性等。广告对促销的效果与市场营销的众多要素密不可分。有一种广告效果的检测计算公式：称为广告效果指数——AEI（advertising effectiveness index）。

$a$=看过广告而购买的人数

$b$=未看过广告而购买的人数

$c$=看过广告而未购买的人数

$d$=未看过广告亦未购买的人数

$N$为总人数（$a+b+c+d$）

其公式如下：$AEI=1/N\{a-(a+c)[b/(b+d)]\}$

即使没有看广告，也有$b/(b+d)$比例的人购买了广告的商品，所以要从看到广告而购买的$a$人当中，减掉因广告以外影响而购买的$(a+c)[b/(b+d)]$人数，才是真正因广告而唤起购买的，将这个人数以全体人数除之所得的值。

广告效果的评估还可以运用其他多种计算公式。

现在许多超市都实行扫描器和电脑管理，每天、每月的每类产品和每个品牌的销售量与销售变动情况很清晰直观，这对广告促销效果的评估提供了很好的条件。

在评估广告的促销效果之后，再评估广告创意的促销效果，还要考虑到广告投放量的元素，再好的广告创意，如果没有一定广告量上的支持，其促销效果也得不到发挥，相反，即使广告创意本身不是很优秀，但有巨额广告费的支持，其促销效果也可能很突出。所以在评估广告创意的促销效果时，要在评估广告效果的基础上，把广告量作为一个重要的变量去考虑。见表9-6.

（7）品牌效果的测试与评估。

品牌效果的测试与评估考察广告创意在刊播后对品牌的价值的贡献。广告创意对企业的无形资产特别是品牌形象的作用是很大的。如广告创意对品牌知名度、品牌好感度、品牌忠诚度等的作用，特别对品牌个性、品牌关系、品牌亲和力、品牌联想等的贡献。

广告创意在对品牌个性的塑造方面，在品牌关系建立与维护方面，在提高品牌亲和力方面，在品牌联想的打造方面有着巨大的作用，甚至广告创意的一些元素本身就成为品牌个性、品牌联想、品牌关系等的重要组成部分。

（8）社会效果的测试与评估。

Q&A:

表9-6 广告创意的社会效果评估项目

| 内容 | 举例说明 |
| --- | --- |
| 政治法律 | 行业政策规定 |
| | 相关法律 |
| 伦理道德 | 尊重民族、宗教、种族的情感，运用其中素材 |
| | 社会伦理，如强调家庭生活 |
| | 社会道德，如强调社会公德 |
| 传统风俗 | 对社会风俗尊重，可以推动与改变某种风俗习惯，如用保健品送礼的方式 |
| | 对传统文化的推广与改变，如白酒广告对酒文化的推广 |
| 语言 | 对语言风格的影响，如一些广告词成为流行语 |
| 生活方式 | 一些生活方式的变革和影响，如推动新的生活方式的流行 |
| 文化艺术 | 影响文化要素的推广 |
| | 对艺术欣赏、审美标准的影响 |
| 社会心理 | 如崇洋、崇富的心理暗示等 |

从广义上讲，还应该包括社会效果的影响。商业广告是一项经济活动，同时也是一种社会传播行为，一经刊播就进入了社会生活之中，必然会产生或多或少的社会影响，

Q&A:

**表9–7　创意表现接受性的量化测试**

<table>
<tr><th>评价项目</th><th colspan="3">评价依据</th><th colspan="2">满分</th></tr>
<tr><td>注意力</td><td colspan="3">吸引注意力的程度</td><td colspan="2">20</td></tr>
<tr><td>易读性</td><td colspan="3">能否了解广告的全部内容</td><td colspan="2">10</td></tr>
<tr><td>认知性</td><td colspan="3">对广告销售重点的认识程度</td><td colspan="2">20</td></tr>
<tr><td>记忆度</td><td colspan="3">对广告内容的记忆的内容和程度</td><td colspan="2">10</td></tr>
<tr><td>倾向性</td><td colspan="3">广告引起的兴趣和好感如何</td><td colspan="2">20</td></tr>
<tr><td rowspan="2">行动率</td><td colspan="3">由广告引起的立即购买行为</td><td colspan="2">20</td></tr>
<tr><td colspan="3">由广告唤起的潜在购买准备</td><td colspan="2">10</td></tr>
<tr><td>形象力</td><td colspan="3">对品牌感受的状态</td><td colspan="2">10</td></tr>
<tr><td rowspan="2">优劣分数线</td><td>最佳创意</td><td>优良创意</td><td>中等创意</td><td>较差创意</td><td>很差创意</td></tr>
<tr><td>100～120</td><td>80～100</td><td>60～80</td><td>60～40</td><td>20～40</td></tr>
</table>

**表9–8　综合测试**

<table>
<tr><th colspan="2" rowspan="2">评估的内容</th><th>很好</th><th>好</th><th>一般</th><th>不好</th><th>很差</th></tr>
<tr><th>+ +</th><th>+</th><th>0</th><th>–</th><th>– –</th></tr>
<tr><td>1</td><td>品牌名称的表达</td><td></td><td></td><td></td><td></td><td></td></tr>
<tr><td>2</td><td>符合本次广告目标（目标是……）</td><td></td><td></td><td></td><td></td><td></td></tr>
<tr><td>3</td><td>目标消费者的明确</td><td></td><td></td><td></td><td></td><td></td></tr>
<tr><td>4</td><td>表达利益的诉求</td><td></td><td></td><td></td><td></td><td></td></tr>
<tr><td>5</td><td>信息的可信度</td><td></td><td></td><td></td><td></td><td></td></tr>
<tr><td>6</td><td>唤起注意与兴趣</td><td></td><td></td><td></td><td></td><td></td></tr>
<tr><td>7</td><td>具有的说服力</td><td></td><td></td><td></td><td></td><td></td></tr>
<tr><td>8</td><td>感到需要和购买</td><td></td><td></td><td></td><td></td><td></td></tr>
<tr><td>9</td><td>简洁、独特、诉求目标集中</td><td></td><td></td><td></td><td></td><td></td></tr>
</table>

包括对政治、伦理道德、风俗习惯、文化艺术、法律、审美情趣、生活方式等的影响。

## 三、创意测试和评估的方法

（1）创意的测试与评估可以是针对目标消费者的。对目标消费者的测试，是对广告创意的最重要的测试与评估，所以他们的反映是十分有价值的。

（2）也可以选择经销商、导购员对上述创意进行测试与评估。这种测试与评估是对广告创意传播在渠道的效果的测试，也是对目标消费者的间接测试。

（3）也可以是自我测试与评估。如在公司内部的创意小组、创意部门内部进行，也可以在公司客户部门进行测试，还可以在广告客户内部的有关部门进行。

测试一般通过抽样获取样本，出示文案或作品，依据设定的测试与评估指标进行。测试与评估的形式可以采用走访式，一个个访谈；可以是座谈会形式；可以是定量调查等。

也可以运用现代技术进行测试。如相关仪器测试受众在接触广告作品时的感官生理反应的情况与状态，倾向对受众的情感性效果。

在测试对象的选择上，要注意样本选择的科学性，同时要注意保密性。

**1. 简单比较法**

即A>B>C。

将不同的创意方案进行比较排序，如可以将几种广告语、不同的电视广告创意脚本、多个平面广告，让受众从注意力、易读性、认知性、回忆度与说服力方面进行选择排队，最后列出最佳的、次佳的、最差的。

**2. 创意表现的双项选择法**

即AB/BC/AC。

让不同的受众选择两个方案，最后看哪一组是受众最多的，这种测试特别在考察系列性与整合性方面是比较理想的。

**3. 创意表现的七级评价法**

将广告创意作品分为7个级别，让受众对每个作品进行对号入座，给出等级。

**4. 创意表现接受性的量化测试**

见表 9-7。

**5. 综合测试**

见表 9-8。

### 思考练习

1.模拟创意流程，策略人员撰写得宝多用纸巾的创意简报，并将此简报交给创意人员创意出一支电视广告与平面广告，并进行创意测试。

2.撰写若干最近看到的平面广告或电视广告片的创意简报。

3.你能否发现什么品牌的广告在创意表现上点线面上有错位？并进行分析。

Advertising Creative

第十章

# 广告创意的执行

广告创意的执行是一个重要的环节，再好的创意构思没有好的执行也是会打折扣的。

**本章的学习目标**

- 了解广告创意的初步执行
- 掌握如何与客户进行创意沟通
- 熟悉广告创意具体执行的环节
- 了解广告创意执行的控制

# 第一节　创意的初步表现

广告创意的初步表现与广告创意的前期测试是很密切的，两者在许多时候是相互交叉进行的。

## 一、创意初步表现的意义

广告创意的出现可能是一种思想上的、概念上的东西，必须通过画面、语言、情节等手段表现出来。

**1. 通过初步表现可以固化与分析创意效果**

对创意人而言，把思想上的和概念上的创意思路通过初步表达，在文字和画面上体现出来，使广告创意得以固化，然后就可以进行分析，评价。

一个人的广告创意不进行初步表达，很可能就稍纵即逝，所以必须进行固化。一个创意小组开展头脑风暴时形成的创意，如果不马上形成初步表达，时过境迁，出来的效果也会大大不同，感觉就会完全两样。

创意思路通过初步表达，就可以使思路得到进一步的梳理。发现创意的断层和不连贯的地方，也可以引发新的思路。

创意的初步表达以后，创意小组就可以对初步的创意进行讨论，有了讨论的具体对象，就可以充分发挥大家的智慧，进行品头论足，仁者见仁，智者见智，各抒己见，使初步表达得到丰富、演绎与完善。

创意的初步表达出来后，还可以检验创意的可行性。有的广告创意想起来的时候很使大家兴奋，但初步表达出来以后，却发现很一般，甚至难以表达出来。

创意初步表达出来以后，还可以进行前期的测试。通过前期的测试进行调整。

**2. 通过初步表现提交给客户判断**

对广告主而言，广告公司不可能只是简单地将自己的思路通过口头形式向其表述，必须通过形象、生动的形式展现出来，以便他们进行判断、评估与选择。

如果只有思想上的和概念上的创意思路，广告主可能难以理解和想象，即使可以理解和想象，因为专业的不同、职业的区别以及语言本身解读的局限，使两者之间存在很大的差距，甚至是完全不同。

面对着具体的、形象的创意表现，广告主才可以进行评判，提出肯定的、否定的或修改的意见，才可以保证创意工作的下一步顺利展开。

广告创意通过了初步表达，大大增加了提案的方便性与形象性，使提案变得有声有色有型，气氛活跃。

## 二、创意初步表现的形式

不同内容的创意，表述的形式是不相同的，但其共同点是使创意更加直观、明白、形象生动，便于沟通。电视广告创意的初步表达一般是用文案脚本和故事版的形式，平面广告创意的初步表达是用小样的形式，是手绘的效果或者是用电脑初步制作出来的效果。

如电视广告创意的初步表达，主要形式是将电视创意做成故事版。

故事版是将电视创意初步视觉化，借助美术手段对电视创意作出图画和文字说明，类似于连环画，也称为故事画纲。故事版主要表达创意情节画面、文案（旁白或字幕）、声音（包括人声、音乐、音响）、时间这四个构成要素。其中图像是最重要的，电视主要是“视”。人们通过视觉获得的信息约占所获取信息总量的83%，来自听觉渠道的约占11%。

故事版的格式：客户名称、产品名称、作品名称（如什么篇）、创意说明、画面（该画多少画面视具体情况而定，一般以十多个画面为宜）、画面说明文字、声音的说明、镜头连接方式、画面时间、拍摄方式、片子长度等。

故事版的形式：故事版可以是通过照片的形式，在电脑上修改完成；也可以是通过手工绘图来绘制画面或文字；还可以通过简单的电脑三维动画的形式来初步表现；可以通过小型录像机来模拟等。总之要能够使客户清晰了解电视创意的内容与效果。

## 三、创意初步表现的技巧

形式新颖，表现充分，成本较低。

创意的初步表现主要是为了提供给客户，客户可能通过，也可能不通过；可能提交几个方案，客户通过其中的某个方案，也可能一个方案都没有通过。在一般情况下，为了节省成本，不可能对每个创意都精致地表现出来（特别重要的创意例外），大部分是模拟创意的效果。

为了使模拟的创意达到逼真的效果，从而提高创意的说服力，就应该注意创意初步表现的技巧。

（1）可以借助某些实物来表达。（图10-1）

图 10-1　奇异果系列

Zespri 奇异果的系列创意是直接以产品本身为创意视觉的主体，在提案的时候，就可以充分运用实物来表达创意，可以使创意更加直观和形象化，因此比手绘的形式要好得多。

（2）可以通过某种新颖的形式。借助声、光、电等形式来展示初步的创意。

（3）可以借用相类似的参照物，如某种音乐、名画来说明风格和基调上的特征。

有很多情况是广告创意初步表现得不充分，得不到客户的理解，从而使创意被“枪毙”，功亏一篑。

# 第二节　与客户的沟通

## 一、创意提案的准备

不论是电视广告、报纸广告、广播广告、展览展示、POP还是海报等，其创意的初步表达的作品在向客户提案前，必须有充分的自我准备。必须做好以下功课：

**1. 提案人员熟悉创意关键点**

提案人员先必须对创意有足够的了解和认识。特别是对创意的核心内容、关键要素要熟悉。创意的关键点是本次提案最大的卖点，有时提案人员并不是也不可能是所有创意作品的主创人员，所以提案人员必须吃透创意关键点，如数家珍。

**2. 提案人员最好了解创意的背景与过程**

在必要的地方，可以表述创意的背景、作品创意的过程、创意是怎么一步步发展到现在这样的。创意的策略也是创意的重要背景。

如果提案人员对创意的背景和过程不太了解，要主动询问主创人员和策划人员，最好多了解一些细节和情节。这些细节和情节，有时可以增强创意的说服力和提案气氛。

**3. 完善创意作品**

尽管提交给客户的创意作品是初步表达，但对平面作品的装帧、电视作品的故事版、展示展览作品等至少一定要干净、美观，看起来舒服。

创意表现的初步作品，不能出现明显的错误，如品牌名称、产品名称、客户的 VI 标准等方面的错误或明显的错别字等。创意表现能够做成实物的形式就更好。

**4. 进行事先的彩排**

不打无准备之仗。在一个重要的创意提案之前，进行内部彩排是完全必要的。

（1）参加彩排的人员。

彩排的人员视具体提案的内容而定。一般来说就创意本身的提案而不是整个项目的投标，参加彩排的人员有三类：一是该创意作品的主创人员（创意总监、美术指导、文案）。二是客户人员AE。三是未参加该方案的若干创作人员等。

（2）彩排要解决的问题。

①提案形式是否存在问题。一个完整的创意方案，是由多个板块构成，各个板块之间是否能够很好地衔接。

②提案内容有没有缺陷。内容是否存在明显的矛盾，是否与策略一致，是否有不足需要补充，或者有重复的需要删减的地方等。

③创意的关键点是否表达清晰。

④提案时间是否超时，或者时间太短

⑤提案人员语言表达是否清晰、流畅。　。

⑥提案人员的表情和肢体语言是否得当。

⑦相关人员的配合是否默契。

⑧文字是否有错别字，或者不清楚的地方。

⑨彩排提案的程序是否正确。

（3）其他方面。

①彩排应该模拟提案现场，越逼真越好。

②彩排应鼓励大家提意见。

③彩排要注意保密。

**5. 彩排后的修改**

在彩排的现场，要有专门的记录人员。对不同意见进行的讨论和形成的共识，都要记录在案，这样就可以事后对创意进行调整与修改。

由于彩排一般离正式创意提案的时间都比较近，所以对分歧大的部分，不可能没完没了地去讨论，应该尽快形成决断，以便在短时间内进行修改。

每项修改的工作，要落实到具体的人，规定具体的完成时间。

如果时间许可，应该在修改完成后进行第二次彩排。

**6. 确定负责人**

让一个人负总责，这个人去统领全局，否则大家互相推诿，就会三个和尚没水吃。

## 二、创意提案的程序

对不同类型的创意，提案程序是不尽相同的。不同类型的客户，对提案程序的要求也不一样。有些客户是要求有足够的铺垫说明，有些客户要求开门见山，直截了当。乔治·路易斯曾说：如果我真有所谓“提案技巧”的话，我会把它分成“三阶段”：第一，告诉客户，等一下他会看到什么。第二，亮给客户看。第三，告诉客户他们刚才看到的到底是什么。[①]

**1. 提案的预约**

预约提案的日期时间，通知客户到达的人员、提案的主要内容、大致需要的时间等。一般以书面的形式通知客户，并要求客户也以书面的形式来确认。如果客户事先以书面的形式通知了广告公司，广告公司也应该在出发前与客户再次确认。

**2. 提前到达并准备**

按照具体情况，提前一定的时间到达，准备设备的安装，如安装电脑、投影仪器、音响设备，有时候还要准备作品的摆放等事宜。

**3. 说好开场白**

开场白是介绍这次提案的主要内容，介绍这次到会的主要人员的姓名、职务。开场白一般应尽量简练，因为客户在等待着演示。

**4. 正式提案**

由提案人开始演示。提案人可以是一个人，也可以是多个人，具体视内容多少而定，但一般不宜超过4人，太多人提案会使整个提案不够连贯，有零碎的感觉。

如果是由两个以上的人提案，上一位提案人演示结束后，应该介绍下一位提案人的姓名、职务和演示内容。

**5. 提案总结**

在提案内容全部结束后，应该由一位领队

①乔治·路易斯著：《蔚蓝诡计》，刘家驯译，海南出版社，第 94 页。

作一个简明扼要的总结。同时可以对提案过程中疏漏的方面进行简要的补充说明。

### 6. 结束

提案结束后，一般有两种情况：一种是提案演示结束后，广告公司工作人员直接离开，客户对提案进行评议。另一种是提案演示结束后，客户会针对提案的内容进行提问，需要广告公司工作人员进行回答、解释说明。

## 三、创意提案的技巧

### 1. 让气氛轻松

提案人员应该使现场气氛轻松起来，一场沉闷的提案，一定是一场失败的提案。在提案的现场，一般会比较严肃，连一贯随便的人都正襟危坐，使气氛轻松起来是一件使大家都愉快的事。幽默是应该使用的，但注意不要走到极端。

### 2. 精彩表达创意

创意提案要做到精彩，如果干巴巴地演示，让客户昏昏欲睡或是无聊发呆，客户认可的可能性就大大降低。如果是有几家广告公司在大致相同的时间向客户提创意，客户一连几个小时甚至更长时间坐在那儿，是一件很辛苦的差事。

为了提高创意提案的效果，可以在演示创意的时候，配合相关的道具，配合人声、音乐、音响来模拟效果，同时也可以营造气氛。演示的时候，效果越逼真越好。

### 3. 展望创意的效果

所有的客户都关心广告的效果，客户对创意的关心，其实就是对广告效果的关心。也可以说客户对广告效果的关心远远大于对创意的关心，所以提案人员要充分展望创意可能带来的效果，而且要确信这个效果会实现。

以电视广告为例：一则因为电视广告耗资大，一支电视广告最少要十多万元，多达上百万甚至上千万元。二则电视广告是广告运动中的重头戏，是广告运动的龙头，关系到广告活动成败。一般来说，客户与广告公司对电视创意都十分重视，所以客户非常关心广告创意的效果。所以为电视广告创意提案，必须要表达该创意能够带领的效果。

在提案的时候，压力主要在广告公司身上，一旦提案通过后，压力就更多的是在客户身上。所以广告人应该考虑并说明创意刊播后的效果。

### 4. 说明创意的应用

客户对创意的认可，还体现在创意作品的应用上，能不能应用，如何应用，在什么地方应用，如报纸广告的创意可不可以在海报上应用，可不可以在POP上应用，可不可以在户外上应用，可不可以在车身广告上应用，应用的效果怎样等。（图10-2）

### 5. 说明创意的策略

在创意提案中，不要孤立地阐述你的创意，还必须展示该创意与策略的对接与关联性。如果是整合传播的提案，如果前面的策略介绍得很充分，那么在创意表现演讲的时候可以简明地提及。

### 6. 设身处地为客户着想

孔子说：己所不欲，勿施于人。不要把自己都不认可或没有信心的创意提交给客户。

任何一点都必须从客户的角度进行说明，广告创意是用来解决客户的某个问题或带领某种帮助的，而不要总是阐述创意本身有多么出色。要向自己设问，如果我是客

图 10-2 大众“减价篇”

大众汽车的减价促销活动的电视广告创意：两个男人在居民区的街上干活。一个人往路灯柱上围衬垫物，另一个往墙上贴海报。他们做完后，就驾驶大货车走了。随着大货车的开走，我们看到海报上写着“Polo，售价仅为 8290.00 英镑”。大众汽车——惊人的廉价。他们离开之后，一个身穿西装的男人走进画面，并转身瞅了瞅海报。他一边直盯着海报，一边继续走，完全没意识到他就要撞到灯柱了。我们现在明白衬垫物做何用处了。由于在电视广告中涉及促销海报的视觉要素，这样一来这种促销海报不仅是一个电视片中的道具，而且还可以在促销活动中当做真正的海报使用，还可以实现视觉要素的联动，达到一举两得的目的和效果。

户，我对该创意会怎么想，该创意对我有什么用，以及任何用。

**7. 拿出激情与自信**

在创意提案的全过程中，必须是精神饱满，如果你打动不了自己，就根本感动不了听众。如果没有自信，客户就不可能相信你。客户还会从你提案时的精神状态去设想你的工作状态。

**8. 与客户有沟通**

一个优秀的创意提案，不要总是一个人唱独角戏，要善于利用一些机会进行互动。比如在提案过程中，可以向客户提问，特别是在开始的时候，提一个与创意提案有关的问题。但这必须是一个有趣的问题或重要的问题，如果客户对此进行讨论，你就可以多了解他们的特征、关注的侧重点等。演示过程中可以有一些问句，可以让客户有一个短暂的思考或回答。

还应该运用自己的身体语言与听众进行沟通，比如你的目光要与听众进行对话，不要把目光朝着天花板或自己的电脑。

## 9. 控制你自己

（1）时间上的控制。一般情况下，广告主都对提案有时间上的限制与安排，拖延时间是必须避免的。可以在你的前面放个计时器，或安排人提醒。

（2）主题上的控制。不要一发挥起来就离题万里，可以准备一份议程表，这样可以防止自己跑题，也可以用来在与客户讨论的时候，使话题回归到正题上来。

## 10. 真诚的态度

广告公司要把自己当做客户的伙伴、朋友。真诚是最好的介绍信。以诚待人不仅仅是在表达上，更是体现在行动上。真诚的态度不仅是语言的态度，更是工作的态度。

真诚的态度，首先是把创意作品做好，不要粗制滥造。即使是平面广告的小样或电视广告的故事版，也应该制作精美。创意水平的高下是一回事，完稿的认真程度是另一回事。充足的准备也是真诚的态度的体现，匆匆忙忙，缺这少那，也不是真诚的表现。

真诚的态度，其次体现为对客户的关心，特别是对客户事情上的关心，对其需求上的关心。不重视、掉以轻心是所有的客户都不能容忍的。

真诚的态度，再次也体现在语言上。真诚的态度体现在提案的语言、语气、语调上。盛气凌人和低三下四都不是一种真诚的态度。

## 11. 倾听客户的意见

重视客户的意见，首先体现在认真倾听客户的意见。一般客户在听完创意提案以后都会提出不同的意见。广告公司应该注意听取客户的意见，哪怕是非常尖锐的意见。不要一听到反对意见，就害怕创意被枪毙，立即进行反驳。

认真倾听客户的意见，首先是表明对客户的尊重。

认真倾听客户的意见，是因为客户与广告公司所站的角度是不同的，兼听则明，可以使广告公司更准确地了解客户的信息和意图。

认真倾听客户的意见，是因为客户所提的意见一定有其某些方面的理由。当然有些理由不一定是正确的，但有些理由一定是正确的而广告公司的创意人员却忽略了的，是应该加以改正的。即使客户提出非常不正确的意见，也要注意倾听，去分析其提出这些意见的原因。

## 12. 争取客户的认可

向客户请求订单，最好是请客户在作品上签字，在报纸广告的小样、电视广告的故事版、展览展示图等上面签字。如果对部分细节还有调整的，可以在一旁注明。

Q&A:

## 第三节 创意的具体执行

在广告创意被客户接受以后，就真正进入了具体执行阶段。制作部负责创意表现的执行。制作部隶属于大创作部或创作中心，一般来说制作部有电脑工作室、摄影工作室和制作工作室，不同的公司在制作部的设置上有区别。

### 一、执行的流程

为使创意得到有效的执行，建立一个明确的、科学的流程是第一位的。不同形式的流程是有一定的区别的。

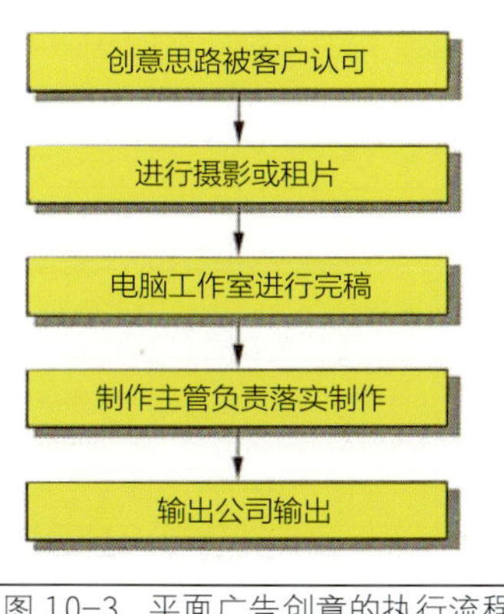


图 10-3 平面广告创意的执行流程

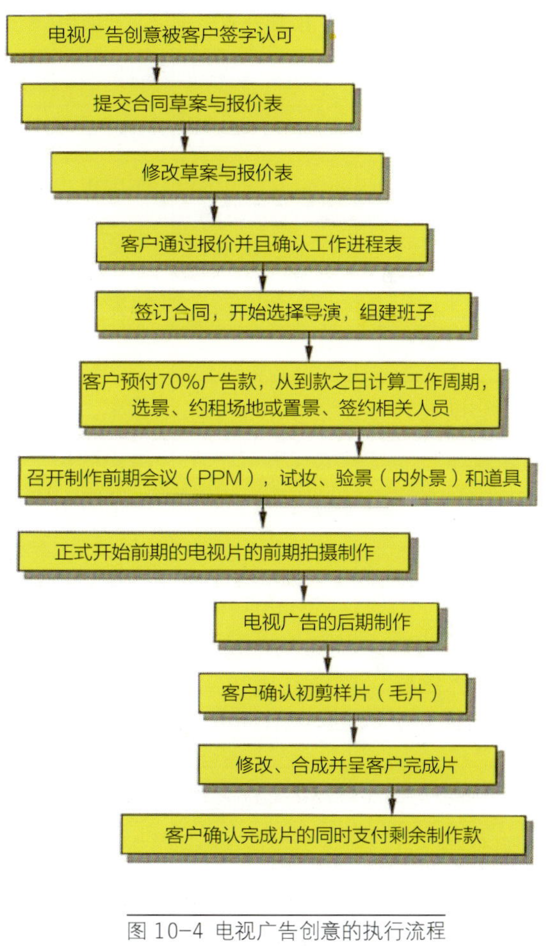


图 10-4 电视广告创意的执行流程

**表10-1 电视广告报价单**

客户　　片名　　片长

联系人　　语言　　拍摄日期

产品名称　　格式　　报价单号码

| 人员酬金 | | 前期制作费 | | 后期制作费 | |
|---|---|---|---|---|---|
| 项目 | 预算开支 | 项目 | 预算开支 | 项目 | 预算开支 |
| 导演 | | 道具费 | | 冲印费 | |
| 副导演 | | 服装费 | | 胶片转磁带 | |
| 制片 | | 使用电力费 | | 录音室租金 | |
| 制片助理 | | 电影胶片费 | | 作曲费 | |
| 摄影师 | | 摄影器材 | | 选曲费 | |
| 副摄影师 | | 照明器材费 | | 录音合成 | |
| 摄影助理 | | 货车、面包车 | | 配音演员 | |
| 机械员 | | 摄影棚租金 | | 粗剪 | |
| 灯光师 | | 场地租费 | | 精剪 | |
| 灯光助理 | | 选景 | | 三维动画 | |
| 美术指导 | | 置景费 | | | |
| 副美术指导 | | 交通费 | | | |
| 化妆师 | | 住宿费 | | | |
| 化妆助理 | | 餐费 | | | |
| 服装师 | | 杂项 | | | |
| 服装助理 | | | | | |
| 道具员 | | | | | |
| 道具助理 | | | | | |
| 民工 | | | | | |
| 演员费 | | | | | |
| | | | | | |

小计　　税　%　　利润　%

总额￥0.00

## 二、创意执行的商业手续

即使广告创意被客户认可，也并不意味着就可以执行。首先必须签订制作合同，这是从法律上对创意的认可。制作合同中核心的要素是制作费用。费用依据取决于两大因素：创意本身与客户所要求的制作精度。

报价与签订创意广告执行的合同是必要的手续。这类工作一般是由业务部负责。

## 三、创意执行的人员

创意执行人员，有广告公司内部人员，也有合作的外部人员。

**1. 平面广告创意的执行人员**

包括客户人员AE（代表客户进行执行的把关）、创作总监或美术指导（创意执行效果把关）、设计和文案（主创人）、电脑美工、制作经理、输出公司等。

电脑工作室是广告作品离开广告公司之前的最后一个加工部门。电脑室一般有主管和初级设计员。电脑室主管负责正稿的质量把关，设计电脑的维护、电脑耗材的管理和提供电脑的技术支持等。初级设计员负责广告作品出品前的正稿制作，在美术指导或设计师的指导下，进行大量的画面和版式的修改、调整的工作，或者是协助设计师或美术指导完成有关的视觉的基本性的工作，还包括资料特别是图片资料的收集，图片库的整理、作品的粘贴和装裱等。

摄影室包括平面摄影与电视广告摄影这两方面专业技术人员。平面摄影是为公司创意和设计人员提供作品中所需要的照片，如产品、模特、道具、场景等。现在的平面摄影使用数码相机，这样创意人员可以直接在现场及时观察到照片是否达到创意所需要的效果。注意发挥摄影师的专业水平和再创作的积极性。（图10-5）

制作工作室主要是监督与执行制作，商讨制作费用与制作合同，支付制作相关的费用，

图 10-5　味全酱油的广告

味全酱油的广告创意：“好酱油，让她衣衫尽解”。这个平面广告在初步创意出来以后，还要进行大量的执行工作，涉及多方面的执行人员。这条鱼骨的图片，一般图片库里是没有的，执行人员要到酒店去买条煮熟的鱼，然后让人去把鱼肉剔除干净，最好是让厨师去做这件比较专业的事，然后在美术指导的指导下，摄影师进行摄影，接着需要初级设计员（电脑手）对照片进行修图，最后才是将商标、鱼骨图片、标题、产品、内文等视觉元素进行排版。

在平面广告的制作时，主要是与输出公司打交道。许多广告公司的制作工作室与电脑工作室是合并在一起的。

**2. 电视广告创意的执行人员**

包括监制、制片人、导演、副导演、摄影

师、副摄影、美工师、灯光师、道具师、服装师、化妆师、发型师、模特、配音演员、剪辑师、作曲师、剧务、机械员以及相关的助理人员、后勤保障和服务人员等。

电视广告创意的脚本与合同被客户认可后，电视广告片的制作就进入了实质性阶段，而且开始计入制作的周期里。此时最重要的事情是组织制作班子。

在广告公司中，根据规模的不同或专长的不同，电视广告制作的运作模式各有不同。有的是由公司影视部来负责，有的是由制作部的影视人员负责。但除了以电视广告制作见长而有专门制作队伍的外，一般来说，大多数广告公司是以公司内部的负责影视工作的人员，充当电视广告的制片人，而与外面的影视制作公司或后期制作公司一起组建制作班子，客户人员（AE）和该片的创意人员配合或作为监制。

今天，影视制作涉及的方面越来越多，技术分工愈来愈细，技术更新越来越快，没有一个人可以完全掌握整个影视制作过程中的所有使用手段，也很少有一个广告公司拥有全部人才。而且影视方面的专业人员，许多是自由职业者。因此，制作优秀的电视广告关键在于组建一个优秀的制作队伍。

组建队伍的关键是确认导演。导演直接影响整个电视广告的质量水平和风格：导演确定电视广告的具体形象的二度创作与分镜头；导演在很大程度上确定其他主创人员如摄影、模特等；导演在很大程度上影响个整个队伍的工作方向、进度，是拍摄工作的主要组织和领导者；导演将参与这个片子的全过程，包括后期剪辑与合成。当影视脚本被客户确认时，就对即将要制作的影视广告有了基本的制作风格要求。所以要选择好适合本条广告片的导演。在同一风格领域里，可胜任的导演是不多的，由于水平的不同决定了他们的薪酬不同，这就涉及实际制作成本的问题。同时还要考虑适合本片风格和预算的导演的排期是否可以得到保证问题。适合本片风格而且预算又可以接受的导演，如果时间上不能保证，就会大大影响工作进度。

在确认导演后，根据创意脚本、风格，对某些技术方面的特殊要求，导演会对相关人员如摄影师、美工师、灯光师、道具师等的选择提出建议和要求。有的导演还会要求互补性的，或者是自己搭档顺手的相关人员。比如，没有导演过汽车广告的导演，会要求配一个有汽车广告制作经验的摄影师或美工师。对于选择导演以及对导演的要求，监制和制片人要从质量、时间与成本上综合考虑，同时还要解该地区甚至是国外如日本、泰国、美国相关的制作人员队伍及制作条件。

**Q&A:**

在制作班子成员中，特别是重要的摄影师。在制作过程中，摄影是与导演沟通最多的人，人们常常说，摄影是半个导演。摄影师直接把握着镜头的运用、画面镜头的表现，既要准确把握创意，又要能形象发挥。

## 四、创意执行的计划

按照创意执行的程序，确定了创意执行人，还应该制订执行计划，特别是时间计划、时间进度表。

平面广告创意执行的计划涉及：照片的拍摄或联系租图片、扫描、修图，与创意人员的讨论、核对、输出、制作的报价、支付制作费用等。制作部将创意部门创意构思进行完稿，制作成正稿。如将平面广告中出现的产品进行修图，将创意中的要素进行拍照，包括对产品、模特、道具、场景等，或者完成漫画、动画部分的创作，然后在电脑中按照创意进行修图、画面和排版调整等，完稿后在创意总监确认后（也有的是美术指导确认），再交给客户部门的AE或客户认可，然后由制作主管交付输出公司电分打样。

电视广告创意执行中，制作部就是按照创意部提交的创意脚本，画出故事版，交给创意总监或AE进行确认。在客户最终确认了创意后，制作部开始组建制片队伍或者选择电视广告制作公司，洽谈制作的有关事项，然后跟片拍摄与后期制作，直到最后完成。

以电视广告创意执行为例，在导演确定后，就可以制订工作计划。工作计划分为前期拍摄与后期制作。

**1. 前期拍摄计划**

（1）选景、置景。如有外景点的场面，一般需要助理导演（副导演）事先去看景选景。如只是在摄影棚拍摄，就需要置景。景的选择对广告的氛围起决定作用。

（2）开PPM。PPM是整个制作中的首要的核心的环节，直接影响到该电视广告片的水平。后面有专门的说明。

（3）选择模特。大多数电视广告会有模特，只是使用模特的分量各不相同。有的需要模特进行充分地发挥，特别是情感类电视广告，对模特的要求非常高。先有候选模特试镜的录像带，有其简单的走步、表情、语言等，并附有个人照片和姓名、年龄、身高、体重等简介。如果是名人广告的拍摄，还要考虑其时间、造型等。最后选择的模特除了要导演、制片人和监制认可之外，有时还要客户确认。

（4）试妆与验景。对模特的造型包括发型、服装等进行检查，对副导演初选的外景或摄影棚的内景，导演还需要最后验景。

（5）确认拍摄器材与辅助设备。

（6）拍摄。

**2. 后期制作计划**

冲印胶片；胶片转磁；后期电脑制作：二维与三维的制作；画面剪辑：粗剪、二剪、三剪；旁白配音；音乐：选曲或作曲；字幕；合成（音像合成）。

**3. 工作计划单（表）**

电视广告的制作周期，从收到预付款开始计算，一般为30个工作日。见表10-2。

如果电视广告要求标准高，制作费用高，也就是常常说的大片，如三维制作量大、外景场地较多等，制作周期相应延长为40个甚至60个工作日。

## 五、创意执行的关键点

创意执行得好坏，涉及众多环节与因素，但都有一个关键性的环节对创意执行出来的效果，起着至关重要的作用。

在平面广告的创意执行中，美术指导起关键点的作用，因为到了这个环节，文案已经是难以发挥作用了。美术指导是在创意总监的指导下，负责视觉上的创意表现的工作，负责把控文字设计、色彩、图片、图案等的选择、编排，直接决定视觉上的一切表现效果。也对电脑美工（电脑组主管）、制作员（制作组主管）和平面摄影师等的质量进行监督和把关。美术指导全面影响着正稿表现出来的创意效果。（图10-6）

在电视广告创意的执行中，PPM是关键点。PPM也叫做制作前会议，英文是pre-production meeting。制作前会议事关创意执行的效果。

PPM主要讨论的内容与议程有：

（1）AE介绍产品或服务的主要情况以及客户的要求。

（2）主创人员或创意总监阐述广告创意，特别是创意的核心点即创意精髓的说明。

（3）研究整个电视片的风格、节奏、基调与影调。如是强调动感还是抒情悠扬、是强调亲和力还是冲击力、是色调偏旧偏淡还是鲜艳灿烂、高潮与铺垫的节奏划分等。

（4）讨论导演的分镜的故事版，包括分镜

**表10-2 工作计划单**

| 时间 | 内容安排 |
| --- | --- |
| 第1至7个工作日 | 确定导演，召开（PPM）创作前会议，摄制组人员的选定，外景的选景 |
| 第8至14个工作日 | 选择模特，试镜，试妆；对外景的验景、复景，确认外景场地或摄影棚，车辆与摄影器材准备 |
| 第15至17个工作日 | 实施拍摄 |
| 第18至25个工作日 | 冲印胶片、胶片转磁、电脑制作、粗剪，完成电视片的毛片，提交给客户 |
| 第26至30个工作日 | 修改、音乐、配音、旁白、字幕、最终合成，提交给客户 |

图 10-6 杨协成高钙植物奶的平面广告

杨协成高钙植物奶的平面广告，创意的构思很巧妙：在一排停放的自行车中，有一辆自行车的坐椅高高在上，高人一等。这是说喝了杨协成高钙植物奶能够促进骨骼的发育，所以长得高，自行车的坐椅都得调高。但是创意执行就有很多问题。首先是一排五颜六色、新旧不一的自行车严重干扰了受众的视线；其次是背后的黑白斑驳的围墙也抢了受众的注意力；再次是拍摄的聚焦也是问题。所以受众不说是一眼看不出创意的意思，就是再多看几次也明白不了个中的含义。即使为了体现场景的真实性，也应该做基本的处理，比如是否可以将黑白斑驳的围墙进行单纯化或淡化处理或拍摄的聚点更加集中在高高在上的坐椅上面等。这样就可以使核心创意更加清晰，使普通消费者能够轻易看明白。

头的内容、长度、次序、角度、景深、拍摄方法等表现手法与技巧。

（5）模特的试镜录像带，确定模特。

（6）模特的造型与服饰。

（7）外景场地选择与确认。

（8）场景、布景设计图。

（9）重要道具的考虑，购买、租借或设计制作。

（10）产品镜头的特殊处理。

（11）电脑特技的效果（提供二维和三维的参考资料）。

（12）背景音乐与音效包括特殊声音如自然声、机械声、动物声等。

（13）配音与旁白内容与风格（是否需要粤语、英语等）。

（14）字幕（旁白与广告语等内容与形式）。

（15）标版（出现几款产品，是否出现企业名称）。

（16）是否要购买相关图片与影视资料。

（17）需要客户配合的部分。如产品到位时间和数量，是否到企业拍摄等。

（18）完成片的剪辑版本与规格。

（19）费用预算、人员分工。

（20）拍摄的时间安排的工作进度。

参加PPM的人员一般有创意总监或主创人员、监制、制片人、导演、副导演、摄影师、副摄影、美工师、灯光师、道具师、服装师、化妆师、发型师、剧务、机械员以及相关的助理人员、后勤保障等，更重要的是客户。PPM是与客户沟通，一来可以让客户表达其看法、要求，二来可以让客户确认更具体的内容，减少以后的风险。

PPM一般不会少于两次，甚至是很多次，每次开PPM都应该确认下一次开PPM的时间与内容。

## 第四节　创意执行的控制

创意一旦得到客户的认可，就进入了创意的执行阶段。如何控制好执行就成为头等大事。

### 一、表现效果的控制

许多广告公司的创意，在执行上常常大打折扣，创意在执行过程中损失很多，甚至是面目全非，这就是效果控制上出了问题。有了一个优秀的平面创意，其最终效果要通过多个方面来体现，如摄影照片的表现力，或者租片的质量特别是对创意的准确性的表达，有些租来的图片角度与创意有差距或排版的水平、字体的处理难以令人满意等。有了一条优秀的电视广告创意的脚本，并不等于就有了一支优秀出色的电视广告片。同样的电视广告创意的脚本，相同的工作计划，相同的制作费用，制作出来的电视广告片可能在风格、水平上大相径庭。

**1. 方向上的控制**

控制好创意方向是对效果的重要保证。一旦执行上偏离了方向，创意就是百分百的损失。

如平面广告的创意点即核心创意，如果执行得不好就可能将此淹没了，这就偏离了核心创意，使创意关键点发生了挪位，别的东西成为表现的焦点，出现了喧宾夺主或者是本末倒置的结果。

如电视广告，电视创意一旦得到客户的签字认可，故事版就成为电视广告制作的依据，这也是最终客户验收的依据。但好的效果又需要导演也包括摄影和美术指导等积极参与二度创作。PPM可以解决二度创作的方向性的问题。导演的个性风格与对该片的兴趣和热情程度、对该行业或产品的认识程度、对该电视广告文案认识程度等，都大大影响电视广告的方向性。PPM要控制导演创作方向的方式，防止导演脱离或偏离原始的被客户认可的创意思路与方向，因为有时导演几乎是重起炉灶。同时也要充分发挥导演在把握镜头语言上的优势，赋予导演二次创作的空间，丰富和发展原始创意，达到锦上添花的效果，提高导演的积极性与创造性，避免导演单纯地照本宣科。

**2. 过程上的控制**

制度化的流程与程序对保证效果至关重要。对于执行中的许多专业程序，有一些对影响效果的因素是不可控的，有些是可控的，要善于通过可控因素去把握不可控的因素，而程序是可控制的，通过控制前期准备工作去控制后续工作，通过控制过程去控制结果。

效果的控制，首先是要在过程上控制，而不是在结果上控制。等一切木已成舟再去控制，在时间上和成本上都是一种损失，而且很多时候在时间上和费用上都是不允许的。

一是科学制订程序。

绝大多数广告公司都有自己一套执行的流

程，如平面广告执行流程、电视广告执行流程等。程序要具体而不抽象、详细而不琐碎，便于操作，便于检查。

二是严格执行程序。

执行程序化，不是把程序制订下来就万事大吉，束之高阁，而应该切实落实下去，这样才可以真正避免人治，使创意效果得到保证。

如电视广告的制作是电视广告创意最后落实的阶段，是体现电视广告创意最终效果的阶段，也是最紧张、最繁忙、最琐碎的阶段。由于这一阶段的工作专业化程度非常高，涉及众多专业程序。电视广告片监制人员面对众多环节的专业程序，从PPM的运用、前期拍摄到后期制作，一环扣一环，任何一个环节出现问题，都会影响整个电视广告片的效果，所以严格遵照电视广告的制作流程并把握好每个阶段的效果是确保最终效果的关键所在。

**3. 技术上的控制**

创意执行涉及很多技术层面上的问题，如标题与画面的配合、标题与正文的配合是不是做到了相得益彰，颜色处理、画面精度是否协调等，提高与确保执行人员的技术水平就是确保了创意执行的水平。（图10-7）

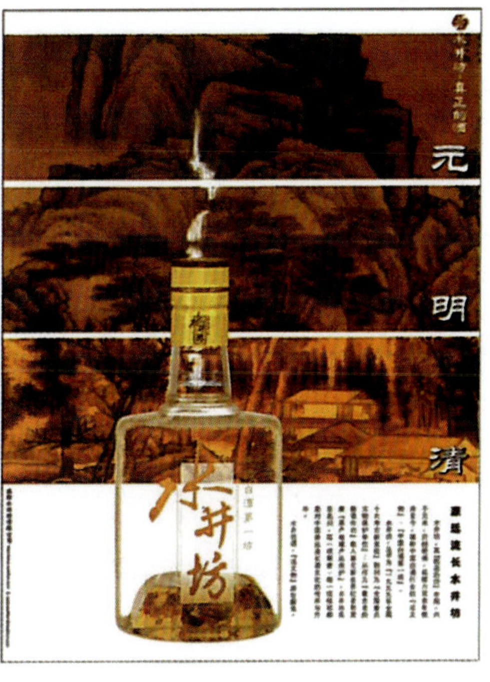


图 10-7　水井坊平面广告

水井坊平面广告元明清篇：元、明、清三个年代的古画，三幅画不同程度的泛黄显示出其不同的年代，但画面间却能协调地相互衔接；三幅古画中都有一股悬瀑，有机地连接起来，一脉相承，一直流入下方水井坊酒瓶中，但在悬瀑的处理上，太小会使受众不容易看出来，太粗又会不协调等。只有在每个细节上进行充分的考虑，才可以体现水井坊由元至今，源远流长，流进的不仅仅是一贯的品质，更是六百年文化的造化，代代相传的文化内涵。

如电视广告创意的脚本是文字的平面表现形式，而最终出品的是视听的立体表现形式。如何高水平地、正确地实现两者的转换？在文字的平面创意语言转化为动态的立体的镜头语言时，在转换形式上存在着不同程度的困难，比如“内心深处”，甚至，有的方案是无法用镜头语言演绎表达出来的，比如“石破天惊”，或者在视觉构成比例上是做不到，或者是费用上无法支持。视觉的镜头语言不仅要具有通俗、准确的解读性，还要有形象的震撼力或感染力。电视广告片最终的效果与制片人、导演、美术指导、摄影师、灯光师、化妆师、服装师、道具师、模特、配音演员、作曲师、录音师、剪辑师等的人员素质包括专业水平和制作经验密切相关。如果这些执行人员的素质得到了保证，无疑大大提高了效果的保证系数。

很多出街的平面广告的作品像是作业本上的习作。虽然方向上没有问题，可能也走了执行流程，然而是执行人员的技术水平太低，体现不出创意效果。

## 二、创意执行时间的控制

创意一旦得到客户的认可，客户就会提出明确的时间要求。很多时候客户要求非常急迫，这就要求广告公司对时间的控制上，有很强的计划性和科学性。合理地安排进度。

**1. 在时间的控制上，首先要在环节上分段控制**

让时间有一个合理的计划分布，将整个时间分为几个时间段，这样就可以心中有数。只要每一段控制好了，整个时间就得到保证。一旦那个时间段出来问题，尽量在该时间段内，加班加点予以解决，不要影响整个时间与节奏的安排，避免一点而影响全局。如电视广告创意执行的时间上的控制，因为涉及环节多，人员广，所以分时段的时间的控制就显得十分重要。

**2. 在时间的控制上，其次就是要注意多项工作的协同展开**

有些工作是可以同时进行的，如果几项工作不是上下游的关系，就不一定要按部就班地进行，这样可以节省大量的时间。比如说协同学或运筹学里就有对时间和事情的协同安排的分析。如在电视广告执行中，有许多工作是可以在同一时间分头展开的，可以横心进行，这样就充分利用了有限的时间。

**3. 在时间的控制上，再次体现在防止反复**

其实在广告公司中，大量的时间急迫的问题，不是时间太短而是工作反复。中间出现了问题或错误需要返工而导致不能按时交稿。工作反复的一个重要原因是工作交接出现问题，交接手续的问题和上下游人员的理解上的沟通问题。这里就要把握好流程，特别是各种工作简报的撰写质量与交接程序，就可以避免大量的无效劳动而浪费时间。

**4. 在时间的控制上，最后体现在留有余地**

在创意执行中，可能会出现一些不可测的因素而导致时间的延误，所以不要把时间安排得过于紧张，一旦出现了上述因素，就没有一点机动的时间，没有回旋的余地，结果就只有延时交稿。所以在时间的控制上，要对工作进度的安排有一定的提前量。

## 三、创意执行成本的控制

任何一个创意的执行都是需要成本的，不论是人工成本，易耗材料成本，对外发生的成本等，所以对成本的控制是非常必要的。

**1. 创意执行的成本控制，首先体现在报价上**

在向客户提交创意执行的报价上，要进行严格的核算，不要大而化之，应该对每个部分进行科学的计算，包括对利润、税收等都要考虑进去。如果报价过低，再提高报价，那就非常被动。当然报价过高，就有可能丧失取得创意执行的机会，还有可能使客户有逆反的心理。如果为了拿到创意执行的订单而造成费用过低，会使以后的创意执行起来困难，影响创意表现的质量，结果也是出力不讨好。

**2. 创意执行的成本控制，其次体现在创意本身**

许多时候，由于创意人员对财务的观念普遍比较淡漠，造成在创意执行的时候，面临着成本控制难度高的问题，所以成本控制，要从创意进行的时候就应该开始，在创意的时候就应该有成本意识。比如客户要制作的电视广告预算只有20万元，就不应该去想着去国外或西藏拍摄的创意，或者是要用到飞机去航拍等。有的创意很棒而且需要执行成本又很低，这是最理想的。（图10-8）

**3. 创意执行的成本控制，是科学也是艺术**

成本控制不仅是财务上的需要，也是创意执行本身的需要，成本控制是科学，也是一门艺术。必要的成本是不可以节省的，有的创意执行得差，很大的一个原因就是减少了必不可少的投入，因为偷工减料导致执行效果不尽人意。当然并不是执行费用越高，效果就越好，

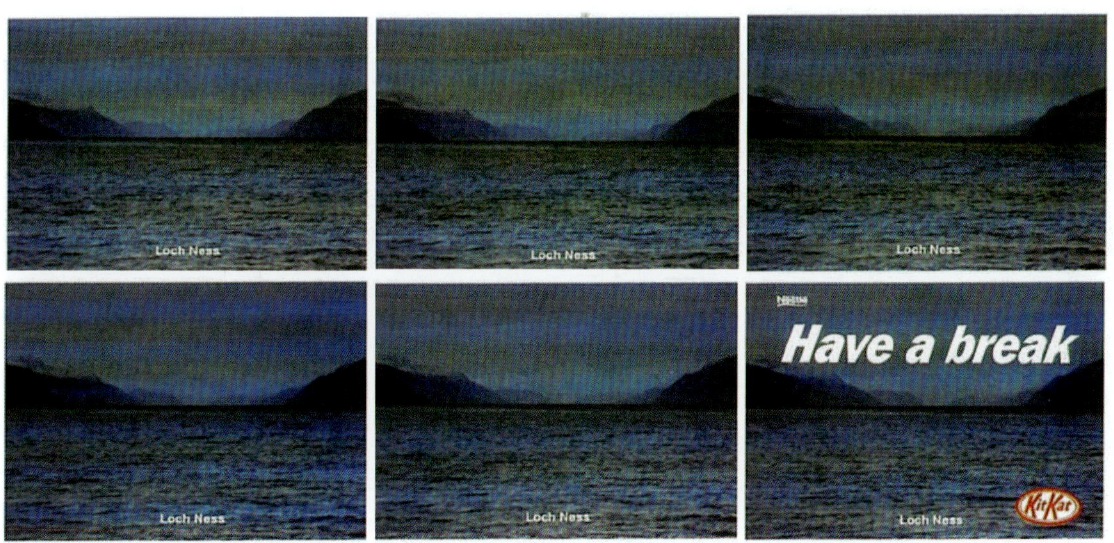


图 10-8　奇巧糖果的电视广告

奇巧糖果的电视广告创意：我们看见一幅从岸上拍摄的苏格兰海湾的镜头。屏幕上出现了“苏格兰海湾”的字样。画面静止了20秒。什么事都没有发生，没有海怪，什么都没有。“休息一下吧，奇巧糖果。”即充分表达了奇巧糖果一贯的品牌个性——轻松一刻，又体现了差异性，给受众留下特别的印象，还大大地节省了制作成本。

而且在一般情况下，公司财务制度也不允许亏本去执行创意，AE和制作经理也对成本控制负责。在可行的成本里，达到创意的理想效果，这才是成本控制的核心所在。

## 思考练习

1.选取两个不同的电视广告或者是平面广告作品，比较两者的执行的优缺点。

2.结合具体的广告创意，谈谈创意执行与新科技的运用。